KW-017-425

SAUNDERS LEWIS

Golygyddion
D. TECWYN LLOYD
GWILYM REES HUGHES

Christopher Davies
Llandybie

Cyhoeddwyd gyntaf 1975

© Saunders Lewis

Cyhoeddwyd gan
Christopher Davies (Cyhoeddwyr) Cyf
Llandybie
Rhydaman
Dyfed

Argraffwyd gan
Wasg Salesbury Cyf
Llandybie
Rhydaman
Dyfed

Cedwir pob hawl. Ni ellir atgynhyrchu unrhyw ran
o'r cyhoeddiad hwn na'i gadw mewn cyfundrefn
adferadwy na'i drosglwyddo mewn unrhyw ddull
na thrwy unrhyw gyfrwng, electronig,
mecanyddol, ffoto-gopio, recordio nac fel arall,
heb ganiatâd ymlaen-llaw gan y cyhoeddwyr
Christopher Davies (Cyhoeddwyr) Cyf

ISBN 0 7154 0220 X

Cyhoeddwyd trwy gymorth Cyngor Celfyddydau Cymru

DYFED
LLYFRGELL   LIBRARIES
W 920
M 23,268

SAUNDERS
LEWIS

CYNNWYS

9 *Rhwygo'r Llen*
   D. Tecwyn Lloyd

20 *Saunders Lewis: yr Ysgolhaig a'r Beirniad*
   J. E. Caerwyn Williams

72 *Saunders Lewis fel Gwleidydd*
   J. Gwyn Griffiths

96 *Llosgi'r Ysgol Fomio: Y Cefndir a'r Canlyniadau*
   A. O. H. Jarman

124 *Dwy Nofel*
   Islwyn Ffowc Elis

168 *Cerddi Saunders Lewis*
   Pennar Davies

178 *Agweddau ar Ethos y Dramâu*
   D. Glyn Jones

196 *Saunders Lewis: Dyn Anorfod*
   Marion Arthur

206 *Darlithydd yng Ngholeg y Brifysgol, Abertawe*
   Stephen J. Williams

211 *Llyfryddiaeth Gwaith Saunders Lewis*
   D. Tecwyn Lloyd

RHAGAIR

Ar achlysur ei benblwydd yn bedwar ugain, cyfarchwyd Saunders Lewis â'r llyfr *Presenting Saunders Lewis*. Amcan y gyfrol oedd rhoi syniad i'r byd di-gymraeg am ei waith ac amdano ef fel person. Rhan bwysig o'i chynnwys ydyw trosiadau i'r Saesneg o rai o ysgrifau a dramâu Mr. Lewis.

Teimlai llawer ohonom y dylid cyflwyno iddo gyfrol gyfarch sy'n trafod ei waith yn Gymraeg. Fe wnaed hyn unwaith o'r blaen pan gyhoeddodd Gwasg Gee *Saunders Lewis: Ei Feddwl a'i Waith,* o dan olygyddiaeth y Dr. Pennar Davies ym 1950. Er yr amser hwnnw, aeth union chwarter canrif heibio a gwyddom heddiw mai ar ôl 1950 y bu cyfnod gwir gynhyrchiol Mr. Lewis fel dramodydd; ar ôl hyn hefyd yr ail flodeuodd ei ddylanwad gwleidyddol fel llywydd Cymdeithas yr Iaith. Ac fe ddengys ein Llyfryddiaeth gymaint o erthyglau, ysgrifau a barddoniaeth a gyhoeddodd yn ystod y pum mlynedd ar hugain diwethaf. Heblaw hyn, bu mwy o drafod ar ei waith fel llenor, dramodydd a beirniad yn ystod y deng mlynedd diwethaf nag a fu erioed cyn hynny.

Rhan o'r drafodaeth hon yw'r erthyglau sy'n dilyn a gobeithiwn eu bod yn ychwanegiad teilwng ati. Fel pob trafodaeth o'r fath, mae'r cyfan yn ddigon didoledig ac amhersonol yr olwg. Nid yr erthyglau eu hunain ond yr ysbryd a'r ymdrech a'u hysgogodd sydd yn cyfarch Mr. Lewis ar y dalennau sy'n dilyn. Gwaith pobl y bu Mr. Lewis yn rhan helaeth iawn o'u bywyd a'u myfyrdod a'u gweithredoedd yw pob un o'r deg pennod hyn: pobl hefyd·y mae yntau yn eu hadnabod yn bersonol.

Drostynt hwy a throsom ninnau fel golygyddion; dros filoedd hefyd o bobl Cymru dywedwn: Syr, cyfarchwn well i chwi yn wir a diolchwn am gael cydoesi â chwi.

D. Tecwyn Lloyd
Gwilym Rees Hughes

1975

NODYN BYWGRAFFYDDOL

Ganwyd Saunders Lewis yn Wallasey, sir Gaer ym mis Hydref 1893. Addysgwyd mewn ysgol breifat yn Liscard ac wedyn ym Mhrifysgol Lerpwl. Ym 1914 ymunodd â'r Fyddin a bu'n gwasanaethu trwy gydol y Rhyfel Mawr yn Ffrainc a Groeg. Ar derfyn y rhyfel, aeth yn ôl i'r Brifysgol a graddiodd gydag Anrhydedd Dosbarth Cyntaf mewn Saesneg. Yna, cafodd waith yn sir Forgannwg fel llyfrgellydd ond yn union ar ôl agor coleg prifysgol Abertawe, penodwyd ef yn ddarlithydd yn yr Adran Gymraeg yno, o dan y diweddar Athro Henry Lewis. Bu yn y swydd hon tan 1936, pan ddiswyddwyd ef oherwydd llosgi Ysgol Fomio Penyberth, Llŷn. Am y weithred hon, bu am rai misoedd yng ngharchar Wormwood Scrubbs. Ar ôl ei ryddhau, o 1937 hyd 1952 bu'n byw ar waith newyddiadurol a darlithio achlysurol, ond ym 1952 derbyniodd swydd yn Brif Ddarlithydd yng ngholeg y Brifysgol, Caerdydd. Ymddeolodd ym 1957 ac y mae'n awr yn byw ym Mhenarth, gerllaw Caerdydd. Gweinidog gyda'r Methodistiaid Calfinaidd oedd y Parch. Lodwig Lewis, ei dad, ac o ochr ei fam, ei daid oedd yr enwog Ddr. Owen Thomas.

Rhwygo'r Llen

Fel cyd-olygydd y gyfrol hon, bernais nad fy lle i oedd sgrifennu pennod fy hunan ar waith y gŵr sy'n deitl iddi: fy nghyfraniad i yw'r Llyfryddiaeth sydd ar ei diwedd a hyderaf y bydd hwnnw yn gymorth i ymchwilwyr pellach. Heb os, nid oes dim byd sydd sicrach nag y bydd gyrfa a gwaith Saunders Lewis yn destun trafodaeth lawer mewn blynyddoedd i ddod ac y bydd ei enw yn swcwr ac ysbrydiaeth i genedlaethau nad ydynt eto wedi eu geni. Yn hanes gwleidyddol Cymru bydd ei enw yn cyfateb i'r hyn yw Mazzini yn hanes yr Eidal neu Palacki ymhlith y Tseciaid.

Gwaredodd Gymru o hualau ysbrydol Prydeiniaeth. Ei amcan hefyd oedd ei gwared o hualau gwleidyddol a beunyddiol yr un gallu ond dichon bod hynny'n ormod i obeithio amdano mewn hanner canrif. Wedi'r cwbl, mae'r ideoleg a'r gafaelion prydeinig ar Gymru dros bedwar cant oed. Yn hŷn, mae'n debyg, canys fe ddangosodd rhai o'n haneswyr cyfoes fod arweinwyr ac uchelwyr Cymru yn gwrháu i Loegr ac yn cefnu ar eu gwlad eu hunain ymhell cyn y Ddeddf Uno ac nad oedd y Ddeddf honno, mewn gwirionedd, yn gwneud dim byd mwy na threfnu neu gorffori dyheadau a oedd yn bod ers hir amser cyn 1535. Ein hanffawd ni fel cenedl fu inni gael uchelwriaeth mor dila a chynffonllyd o gyfnod y Tuduriaid hyd oni threchwyd ei grym gan y llanw radicalaidd o 1868 ymlaen.

Rhwng y flwyddyn honno a diwedd y bedwaredd ganrif a'r bymtheg 'roedd gobaith, ac nid gobaith bychan, y gallai'r llanw radicalaidd a oedd wedi cychwyn yn Ewrop yn y pedwar degau, gyflawni pethau mawr yng Nghymru; dim byd llai, yn wir, na hunanlywodraeth o ryw fath. Yn yr Eidal, Bohemia, Hwngari a gwledydd bychain eraill tu mewn i ymerodraeth yr Habsbwrgiaid, yr oedd hawlio rhyddid cenedlaethol yn rhan anysgar o'r radicaliaeth a ddeilliodd o'r Chwyldro Ffrengig a'r Mudiad Rhamantaidd ac erbyn ffurfio Mudiad Cymru Fydd ym 1887 yr oedd golwg y gwelid y cyfryw uniad yn esgor ar senedd annibynnol Gymreig.

Fel y gwyddom, nid felly y bu. Nid dyma'r lle i fynd ar ôl yr holl resymau paham, yng Nghymru, y methwyd â chydgysylltu cenedlaetholdeb a radicaliaeth o 1895 ymlaen. Maent yn rhai tra amrywiol ac y mae a wnelont ag addysg, crefydd, diwydiant, gwleidyddiaeth ymerodrol Lloegr, y gwasanaeth sifil a llawer peth arall. Ac fe ddengys y modd y dwyfolwyd Lloyd George yng Nghymru o, dyweder, 1906 ymlaen mor naïf a diniwed oeddym yn wleidyddol. Ond er pwysiced yw'r rhesymau yma y mae yna un pwysicach na'r cyfan. Sef hyn: pan ddechreuodd Cymru ymysgwyd i feddwl amdani ei hunan fel cenedl (ac yn ôl pob tystiolaeth, ei harweinwyr ac nid trwch y pleidleiswyr oedd yn meddwl felly), nid oedd ganddi ddim syniad diogel paham yr oedd hi'n genedl a'r hyn a wnaeth ei harweinwyr oedd camsynio mai polisïau a materion tymhorol, dros-dro (megis addysg, pwnc y tir, datgysylltiad ac ati), oedd sylweddau a nodweddion *parhaol* ei chenedligrwydd. Ar y pryd, yr unig un a welai'r gwendid hwn yn eglur oedd O. M. Edwards; dyna paham y torrodd ef ei gysylltiad â'r cylchgrawn gwleidyddol *Cymru Fydd* a chychwyn *Cymru,* ei gylchgrawn ei hunan ym 1891 (ac ar ôl hynny, *Cymru'r Plant, Wales, Y Llenor* a *Heddyw*). Nid cylchgrawn gwleidyddol mo'r *Cymru* o gwbl; modd i esbonio a dangos y pethau parhaol Gymreig ydoedd; gwneud i Gymru yr hyn a wnaethai Frantisek Palacki i'r Tseciaid ym Mhrâg yn ystod hanner cyntaf y ganrif. Y peth mawr pwysig oedd sgrifennu hanes y Cymry; casglu oriel fawr o'i gwir enwogion—yn dywysogion, beirdd, dysgawdwyr a llenorion ar hyd y canrifoedd ac yn neilltuol felly cyn yr Uno Tuduraidd; nodi eu hardaloedd a'u cartrefi, cyhoeddi detholion o'u gweithiau: mewn gair, rhoi gwir resymau i'r Cymry paham yr oeddynt yn genedl ac yn bobl unigryw yn

hytrach nag yn gorlan o sectau a phleidiau a oedd yn cweryla
â'i gilydd ynghylch materion cyfoes ac arbenigol. Ac at hyn i
gyd, wrth gwrs, cefnogi pob deunydd creadigol newydd a oedd
yn profi'n ddiwrthdro fod y traddodiad llenyddol Cymraeg, sef
y peth unigryw, yn dal yn fyw ac iach.

Ymdrech un dyn, er hynny, oedd hyn i gyd: ymdrech wir
arwrol, ond yr oedd ei pharhad yn dibynnu'n llwyr ar egni a hyd
einioes y dyn hwnnw. Un o'r cwestiynau anateb hynny yw beth
a fuasai wedi digwydd petai O. M. Edwards wedi sefydlu ac
arwain plaid wleidyddol newydd o, dyweder, 1895 ymlaen. Ond
nid gwleidydd mohono ac oherwydd hynny, methodd ei gyfoes-
wyr weled potensial gwleidyddol-genedlaethol ei waith. Methwyd
â throsi ei ddehongliad o hanes Cymru yn sylfaen athronyddol i
genedlaetholdeb gwleidyddol newydd ac efallai nad oedd ef
ei hun ddim yn rhy siŵr sut y dylid dehongli hanes diweddar
Cymru, o'r ddeunawfed ganrif i'w oes ei hun a'i fod yn lled dybio
nad oedd parhad bodolaeth genedlaethol yn gofyn am lywodraeth
genedlaethol. Creodd adfywiad a diddordeb llenyddol ac addysgol
Cymraeg mawr ymhlith miloedd o'i ddarllenwyr ond ychydig
iawn o'r darllenwyr hyn a welai na ellir gwahanu annibyniaeth
ddiwylliannol oddi wrth annibyniaeth wleidyddol.

§

O ddiwedd y bedwaredd ganrif ar bymtheg hyd ail ddegau'r
ganrif hon, bu dirywiad nid yn unig mewn cenedlaetholdeb
gwleidyddol Cymreig ond hefyd yn y modd yr oedd y Rhydd-
frydwyr yn synio am natur y genedl fel y cyfryw. Yr wyf wedi
cyffwrdd â'r mater hwn yn fy erthygl *Lady Gwladys* ond nid
oedd hynny yn ddim mwy nag ysgeintio'n ysgafn dros bwnc sydd
eto heb ei gyffwrdd. Y drych gorau o'r dirywiad (cyn belled ag
y gellir ei weld mewn un ffynhonnell) yw'r cylchgronau *Young
Wales* a *Wales* a olygid gan yr aelod seneddol J. Hugh Edwards

rhwng 1895 a 1914. O ddyddiau Rhyfel De Affrica ymlaen, fe
ymroes Cymru i'w huniaethu ei hunan ag imperialaeth a jingöaeth
Lloegr i fesur mwy eithafol nag y gwnaeth mewn unrhyw gyfnod
arall cynharach. Er ei glod bythol, fe safodd Lloyd George yn
erbyn y rhyfel diesgus hwnnw ond nid oedd na'i blaid na'i genedl
y tu ôl iddo. Fel y dywed yr hanesydd, Kenneth O. Morgan:
'Welsh sentiment took irrational pride in the deeds of the Royal
Welch Fusiliers at Paardeberg and the Welch Regiment on the
Tugela . . . Lord Roberts and Baden-Powell, both of whom were
claimed to have Welsh blood, were subsequently made honorary
freemen of Cardiff.'[1]

Erbyn heddiw, mae teimladau a gweithredoedd fel yna yn
ymddangos yn anesboniadwy nid yn unig i genedlaethau'r cyfnod
ar ôl 1940 ond hyd yn oed i lawer o'm cenhedlaeth i. Gellir deall
brwdaniaeth y difeddwl a'r penchwiban dros gyffro rhyfel ymhob
oes, ond sut mae esbonio'r un peth mewn pobl gyfrifol? Paham,
yn y byd, yr oedd ar neb yng Nghymru *eisiau* taeru mai Cymry o
ryw fath oedd Lord Roberts a Baden-Powell? Pa anrhydedd na
lles i neb oedd peth felly?

I chwilio am ateb neu ran o ateb i hyn, mae gofyn inni fodio'n
ofalus un o'r llyfrau mwyaf anffodus a sgrifennwyd erioed am
y Cymry, neu, a defnyddio gair yr awdur, y Celtiaid. Ym 1867,
cyhoeddwyd darlithiau Mathew Arnold yn Rhydychen o dan y
teitl *The Study of Celtic Literature* ac o hynny ymlaen bu mynd
arnynt. Un o brif wersi'r llyfr yw dal mai pobl anymarferol,
ystyfnig a diafael yw'r Celtiaid ond mai ganddynt hwy, yn anad
neb arall ym Mhrydain, y mae hoffter o harddwch arddull mewn
cân a stori ('y Cain, y Gwir a'r Prydferth' fel y traethir y syniad
gan Gymry eu hunain yn ddiweddarach); hwy yw'r bobl artistig,
ysbrydol a bywiog eu dychymyg. Lle bynnag y gwelir y nodwedd-
ion canmolus hyn mewn gweithiau llenyddol Saesneg,—Shakes-
peare, Milton, Keats ac ati—dyna brawf o'r dylanwad 'Celtaidd'

---

1 *Wales in British Politics 1868-1922*. t. 179.

arnynt ac nid hwyrach, prawf hefyd o'u gwaedoliaeth Geltaidd.
Yn y genedl 'Brydeinig', yn ôl y syniadau hyn, y mae tair elfen
neu dair gwythïen; yr un Geltaidd ysbrydol, yr un Eingl-Sacson
bedestrig ond dibynadwy a'r un Normanaidd, sef dawn at wein-
yddu a thrin materion yn eglur a dyfalbarhaus ond, hefyd, yn
drahaus a chaled. Eithr trwy gyfuno, trwy gyd-briodi'r holl
ddoniau hyn â'i gilydd, fe geid y gwir dras prydeinig sydd mor
agos i berffaith ag y gall unrhyw hil ddynol y tu yma i'r Cwymp
fod. Wrth gwrs, Saesneg fyddai iaith yr hil; nid oedd gan Arnold
ddim o gwbl i'w ddweud dros feithrin llenyddiaeth a diwylliant
newydd trwy gyfrwng y Gymraeg ac iddo ef, bod yn hynaf-
iaethol oedd prif ogoniant 'Celtic Literature'.

Syniadau fel hyn ac esblygiadau pellach arnynt oedd sylfaen
ideolegol Tom Ellis fel y gwelir yn eglur yn ei anerchiad ym 1889
ar 'The Influence of the Celt in the Making of Britain'.[2] Syn-
iadau fel hyn oedd yng nghefnau meddyliau hyrwyddwyr coleg
prifysgol Aberystwyth ac ar ôl hynny, Bangor a Chaerdydd. Yn
wir, yn ôl Tom Ellis, ychydig iawn o rannau o Loegr oedd yn wir
Sacsonaidd, dim ond mannau fel Sussex, Essex, Kent, Hamp-
shire, Surrey,—mannau, gyda llaw, lle na cheid llawer o lewyrch
na chydymdeimlad â Rhyddfrydiaeth ar y pryd! Ym myd llen-
yddiaeth Saesneg, credai fod yr athrylith Geltaidd yn pefrio
cymaint yng ngweithiau'r awduron mawr nes y gellid hawlio,
bron iawn, mai llenorion Cymreig oeddynt i gyd. A dyna fyd
cyfraith; yr oedd olion diamheuol o gyfreitheg Hywel ar ddedd-
fwriaeth y Saeson. Hyd yn oed,—o bopeth—pensaernïaeth, yr
athrylith Geltaidd eto oedd prif ysgogydd yr adeiladau pwysig
i gyd! Ac wrth reswm, syniad nodweddiadol Geltaidd oedd
democratiaeth; onibai am ddylanwad y Cymry, y Sgotiaid a'r
Gwyddelod ni buasai'r Eingl-Sacsoniaid druan erioed wedi
dyfeisio'r fath beth.

---

[2] Gw: *Addresses & Speeches.* 1912. t. 85 Gair o ddiolch i Mathew Arnold
yw brawddeg gyntaf yr anerchiad.

Ymgorfforiad o'r holl ddychmygion prydeiniol-ymerodrol hyn i gyd oedd gŵr o'r enw Arthur Owen Vaughan, neu Owen Rhoscomyl fel yr adweinid ef orau yn ei ddydd. Bu farw ym 1919 ac anghofiwyd amdano bron yn llwyr bellach, ond ar ddiwedd y ganrif ddiwethaf a dechrau hon yr oedd yn llais hyglyw. Lle Cymru yn yr Ymerodraeth, led-led y ddaear, oedd ei bregeth ef; dyma hi, yn fyr:

> Here you have the place of Wales in the Empire—that it can be a breeding-place of leaders; of fresh strengths and inspirations for the toiling myriads of earth's delvers and diggers, and a source above all for a steadfast strength of soul in the hour of temptation to the Empire . . . And if Wales can achieve such place, could it have a prouder one?[3]

Mewn gair, pan oedd Cymro o Langwm neu Garndolbenmaen neu Lanegwad yn ymroi ac ymgolli yng ngwleidyddiaeth gartrefol ac ymerodrol Lloegr, yn ymdaflu i'w llenyddiaeth, i'w theatr, i'w miwsig, i'w phensaernïaeth, i'w bywyd cymdeithasol,—nid gwadu ei genedl ei hun a chefnu arni a wnâi ond helpu'r achos ysbrydol mawr o hydreiddio Lloegr a'i Hymerodraeth â'r ysbryd a'r athrylith Geltaidd. Hyd yn oed ym myd arfau a rhyfeloedd a milwriaeth (fel y gwnaeth Owen Rhoscomyl ei hun), yr oedd y Cymro fel petai'n gwarchod ac ymladd dros ryw deyrnas Geltaidd fyd eang. Onid oedd Fluellen gyda Harri'r Pumed yn Ffrainc; Picton ac Ardalydd Môn gyda Wellington? Lord Roberts yn arwr Kandahâr? 'Pwy 'nillodd?' oedd cwestiwn Tomos Bartle i Sem Llwyd am frwydr Waterlŵ. 'Wel ni debyg iawn', ebe hwnnw. Ac yn *Young Wales*, ceir un erthygl gyfan sy'n dadlau mai 'Anglo-Celtic' a ddylai enw'r Ymerodraeth fod.

Yr oedd yr ysbrydolrwydd Celtaidd yn tasgu allan o beth mor amhersonol â hyd yn oed y diwydiant glo ac yn cylchynnu'r byd prydeinig. Gwrandewch ar hyn: rhyw D. Wynne Evans sydd wrthi hi yn *Young Wales:*

---

[3] *Wales* 1912. Cyf. II t. 371.

It was fitting that the Prince and Princess of Wales should be thus driven round this terrestial ball by the power of *Welsh* coal . . . The Britannic Banner of the Welsh black diamond was unfurled over the *Ophir* in every ocean, breeze and clime. This was a parable of the power of the principles of the Principality in the progress of the Empire. Mr. Robert Cameron, M.P., recently remarked that he believed 'little Wales' was destined to guide England and save the Empire . . .[4]

A dyma rhyw T. Rhondda Williams, yn *Wales,* yn trafod dyfodol ymerodrol y Cymru mewn erthygl ar 'Welsh Patriotism':

But our character is now well established as law-abiding and loyal citizens. So fully are we trusted in this respect that Mr. Chamberlain, when he wanted to make South Africa loyal, suggested that it should be colonised with Welshmen . . . An independent Kingdom of Wales is no longer the vision of the Welsh mind . . . a new patriotism takes place of the old. The old idea of independence is gone, but the idea of mere dependence has not taken its place. Wales will not be a dependency, it will be a living, active limb of the body of Great Britain, a vital contributive member to the strength and effectiveness of this great Empire . . .[5]

Hawdd fyddai pentyrru dyfyniadau tebyg ac ymestyn yr artaith o'u darllen. Rhwng 'Recessional' Kipling ac emyn ymerodrolbrydeiniol Elfed 'Cofia'n gwlad Benllywydd tirion' nid oes dim llawer o wahaniaeth. Cyn 1914 yr oedd priod sylweddau Cymreictod mor anhysbys i drwch y bobl ag oeddynt cyn 1814 a'r breuddwyd prydeinig-geltaidd yn gorwedd fel llen trwchus dros Gymru gyfan. Y nôd mawr yn nyddiau Lady Gwladys a *Wales* oedd gwneud ein hunain yn bwysig a chymeradwy a phrydeiniol yng ngolwg y Saeson ac, os oedd modd, rhagori arnynt yn eu priod feysydd a'u hoffterau eu hunain.

Amddiffyn yr ymerodraeth (*alias*: cenhedloedd bychain), er enghraifft. Daeth cyfle buan i hynny. Rhwng 1914-1918 ymfwriodd 280,000 o fechgyn Cymru i ryfela, mwy o ran cyfrannedd

4 *Young Wales* III. t. 87.
5 *Wales* II. t. 434.

poblogaeth na Lloegr na'r Alban a gallai Cymru ddweud, faint bynnag o'r llengoedd hyn a laddwyd, ei bod hi wedi dangos i'r 'predominant partner' beth oedd grym a gwerth yr ysbrydolrwydd Celtaidd. Coffäwyd yr achlysur yn briodol ddigon gyda llu o groesau Celtaidd ar gornel llawer pentre a sgwâr tre ac uwchben y rhesi hir o enwau sydd ar y croesau hynny addunedid 'mewn anghof ni chânt fod'. Am flynyddoedd wedyn, cynhelid parêdau milwrol a dinesig o gwmpas y pyst totem hyn, nid i gofio am y bechgyn a laddwyd ond i adfywio tipyn ar yr hen ffydd brydeiniol ymerodrol ynghanol y tlodi a'r wasgfa a ddaethai ar ôl y rhyfel a oedd i fod yn ben ar bob rhyfel.

Yn ystod yr un blynyddoedd, lai na chan milltir o draethau gorllewinol Cymru, yr oedd chwyldro yn digwydd. O 1916 hyd 1921, bu'r Gwyddelod yn brwydro am eu hannibyniaeth, a'r tro hwn yn llwyddiannus. Ar wahân i ychydig eithriadau, ni lefarodd yr un Cymro o bwys a dylanwad air drostynt; ddyfned â hynny oedd y trymgwsg prydeiniol yn y tair sir ar ddeg. Eto, yn niwedd y bedwaredd ganrif ar bymtheg bu'r Cymry yn cyd-weithio â'r Gwyddelod yn Westminstr ac yn cefnogi eu cyrch am hunan lywodraeth. Ond erbyn 1918, ni wyddai'r Cymry bellach un dim pwy oeddynt ac er i Ryddfrydiaeth ddechrau dadfeilio'n gyflym fel plaid fawr, yr unig newid gwleidyddol a ddaeth dros Gymru fu ffeirio prydeiniaeth Ryddfrydol am un Lafur. Yr oedd y blaid Lafur a ddisodlodd y Rhyddfrydwyr yn seisnicach a llai hyblyg ynghylch hawliau cenedlaethol Cymreig ac fel y dengys Kenneth O. Morgan eto, ymroes sosialwyr y cymoedd diwydiannol i ryfela ym 1914 gyda'r un eiddgarwch â'r Torïaid. Yn wir, bron iawn o'r cychwyn, ni bu gan sosialaeth yng Nghymru unrhyw ias o genedlaetholdeb, ar wahân, wrth gwrs, i'r un prydeiniol. Ac, yn rhesymegol, ni ddylai bod lle i brydeiniaeth ychwaith yn y credo sosialaidd yn herwydd ei athroniaeth sylfaenol ynghylch y dosbarth gweithiol a'i athrawiaeth economaidd. Dylai sosialaeth drosesgyn pob ffin ymerodrol a chenedlaethol; nid oes gan y gweithiwr genedl: dyna'r ddogma.

Yn wir, mewn gwlad fel Cymru a oedd eto heb adnabod ei sylweddau cenedlaethol unigryw a pharhaol, mae'n ddiddorol sylwi fel yr oedd yma lawer mwy o sôn am gydwladoldeb, 'internationalism', cosmopolitaniaeth, ac ati gan y mudiad Llafur nag a welid mewn mannau yn Lloegr fel y Canolbarth neu'r Gogledd diwydiannol. Ymateb pobl sy'n ansicr o'u gwreiddiau eu hunain yw bod yn bopeth i bawb.

§

Am y rhesymau a nodais, bu agos i Gymru fel cenedl ddiflannu o'i golwg ei hun, heb sôn am o olwg neb arall, o ddechrau'r ganrif hon tan ganol y chwedegau. Druenused oedd ei chynrychiolaeth yn Senedd Westminstr nes i bob atgof amdani fel cenedl a fu unwaith yn hawlio mesurau seneddol iddi hi ei hun a hyd yn oed yn gwneud sŵn ymreolaethus, beidio, a darfod. O 1923 hyd 1939 bu tlodi a dirwasgiad yma na welwyd mo'i debyg ers canrif. Collasom filoedd o deuluoedd trwy ymfudo a darostyngwyd y mwyafrif llethol o'n pobl i lefel tlodion a hyd yn oed begerwyr. Hyn oedd y tâl am brydeiniaeth frwd 1911 ac am yr holl ymladd yn Fflandrys a Ffrainc. Gofyn gwaith a chael dôl; gofyn bara a chael praw moddion. Mae'r holl hanes erchyll yn ddigon hysbys, gobeithio, fel nad oes angen mynd drosto eto yn y fan hyn.

Ond ni bu gwrthryfel; ni bu llosgi'r Swyddfeydd Llafur na thrawsfeddiannu'r melinau a'r pyllau segur; ni bu ffurfio milisia o chwyldroadwyr na gair gan y pleidiau mawr am ddilyn esiampl Iwerddon na dim gwir awydd i ddilyn esiampl Rwsia. 'Roedd hi'n gwbl amlwg i bawb nad oedd Lloegr yn hidio ffyrling am dynged y Cymry ac y gwyddai'n dda wrth weld ein cynrychiolwyr seneddol nad oedd dim rhithyn o berygl i ddim cenedlaetholdeb sinn-ffeinaidd godi yma. Haydn Jones o sir Feirionnydd yn gomander baricêd!? Ddim hyd dragwyddoldeb. Ellis Jones Griffith yn gadfridog milisia o wirfoddolwyr cenedlaethol!?

Na; yng ngolwg Lloegr ar ôl y Rhyfel Mawr yr oedd y genedl Gymreig wedi peidio â bod a gwleidyddiaeth tu hwnt i glawdd Offa wedi ei ysbaddu i gyffredinedd anghenion a chyfreidiau cynghorau sir. Onid Saesneg oedd iaith yr holl sefydliadau a gafodd rhwng 1839 a 1920,—yn Brifysgol, Amgueddfa, Llyfrgell ac Addysg Ganolraddol? Onid Saesneg oedd iaith ei llysoedd barn a'i swyddfeydd llywodraeth, ei masnach—hynny o fasnach a oedd ganddi,—ei hundebau llafur, hyd yn oed ei harwyddion ffyrdd? Ac os oedd y bobl fach hyn wedi eu perswadio eu hunain nad oedd yna, mewn gwirionedd, ddim gwir wahaniaeth rhyngddynt hwy a thrigolion Jarrow neu Hampstead, wel, popeth yn dda a mwya' ffyliaid nhw; 'doedd hynny nac yma nac acw i unrhyw Sais wrth gwrs. Peth digon cyffredin oedd cael pob math a phob lliw o boblach trefedigaethol eraill yn arddel eu bod hwythau hefyd yn rhyw fath o Saeson. Talu gwrogaeth oedd y cyfan ac 'roedd y bwriad yn un cwbl ddiniwed. Yn wir, onid un o hil y Saeson, mab Arnold o Rugby, a oedd wedi rhoi'r syniad *outré* hwn ym mhennau'r Cymry yn y lle cyntaf? Gall rhai Saeson wneud pethau od a digon di-alw-amdanynt weithiau ond 'roedd popeth yn iawn: S.W.I.H.: *situation well in hand.* Ambell Syr i hwn; C.H. i'r llall; pentwr go dda o O.B.E.au ar ôl llanast y rhyfel; B.E.M. neu ddwy i bostmyn haeddiannol.

Ond un noson ym Medi 1936 bu digwyddiad od. Dim byd i golli munud o gwsg yn ei gylch efallai, ond yr oedd tri dyn wedi rhoi pentwr o ddeunydd adeiladu Ysgol Fomio ym mherfedd sir Gaernarfon ar dân ac wedi gwneud hynny, meddent hwy, yn enw'r genedl Gymreig. Enw eu harweinydd oedd rhyw John Saunders Lewis. Darlithydd ym mhrifysgol Cymru, o bopeth! Jôc wedi mynd braidd dros ben llestri oedd y cyfan, mae'n siŵr, ond rhaid oedd rhoi bois fel hyn o flaen eu gwell.

Ac yna, cyn diwedd y flwyddyn, digwyddodd peth odiach a pheth tipyn mwy,—wel, damit, be ddeudwn ni—'roedd y peth yn embaras! Yn y Llys, ac o flaen Barnwr, yr oedd y J. S. Lewis yma wedi dweud:

*Yr ydym ni'n tri yn dal gydag argyhoeddiad disigl mai gweithred
a orfodwyd arnom oedd llosgi'r gwersyll Bomio er mwyn amddiffyn
egwyddorion Cristnogaeth, er mwyn amddiffyn deddf foesol Duw
yng Nghymru. Nid oedd dim arall yn bosibl.*

Heblaw hyn, 'roedd o wedi traethu llawer ynghylch rhyw len-
yddiaeth a barddoniaeth a oedd gan y Cymry ac fel yr oedd
pethau felly yn eu gwneud yn gwbl wahanol i neb arall yn Lloegr
ac yn yr holl fyd, hyd y gellid ei ddeall.

Ond nid hyn oedd y gwaethaf. 'Roedd y Barnwr wedi siarad
yn blaen a mwy neu lai wedi dweud wrth y rheithwyr mai eu lle
nhw oedd cael y tri therfysgwr yma'n euog a dim nonsens. 'Roedd
'na lond pob man tu allan i'r llys yn canu cefnogaeth i'r tri yn
y doc pan oedd y rheithwyr wrthi hi'n ystyried yr achos. A
wyddoch chi, dyma nhw'n dod yn ôl a dweud wrth y llys na
fedren nhw ddim cytuno fod y tri yn euog o gwbl! 'Doedd dim
byd amdani wedyn ond cau'r siop a'i symud hi i Lundain lle
ceid trefn ar bethau a chyfiawnder. Mewn cyfiawnder y mae
grym.

*   *   *

Fel yna y digwyddodd y rhwyg cyntaf ym mreuddwyd a
hupnosis prydeiniol y Cymry. Petai'r gyfrol hon yn gwneud dim
mwy na chofnodi hyn am Saunders Lewis, byddai wedi cyrraedd
y prif amcan, mi gredaf, y dymunai ef iddi ei wneud. Rhag cael
fy nhemtio i rethreg a phorfforedd, cystal imi gloi trwy ddweud
mai fel hyn y daeth hi'n bosibl i mi, ac i bawb arall yn y gyfrol
hon sgrifennu fel yr ydym yn gwneud a gweld Lloegr fel y mae
a Chymru, gobeithio, rywbeth yn debyg i'r hyn a ddylai fod.

Saunders Lewis: yr Ysgolhaig a'r Beirniad

§1

Yn ei llyfr *THE STRANGE NECESSITY* mae Miss Rebecca West yn dyfynnu geiriau Santayana, 'It may be said of every work of art and of every natural object, that it could be made the starting point for a chain of inferences that should reveal the whole universe,' ac yn mynd rhagddi i ddweud, 'and it follows that all works of art are valuable to any human being who is part of the civilization which produced them.'*

Nid yw Mr. Saunders Lewis wedi amau am foment werth celfyddyd a'i gweithiau i ddynoliaeth na phwysigrwydd ei lle mewn gwareiddiad, ac anodd yw meddwl am syniad Santayana yn peidio ag apelio ato, sef fod cyswllt o ryw fath rhwng pob gwrthrych unigol a'r bydysawd, a rhyw gyswllt cyffelyb rhwng pob gwaith celfyddyd hefyd ag ef, oblegid y mae'n rhan o'i gyffes ffydd fod rhyw drefn yn y greadigaeth ac mai braint dyn ydyw chwilio'r drefn honno a'i hefelychu yng ngwaith ei ddwylo, olrhain y drefn yn y greadigaeth a chreu trefn yn ei fywyd ac ohono.

Mae trefn yn golygu patrwm, a phatrwm yn rhagdybio cynllun, a chynllun yn gynnyrch meddwl sy'n bwriadu ac yn amcanu cyflawni.

---

* Erbyn hyn mae corff o lenyddiaeth wedi ei sgrifennu ar Mr. Saunders Lewis, ond ni ellais ei ddarllen fel rhan o'r paratoad ar gyfer hyn o lith. Nid yw hynny'n golygu nad wyf yn ddyledus i'w awduron. Rhaid i mi gydnabod, er hynny, fy mod wedi cael y fraint arbennig o ddarllen llawer o waith anghyhoeddedig Mr. D. Tecwyn Lloyd ar Mr. Lewis a bod arnaf faich o ddyled iddo, yn enwedig am iddo ganiatáu i mi ddarllen ei gopi o draethawd B.A. Mr. Lewis.

Yn ei erthygl feistraidd ar 'Barddoniaeth Mr. R. Williams Parry' yng nghyfrol gyntaf *Y Llenor* gwrthgyferbynna Mr. Lewis athroniaeth y bardd gan R. Williams Parry ag athroniaeth y sant. Ar ôl dweud mai athroniaeth bardd ydyw ac mai o safbwynt esthetig yn unig y gellir ei barnu, dywed mai bwriad athroniaeth 'Awdl yr Haf' ydyw:

> cynllunio bywyd, ei gaethiwo o fewn terfynau celfyddyd, rhoi trefn a ffurf a pherffeithrwydd arno, a'i droi yn brofiad artistig megis petai ddarlun. Ac felly y mae'r ddamcaniaeth am nef a thragwyddol-deb yn wrthun i'r bardd; canys od oes nef, y mae bywyd yn annher-fynol, heb na llun na ffurf arno, yn amherffaith. Yn gyson â'i wele-diad, y mae Mr. Williams-Parry ym mhob englyn a marwnad a sgrifen-nodd yn gwadu tragwyddoldeb. Iddo fo angau yw diweddglo pasiant bywyd, amneidiau marwolaeth yw'r olaf seremoni brudd, ardderchog:
>
> y dwylo
Na ddidolir rhagor:
Y llygaid dwys dan ddwys ddôr,
Y llygaid na all agor.
>
> Dyna ddull artist o edrych ar fywyd ac ar gampwaith y bedd. (*Y Llenor*, I, 142.)

Ond mae'r Cristion neu'r sant yntau yn fath ar artist:

> Swyn y bywyd Cristnogol yw clasuroldeb ei ffurf. Y mae'r drych-feddwl yn artistig, yn gyfan. Ys gwir ei fod yn cyfyngu ar brofiad yn union fel y gwna Mr. Williams-Parry, ac am yr un achos. Gwir hefyd ei fod yn ymwrthod â llawer prydferthwch, sef y pethau sy'n myned heibio, a'u chwant hefyd. Ond ni all bod celfyddyd heb ym-wadiad, ac y mae'r Parthenon yn Athen, y perffeithiaf peth a wnaeth dwylo erioed, yn amddifad o lawer tlysni a geir mewn gweithiau Groegaidd eraill. Ie, y mae yn arw ac yn gampus fel meudwyaeth. Rhaid i'r Cristion ymwadu â phechod, canys dyna yw pechod, popeth er hardded y bo, a dorro ar unoliaeth ei fywyd. A hanfod unoliaeth y bywyd Cristnogol yw'r syniad am dragwyddoldeb. Dyna'r ddamcaniaeth sy'n rhoi ystyr a llun ar fywyd y sant, yn ei feistroli ac yn ei gyfuno. Nid gobaith nac anwybod yw tragwyddoldeb iddo fo, eithr yn hytrach egwyddor derfynol a chlo. A phrif nodwedd y clasuron Catholig, megis *Patrwm y Gwir Gristion*, yw eu tawelwch a'u sicrwydd. Y mae'r bywyd a ddarlunir ynddynt wedi ei drefnu a'i ddisgyblu, mal cerflun dan gŷn meistr. Nid oes yno le i na mympwy na hap, canys celfyddyd a'i llywodraetha. (*Y Llenor*, I, 143-4.)

Annheg fyddai clymu Saunders Lewis wrth bob cymal o'r dat-
ganiad hwn, a honni mai hyn yn llythrennol fu ei gred drwy gydol
ei oes, ond y mae'r cyferbyniad bwriadus ag athroniaeth 'Awdl
yr Haf', a'r gofal amlwg a roes i eiriau a brawddegau mynegiant
'athroniaeth y sant', yn awgrymu ei fod wedi pwyso pob ym-
adrodd a'i fod yn llefaru o helaeth galon gŵr ifanc.

Yr hyn a geisiodd ef ydoedd unoliaeth bywyd a gyfunai unol-
iaeth celfydd gwaith yr artist a chelfyddyd buchedd y sant, a
thystiolaeth i'w lwyddiant ydyw fod ei gyhoedd yng Nghymru,
yn edmygwyr ac yn amheuwyr, wedi eu cyfareddu gan yr elfen
o ddiofryd neu o feudwyaeth sydd yn ei waith fel ysgolhaig,
beirniad, artist, a gwleidydd, meudwyaeth sydd, chwedl yntau,
yn arw ac yn gampus.

'In my beginning is my end,' meddai T. S. Eliot ar ddechrau
'East Coker' yn Four Quarters, ac ar y diwedd, 'In my end is my
beginning.' Diau fod hyn yn wir i raddau am bawb ohonom, ond
mae'n fwy gwir am y rheini ohonom sydd wedi ceisio gwneud
cyfanbeth a chyfundod o'u bywydau, ac y mae'n arbennig wir
am Saunders Lewis, ac yn dal nid yn unig am ei fywyd ond
hefyd am ei syniadau, oblegid iddo ef, nid gwerin gwyddbwyll i
chwarae â hwy ydyw syniadau, ond pethau mor anhepgor i'r
meddwl ag ydyw gwaed i'r galon, a phethau sy'n galw am eu
hamddiffyn mor ddiymarbed â gwaed y galon, ac ar adegau yng
ngwaed y galon.

Yn ôl Saunders Lewis, un o'r brawddegau a glywodd gan ei
dad, y Parch. Lodwig Lewis, ac a drysorodd, ydoedd 'Ni ddaw
dim byd ohonoch chwi nes y dowch chi'n ôl at eich gwreiddiau,'[1]
a gellid portreadu bywyd y mab ar y thema hon, bywyd gŵr yn
ailddarganfod ei wreiddiau ar ôl iddo gael ei demtio i'w gwadu,
ond gellid dadlau hefyd na bu ef erioed yn ddiymwybod o'i
wreiddiau, ac mai'r hyn a ddigwyddodd iddo ydoedd ei fod wedi

[1] Am yr union eiriau gw. 'Dylanwadau: Saunders Lewis mewn ymgom ag
Aneirin Talfan Davies,' Taliesin 2 (Nadolig, 1961) 5.

dod yn fyw ymwybodol ohonynt gyda'r blynyddoedd ac wedi eu chwilio i'w blaenau nid yn unig yn ei deulu, ond hefyd yn ei genedl, ac nid yn unig yn ei genedl ond hefyd yn y tylwyth Ewropeaidd y perthyn ei genedl iddi.

Sut bynnag, os yw sôn am dras a thylwyth, cefndir ac addysg gynnar yn amherthnasol, neu'n ymddangos yn amherthnasol, yn hanes y rhan fwyaf o ysgolheigion, ni all hyd yn oed ymddangos felly yn hanes gŵr sy'n fwy o lenor nag o ysgolhaig, ac yn fwy o artist nag o lenor.

Ei dras—ei eni *ar ochr ei fam* yn ŵyr i Dr. Owen Thomas a'i wraig Ellen, merch William Roberts, Amlwch, a Sarah Jones, Gwern Hywel, h.y., i deulu yn arddel perthynas â John Elias ac ag Arglwydd Dinorben, ac *ar ochr ei dad*, yn ŵyr i deulu Waunddewi, Blaen Gwendraeth, gerllaw Y Gors-las ym mhlwyf Llanarthne, teulu y dywedir fod pregethu yn mynd yn ôl ynddo hyd yn oed ymhellach nag yn nheulu'r fam.[2] Nid siawns, nid hap a damwain, mi gredaf i, sy'n cyfrif fod ei dras wedi bod yn ddefnydd nofel a dramâu i Saunders Lewis, oblegid y mae hyn wedi bod yn elfen ymwybodol yn ei fywyd.

Ei aelwyd—ei fagu ar aelwyd mans lle'r oedd, yn ychwanegol at barch i werthoedd ysbrydol, barch i ysgolheictod a diwylliant, ond aelwyd, nac anghofier, lle'r oedd y fam wedi marw a'i swydd wedi ei chymryd gan fodryb, aelwyd lle'r oedd efallai fwy o symbyliad i ddatblygiad deallol nag i ddatblygiad teimladol.

Ei addysg gynnar. Fel y gwyddys, cafodd Saunders Lewis ei addysg elfennol ac uwchradd mewn ysgol breifat Saesneg, Liscard High School, ac yno yr oedd mewn amgylchedd lle na allai beidio ag ymglywed â deuoliaeth perthyn i ddau fyd, byd Seisnig yr ysgol a byd Cymreig y cartref, byd cefnog dosbarth canol Lerpwl a byd anghefnog gweinidog gydag enwad y Methodistiaid Calfinaidd, byd lle'r oedd ef ar ôl y rhan fwyaf o'i gyddisgyblion o ran cyfoeth, ond o'u blaen o ran galluoedd meddyl-

2 *Taliesin*, 2. 8.

iol, byd lle'r oedd y bri mwyaf ar chwaraeon ond lle'r oedd siawns ennill blaenoriaeth gydnabyddedig drwy rym meddwl, iaith a phersonoliaeth, ie, a byd lle nad oedd gobaith iddo ef ennill blaenoriaeth drwy gydymffurfio ond yn hytrach drwy anghydymffurfio.

Mae gan Mr. D. Tecwyn Lloyd ffeithiau diddorol i'w hadrodd am Saunders Lewis fel plentyn ysgol, ei lwyddiant fel siaradwr yn y gymdeithas ddadlau, fel cyfrannwr i gylchgrawn yr ysgol a'i olygydd, ac fel awdur storïau yn yr un cylchgrawn, ac fel awdur o leiaf un stori garu mewn cylchgrawn poblogaidd i ferched ifainc, stori y derbyniodd dâl amdani. Ond mwy diddorol hyd yn oed na hynny ydyw ei fod wedi bod yn sgrifennu ar berfformiadau drama i bapur lleol, *The Wallasey Chronicle,* a chyn hynny, wedi bod yn adolygu llyfrau iddo.

Yr argraff a adawodd ar ei gyfoedion yn yr ysgol a'r argraff a drosglwyddir i ni ydyw ei fod wedi ei ddonio â galluoedd ymenyddol ymhell y tu hwnt i'r cyffredin, ac nad oedd hyd yn oed fel bachgen heb sylweddoli hynny.

Ond nid galluoedd meddyliol cryfion oedd ei unig gynhysgaeth: yr oedd ganddo hefyd alluoedd moesol ac ysbrydol a'r argyhoeddiadau dyfnion sydd yn cydredeg â hwy.

Tynnodd gwr y llen oddi ar un o brofiadau ei ieuenctid yn 'Un wedd ar lencyndod' yn *Y Llinyn Arian* (Aberystwyth, 1947) 51-52. Sonia amdano'i hun yn mynd am dro i'r wlad a gweld y machlud:

Meddiannai ('r machlud) y ffurfafen a'r gwastadedd, dir, a môr. Cofiaf y troeon cyntaf iddo feddiannu a llethu f'ysbryd innau tra rhodiwn dano. Gyrrai fi i ddistawrwydd dieithr. Yr oeddwn yn rhodio mewn eglwys.

Pen bryn Bidston oedd y man mwyaf manteisiol i wylio lledu'r ymachlud. Arhoswn yno oni throesai pob coch yn borffor, a'r gwyrdd wedi diflannu, a'r sêr yn ymddangos. Gorweddwn yn llonydd un tro i wylio'r ffurfafen. Disgynnodd llwyd y berth ar fy nglin a sefyll yno. Rhoes hyn safon o lonyddwch imi. Deuthum yn gynefin â chael adar yn disgyn ar fy ysgwydd neu ar fy nglin. Ni ddaeth aderyn erioed ar fy llaw nac ar fy wyneb.

Er mwyn bod yn llonydd rhaid wrth hir ddistewi gyntaf. Ar y dechrau yr oedd hynny'n anodd. Fy arfer wrth droi allan i'r wlad oedd adrodd wrthyf fy hun neu gyfansoddi cerddi. Bu raid peidio. Yr oedd yn anhepgor cadw'r gwefusau'n fud a chadw'r meddwl yn wag o feddyliau bywiog. Y dull hawsaf i wneud hynny oedd rheoli'r anadl wrth gerdded, anadlu'n hir ac yn araf. Ymhen milltir o gerdded felly, treiddiai mudandod y tir i'm meddwl. (Darllenais yn ddiweddarach fod Richard Jefferies wedi darganfod techneg gyffelyb.) Ni allaswn siarad nac yngan dim wedyn pes dymunaswn. Cerddwn ar laswellt ymylon y ffordd. Yr oedd sŵn fy nhroed ar gerrig yn rhwystr. Ond yr oedd rhin yn seiniau isaf dail a glaswellt, ac yn sŵn buwch yn pori yn y nos . . . Nid golygfeydd natur a fynnwn, eithr clywed anadl y pridd . . .

Cerddwn felly gan ymddistewi. Yr oedd yr ymddistewi disgwyliedig yn dwysáu'n rhyfedd yr ymdeimlad o egni byw. Mynd i mewn i lwyn o goed neu gae a gorwedd ar y glaswellt. Deuai arnaf ansymudrwydd pren. Byddwn yn gwbl effro heb symud gewyn. Ni chollais ymwybod erioed yn y cyflwr hwnnw. Ni chefais erioed brofiad abnormal. Deuai gwartheg i'm ffroeni, un ar ôl y llall, a thynnu'n ôl yn sydyn pan glywent fy anadl, ac yna ddychwelyd i ailchwilio'r boncyff od.

Treuliais aml noswaith yng nghoedwig Bidston. Cerddais yno un noswaith yng ngolau'r lleuad. Adeg y gwanwyn ydoedd. Ni fedraf ddisgrifio mewn geiriau fel y daw gwawr a dydd i'r coed. Ceir ym 'Murmuron y Fforest' Wagner atsain o'r profiad.

Yn Grantham, yn swydd Lincoln, y cefais yr olaf o'r profiadau hyn. Buasem ar daith, *route march*, drwy'r bore a'r prynhawn. Mis Mehefin oedd hi a'r dydd eto'n hir. Euthum filltir o'r gwersyll a gorwedd mewn cae. Daeth yr ansymudrwydd cynefin drosof. Disgynnodd mwyalchen ar ben fy nglin a daeth y defaid chwilmantog i'm ffroeni. Yr oeddwn yn troi yn y gwagle, yn rhan ymwybodol o'r ddaear. Dychwelais i'r gwersyll a chlywed fy nwrdio am fod hir chwilio amdanaf . . . Ni chefais y profiad yn ei gyfanrwydd erioed wedyn.

Fel y gwelir, nid yw Saunders Lewis yn honni fod natur gyfriniol i'r profiad, a'r tebyg ydyw nad yw yn ei hanfod mor anghyffredin â hynny. Yr hyn sy'n arwyddocaol ydyw fod yr hanes yn dangos y llanc yn chwennych ac yn ceisio profiadau er eu mwyn eu hunain, ac yn dangos ar yr un pryd fod ganddo hyder perffaith yn ei allu i gymathu'r cyfryw brofiadau â gweddill ei brofiadau. Y tebyg ydyw ei fod wedi mynd drwy gyfnod o ymdeimlo â dylanwad beirdd Rhamantaidd Lloegr yn union fel yr aeth drwy gyfnod dan ddylanwad esthetigaeth nawdegau'r ganrif ddiwethaf yn Lloegr fel yr adlewyrchid hi yn llenyddiaeth y wlad. Un o apostolion yr esthetigaeth honno ydoedd Walter Pater. Yn ei erthygl ar 'Maurice Barrès, Prif Lenor Ffrainc', yn *Baner ac Amserau Cymru*, 24.1.24, t. 5, dywed Saunders Lewis:

> Daeth y rhyfel. Dyna'r dyddiau pan oeddwn i wedi meddwi ar Walter Pater, ac yn ceisio deall ac arfer ei athrawiaeth ef. Dysgais mai profiad ei hun, er ei fwyn ei hun, ac nid ffrwyth profiad, oedd amcan bywyd. Llwyddiant mewn bywyd oedd disgyblu'r synhwyrau fel y profent gyflawnder bywyd yn helaethach beunydd: 'To be always at the focus where the greatest number of vital forces unite in their purest energy'.

Diau fod y cyfnod dan ddylanwad esthetigaeth wedi bod o gryn werth i Saunders Lewis: mae nifer o'i erthyglau cynnar yn ei adlewyrchu, ac fe ddyfnhaodd, mae'n siŵr, ei amgyffrediad a'i werthfawrogiad o gelfyddyd, ac o'r hyn sydd yn ddwfn wrth wraidd celfyddyd, y dymer feddwl sydd, meddai ef, yn cyfiawnhau athroniaeth bardd 'Awdl yr Haf', sef y dymer feddwl

> sy'n parhau drwy'r canrifoedd er gwaethaf Cristnogaeth, ac yn anhepgor i iechyd y ddynoliaeth yn gystal ag i lenyddiaeth; sef yw hynny, cariad at fywyd ac ewyllys i'w fwynhau yn unig er ei fwyn ei hun. Nid oes gennym air Cymraeg yn enw ar y gynneddf hon, er ei bod yn elfen hynod yng nghymeriad bardd, a phan ddarffo amdani, fe dderfydd am gelfyddyd hefyd. (*Y Llenor*, I, 144.)

Eithr fel y gwelsom, nid ag athroniaeth Bardd yr Haf y cydymdeimlai Saunders Lewis ond ag athroniaeth y Cristion neu'r sant, ac yn gyson â hyn, ei ddewis fardd ef, ei ddewis artist, ydyw, nid yr un sy'n llwyddo i fynegi'n gampus gynhaeaf ei bum synnwyr, ond yr un sy'n dyfnhau ac yn lledu'r ychydig hunanymwybyddiaeth sydd gennym fel dynion yn ystod ein byr rawd ar y ddaear, a chan nad yw'r hunanymwybyddiaeth hon ond megis gwreichionen, a pherygl mawr iddi golli, mae angen defnyddio pob moddion i'w chadw.

Dywedodd Saunders Lewis wrth Aneirin Talfan Davies mewn sgwrs nad oedd ef erioed wedi ei demtio i esgyn i'r pulpud yn wysg nifer go dda o'i hynafiaid, ond os na phregethodd yr Efengyl sy'n gnewyllyn ein gwareiddiad Cristnogol, ni pheidiodd â chyhoeddi'r gwerthoedd sy'n ymhlyg ynddi hi, a'r diwylliant a greodd hi. Gwrandawer ar ei eiriau yn 'Lle pryncid cerddi Homer', adolygiad ar D. James Jones, *Hanes Athroniaeth y Cyfnod Groegaidd* yn *Baner ac Amserau Cymru*:

> Y rheswm yr arhosaf gyda'r pethau hyn yn awr . . . yw bod materoliaeth ddiwydiannol a materoliaeth wyddonol y bedwaredd ganrif ar bymtheg wedi gwanhau'r ymdeimlad â natur ysbrydol y diwylliant a'r traddodiad Groegdarddol, ac yr wyf yn argyhoeddedig fod holl fywyd ysbrydol ein hoes ni wedi ei beryglu'n enbyd drwy hynny. Nid y cysylltiadau lu na'r cyfraniadau a ddaeth inni o lawer cyfeiriad a luniodd gymeriad diwylliant llenyddol ein gwlad ni'n hunain, eithr fe'i moldiwyd gan y ddau hyn, y ffydd Gristnogol a'r addysg lenyddol Roeg-Ladin . . .
>
> Ond heddiw y mae parhad gwareiddiad yn ansicr. Nid am fod gwybodaeth yn pallu nac ysgolheictod yn darfod. Yr hyn sy'n colli yw canfyddiad clir o werthoedd gwareiddiad, ac yn ail, ewyllys gadarn i frwydro dros werthoedd ysbrydol, dros rodd Zews, yn erbyn materolwyr yr oes. Mewn cyfnod fel hwn nid digon yw byw ar weddill treftadaeth ysbrydol. Y mae'n bwysig inni fynd ati i chwilio a deall ffynonellau ein gwareiddiad. Y mae'n fwy angenrheidiol nag erioed astudio cychwyn ein diwylliant, a chysylltu ein bywyd â hynny. (*Ysgrifau Dydd Mercher*, 19-24; dyfynnir o dt. 21 a 23.)

Nid oes angen, bid siŵr, i mi ymddiheuro am ddyfynnu mor helaeth, nac am chwanegu dau ddyfyniad arall, gan eu bod rhyngddynt yn disgrifio'n huotlach nag y gallaf i, rwndwal holl weithgarwch ysgolheigaidd a beirniadol Saunders Lewis. Dyma'i eiriau yn 'Ffrainc Cyn y Cwymp':

> Iechyd a gwers i ddyn yw clywed llenor o Ffrancwr yn sôn am 'Le métier', am ddysgu sut i drin ei iaith, sut i ysgrifennu'n gyson ac yn gyson dda, yn fwy na dim sut i gynhyrchu gweithiau cyflawn, corff o waith, nid rhyw erthyglau neu ysgrifau achlysurol, mympwyol. Gwneud llyfr, corffori a chyd-drefnu ei syniadau a'i brofiadau yn gyfanwaith, llunio peth gorffenedig, boddhaol, a'i unoliaeth yn amlwg ac yn llwyr, dyna nodau'r llenor a feistrolodd ei grefft, ei 'métier' . . .

Rhaid addef mai ychydig o gefnogaeth a gaiff dim tebyg i hynny yn
ein mysg . . . Dywedodd un o'r pwysicaf ohonom yn ddiweddar nad
yw 'celfyddyd yn werth colli cwsg neu gyfeillgarwch o'i phlegid,'
datganiad sydd i mi yn wamalrwydd annheilwng o fardd mawr. Ond
y mae'n nodweddiadol o'r 'diletantiaeth' Gymreig, yn arwydd o'n
cyflwr anghyfrifol ni. Un o'r pethau y mae'n rhaid inni ail-afael
ynddynt yw pwysigrwydd ofnadwy gwerthoedd ysbrydol, a gwerth-
oedd ysbrydol yw celfyddyd a llenyddiaeth. Gogoniant a phenyd
llenor yw ei fod yn ei draddodi ei hun i'w oes a'i gymdeithas, ac
efallai i oesoedd ar ei ôl, i'w farnu a'i fesur, i'w ddilorni hefyd a'i
ganmol ar gam; ond o leiaf y mae'n rhoi gorau ei fywyd yn fywyd
i eraill, ac y mae hyd yn oed yr ymosod arno a'r camddeall yn rhan
o'i fyw. Yn Ffrainc nid difyrrwch munudau segur yw llenyddiaeth,
ac nid difyrrwch a geisir mewn llyfrau na chan y beirdd, eithr bywyd
i'r deall a'r ysbryd, cynhysgaeth gwareiddiad. (*Ysgrifau Dydd
Mercher*, tt. 1-18; dyfynnir o dt. 12 a 13.)

Mae'r un angerdd i'w glywed yn y paragraff arall yr ̄wyf am
ei ddyfynnu, sef hwn o 'Diwylliant yng Nghymru' (*Ysgrifau
Dydd Mercher*, 100-106).

Nid rhetoreg yw dweud bod heddiw argyfwng ar ein holl wareiddiad
ni. Buasai dinistr y rhyfel ar ei ben ei hun yn ddigon i gyfiawnhau'r
ymadrodd. Eithr y mae'n amheus ai dinistr materol y rhyfel, er bod
hynny y tu hwnt i ddim a brofodd Ewrop ers canrifoedd, yw'r
gwaethaf. Drylliad safonau ym mhob gwlad a phob cylch, safonau
moes a safonau moesoldeb, safonau gwerth, safonau trefn, hyd yn
oed y syniad am urddas dyn . . . dyna'r pethau sy'n ein hwynebu
ni heddiw. Yn awr, edrychwn ar lenyddiaeth gyfoes Cymru, ar ei
chylchgronau, ei phapurau wythnosol—a oes ynddynt arwyddion o
ddynion cyfrifol galluog diwylliedig, yn wynebu'r sefyllfa, yn ei
dadansoddi, yn ei mesur, yn trafod yn ddifrifol sut y gellir achub
gwareiddiad, yng Nghymru a'r tu allan i Gymru? Neu a oes yn y
cylchgronau Cymraeg pwysig ymdrech gyfrifol i ddehongli a dat-
guddio trysorau ysbrydol ein gwareiddiad ni? Canys un dull teg i
helpu achub gwareiddiad yw ei ddehongli, ei amlygu, olrhain ei
dwf, disgrifio'i gampweithiau a'i golofnau mewn pensaernïaeth a
chelf a llên. Nid ydym yn gofyn i'n hysgolheigion ni ymroddi oll i
waith gwleidyddol. Ond y mae gan berygl gwareiddiad hawl arnynt
hwythau. Y dull y gallai'r dysgedigion a'r athrawon wneud eu rhan
yn yr argyfwng yw trwy feirniadaeth lenyddol a dehongli. Byddai
ymdrech feirniadol mewn llyfrau a chylchgronau i esbonio gweithiau
mawr y gorffennol mewn llên a charreg a lliw yn arwydd o gyd-
wybod a chyfrifoldeb . . . (Dyfynnir o dt. 102-3.)

§2

Fel y mae'n gwbl hysbys, i Brifysgol Lerpwl yr aeth Saunders Lewis i ddarllen am radd, ac ni bydd yn annisgwyl gan y darllen-ydd ddeall mai i ddarllen Saesneg yr aeth yno, oblegid nid 'oedd y syniad am ysgrifennu yn Gymraeg wedi dod i'w feddwl'[3] a'i unig uchelgais ydoedd ennill 'rhan a lle yn llenyddiaeth Saesneg. Ym mysg fy nghyfeillion yr oedd dau neu dri sydd erbyn heddyw yn adnabyddus ym mysg beirdd a llenorion Lloegr.'[4]

Yr athro llenyddiaeth Saesneg yno ar y pryd ydoedd Oliver Elton, ysgolhaig a llenor mawr ei barch yn ei ddydd, a gŵr y mae'n rhaid ei fod wedi cael peth dylanwad ar Saunders Lewis. Ceir crynodeb o'i hanes, ei yrfa a'i weithgareddau yn *Proceedings of the British Academy*, XXXI (1954) 334, ac y mae'n werth ystyried hwnnw yma, gan faint y tebygrwydd a ddatblygodd rhwng gyrfa Saunders Lewis a gyrfa ei athro. Ar yr wyneb, wrth gwrs, yr hyn sy'n ein taro ydyw'r annhebygrwydd. Ganed Elton yn fab i ysgolfeistr (Gresham Grammar School Holt), a oedd wedi bod yn Gymrawd o goleg Sidney Sussex yng Nghaer-grawnt; cafodd ei addysg i ddechrau gartref gan ei dad, yna yng Ngholeg Marlborough, lle'r enillodd ysgoloriaeth i Goleg Corpus Christi, Rhydychen. Darllenodd y clasuron, enillodd 'ail' yn *Moderations*, a 'chyntaf' yn *Greats*. Ar ôl bod yn diwtor preifat a dysgu mewn academi fechan yn Llundain—dysgu Lladin, gan mwyaf,—penodwyd ef yn ddarlithydd yn Saesneg yng Ngholeg Owens, Manceinion, lle'r arhosodd nes ei benodi'n athro Saesneg ym Mhrifysgol Lerpwl.

Yn ei ddyddiau coleg, 'r oedd Elton wedi ysgrifennu erthyglau,

---

3 *Taliesin*, 2, 10.
4 *Baner ac Amserau Cymru*, 24.1.24, t. 5. Yr oedd wedi dysgu Ffrangeg yn yr ysgol ac fe ddilynodd y cyrsiau Ffrangeg yn y Brifysgol fel y gallai ddarllen yr iaith yn rhwydd, ac ar ôl mynd i Ffrainc fel milwr daeth i allu ei siarad yn weddol rwydd.—*Taliesin* 2.11. Gw. hefyd *Baner ac Amserau Cymru*, 24.1.24. lle dywed 'Ond y mae arnaf ddyled fawr i'm hathro, Oliver Elton, am iddo ef fynnu ein bod ni oedd yn ei ddosbarth yn darllen yn ddyfal mewn llenyddiaethau eraill, ac yn arbennig llenydd-iaeth Ffrainc.'

adolygiadau, a llawer o farddoniaeth i'r *Oxford Magazine,* ac yn ddiweddarach ym Manceinion fe gyfrannai adolygiadau ar ddramâu ac ar gyngherddau i'r *Manchester Guardian.* Un o'i ffrindiau ym Manceinion oedd C. E. Montague, awdur *A Writer's Note Book.* Fe welir fod Elton yn llenydda yn ogystal ag yn darlithio ar lenyddiaeth, ac y mae lle i gredu nad oedd ganddo nemor amynedd â'r sawl a gymerai arno ddarlithio ar lenyddiaeth heb lenydda. Heblaw hynny, 'r oedd ei wybodaeth yn enfawr. Yn ogystal â bod yn hyddysg yn llenyddiaethau'r ieithoedd clasurol, yr oedd yn hysbys ym mhob un o brif lenyddiaethau Ewrop gan gynnwys Rwsieg a Tsecoslofaceg. Ymddiddorai yn llenyddiaeth Eingl-Wyddeleg y dydd, mewn pynciau fel cyfriniaeth ac 'enthusiasm' a hanes ysgolheictod llenyddol a beirniadaeth.

Nid oedd ganddo lawer o ffydd yn system arholi'r prifysgolion. 'It is indeed,' meddai, 'not strictly a training for any occupation except journalism, where the conditions of the schools are nightly more or less reproduced. However enlighened the tutor, of the schools he has to think. The real discipline in the craft of research comes later, if at all, and its first step is to unlearn undergraduate method.'

I ddiwygio ychydig ar y system arholi neu i gyfadfer am rai o'i diffygion, 'r oedd Elton wedi mynnu fod pob myfyriwr anrhydedd yn ysgrifennu traethawd go hir, 'or miniature thesis on some subject allowing for a measure of fresh investigation and of individual appraisement.'

Y testun, y dewisodd Saunders Lewis ysgrifennu arno, ydoedd 'Imagery and Poetic Themes of S. T. Coleridge.' Bydd yn hwylus i'r darllenydd gael o flaen ei lygaid y crynodeb o gynnwys y traethawd.

Ch. I:— Preparatory:— Influences and tendencies. I. First influences of poetry, Bowles and Collins. II. Bristol countryside, expansion of subject matter and imagery. III. Dorothy Wordsworth. IV. W. Wordsworth's influence—'the vestigia communia' of the senses in S.T.C.

Ch. II:— Colour and Light, Part I—Moonlight 'Lewti', 'Nightingale', 'Christabel', 'Cain', 'Ancient Mariner'.

Ch. III:— Colour and Light, Part II.

Ch. VI:—   I. Sounds; two methods of attention; silence.
                II. Voluptuousness; odours and feelings; child qualities.
                III. Pain and opium; rest and reaction.

Ch. V:—   I. 'The subtle-souled psychologist'; Coleridge's three paths of exploration; loneliness and the mystical process; 'The Ancient Mariner'. II. 'A grief without a pang.' The second phase, 'Dejection'. The abnormal and theme of possession. III. Final years and the poetry of apathy.

Ch. VI:— Childhood.

Craffer ar gynnwys penodau II a III, a throer at gyfrol Elton, *Modern Studies* (London, 1907), pennod III, 'Colour and Imagery in Spenser'. Mae'n amlwg fod yr athro neu ei waith wedi gogwyddo meddwl Saunders Lewis at ei destun, ond teg yw chwanegu na chafodd yr efrydydd gymaint â hynny o help ar ffurf patrwm yng ngwaith yr athro, er bod rhaid cofio fod yr athro wedi ysgrifennu ar Coleridge yn gyffredinol yn ei *Survey of English Literature* 1789-1830 (Pennod II), ac nad ei draethawd ef ar Spenser oedd yr unig help wrth law i'r ymchwilydd: 'r oedd A. C. Bradley wedi sgrifennu ar 'Coleridge's Use of Light and Colour' yn *A Miscellany Presented to John Macdonald Mackay*, July 1914, tt. 263-273.

Y peth amlwg i'w ddweud am y traethawd hwn, wrth gwrs, ydyw fod Saunders Lewis wedi bod yn eithriadol o ffodus yn taro ar ei destun neu'n cael ei gyflwyno iddo, oblegid, ar wahân efallai i draethawd mawr Aristotl, ni allaf feddwl am well deunydd i feirniad ifanc dorri ei ddannedd arno na gweithiau Coleridge, a bu rhaid i Saunders Lewis ddarllen y rheini i gyd er mai â'i farddoniaeth yr oedd a wnelai'i destun yn bennaf. Afraid dweud fod llawer o ddadlau ynglŷn â gwreiddioldeb datganiadau beirniadol Coleridge, ac nad oes sicrwydd hyd yn oed ynglŷn ag ystyr popeth a sgrifennodd, eto i gyd, fel y dywedodd George Watson yn ei lyfr *The Literary Critics* (London, 1962) 111, 'The achievement of Coleridge is rightly held to be supreme among the English critics'.

Peth llai amlwg i'r darllenydd cyffredin ond nid dibwys iddo ei gofio ydyw fod Saunders Lewis wedi bod yn hynod o ffodus yn ei athro, a bod hwnnw'n feirniad llenyddol gyda gorau'r oes. Cawn ddychwelyd eto at rai o'i ddyledion i'w athro, ond priodol yw sylwi mai ffawd dda'n wir a'i harweiniodd i astudio gwaith un o feirniaid llenyddol gorau'r iaith Saesneg o dan gyfarwyddyd un o feirniaid llenyddol Saesneg gorau ei ddydd, ac yr oedd Elton yn bendifaddau yn un o'r rheini: yng ngeiriau L. C. Martin (*Proceedings of the British Academy* XXXI [1945] 333), yr oedd ef 'in the true line of succession represented in English criticism by Sidney, Dryden, Johnson, Coleridge, Arnold and Pater.'

Serch hynny, ni ddylai neb gasglu fy mod yn awgrymu y gellir deall neu esbonio gwaith Saunders Lewis drwy'r dylanwadau a fu arno: yr oedd yn ddi-ddadl yn fyfyriwr disglair dros ben, ac â'r cyfryw y gymwynas fwyaf y gall athro ei gwneud, yn amlach na pheidio, ydyw hyrwyddo ei ffordd drwy beidio â chodi anawsterau, a gofalu nad ydyw'n cyfeiliorni ar ambell groesffordd.

Mae *Imagery and Poetic Themes of Coleridge* yn draethawd sy'n dangos fod Saunders Lewis wedi meistroli crefft ymchwilio, ac, yn fwy na hynny, fod ganddo ddeall aeddfed, barn annibynnol a dawn y meistr i feistroli ei bwnc a'i gyflwyno gydag awdurdod. Sylwer arno'n disgrifio dylanwad Wordsworth ar Coleridge a noder mor ddi-feth y mae'n taro ar y dyfyniad arwyddocaol:

> Firstly, Wordsworth helped Coleridge to find his poetic vocation. From August 1797 until the publication of the "Lyrical Ballads" Coleridge was more entirely a poet than at any other period of his career. He had come into the company of one to whom poetry was the single purpose, the high calling of life, and for a few great months Coleridge also lived for poetry, and his other mistresses—journalism, politics, theology, metaphysics—barely disturbed his passion. And as a result of this, the sensuous experience which is the daily bread of poetic life gained a new value for him.

Imagery became delightful for its own sake. "A whole essay might be written,' he says (Biog. Epis. 1. 217), "on the danger of thinking without images.' And he enters on the study of chemistry (J.D.C. Intro. to Works P. 59) in order to "increase my stock of metaphors."

In the second direction Wordsworth only encouraged a natural tendency in Coleridge. One of the great themes of "The Prelude" is the education that nature gives through the senses. For a poet and a great poet, Wordsworth had strangely little of the voluptuousness which is one essential quality of the poetic temper, and which reveals itself in a readiness to receive delight through every organ of sense. And Wordsworth was aware that this lack of the more delicate senses had left him a prey to the robust greed of the eye:

"The bodily eye, in every stage of life
The most despotic of our senses, gained
Such strength in *me* as often held my mind
In absolute dominion" ("Prelude", XII. 128. 131).

He relates also how his sister, by a happier disposition, was free from this tyranny,—"Her eye was not the mistress of her heart,' and he believes it part of nature's kindly discipline to liberate the mind from this subjection: —

"Glady here,
Entering upon abstruser argument,
Could I endeavour to unfold the means
Which nature studiously employs to thwart
This tyranny, summons all the senses each
To counteract the other, and themselves,
And makes them all, and the objects with which all
Are conversant, subservient in their turn
To the great ends of Liberty and Power"
(Prelude XII. 131-140).

Now Coleridge, more akin to Dorothy than to William Wordsworth in natural endowment, appropriated this teaching, and in poetry better illustrated it. In prose the only passage I can find of his which deals with the matter is in the 'Biographia Literaria' (Ch. XXII, B.L. II. 103): —"But the poet must likewise understand and command what Bacon calls the *vestigia communia* of the senses, the latency of all in each, and more especially as by a magical penna duplex the excitement of vision by sound and the exponent of sound." And the fact that this casual reference is all he makes to the doctrine, while his verse is a perpetual illustration of it, may show how completely he possessed the faculty. Constantly he gives us a fusion of sensations into one impression, a blent mood, when: —

"All impulses of soul and sense
Had thrilled my guileless Genevieve,
The music and the doleful tale,
The rich and balmy eve;
And hopes and fears that kindle hope
An undistinguishable throng," ("Love" P. 135)

and his best things are full of this "undistinguishable throng": —

"A light in sound, sound-like power in light" . . .
        "How the half sounds
    Blend with this strangled light"
                                    ("Remorse", V. I. L. 40).

Y thema sy'n gorwedd dan wyneb y traethawd ydyw fod Coleridge wedi peidio â bod yn fardd y pum synnwyr oherwydd yr opiwm a gymerai, ond ei fod wedi datblygu yn fardd *terra incognita* y meddwl cyn iddo ddifetha'i ddawn a'i dalent yn gyfan gwbl. O fod yn fardd a allai ddweud 'I seldom feel without thinking, or think without feeling,' datblygodd yn fardd a'i disgyblodd ei hun 'not to think of what I needs must feel' (Dejection', 11. 88). Ei arbenigrwydd, ei waith arloesol fel bardd, meddai awdur y traethawd, ydoedd ennill yn diriogaeth i'r awen y rhanbarthau hynny yn y meddwl lle mae atgno, anobaith, unigedd a dychryn yn teyrnasu.

Defnyddir yn effeithiol iawn osodiadau gan Coleridge, megis:

Thought and reality are, as it were, two distinct corresponding sounds, of which no man can positively say which is the voice and which is the echo.

In looking at objects of nature while I am thinking, I seem rather to be seeking, as it were asking for, a symbolical language for something within me that already and for ever exists, than observing anything new.

Fe all fod yr ysgolheigion wedi profi erbyn hyn nad oedd y naill na'r llall o'r syniadau a fynegir yma, yn wreiddiol, ond nid wyf yn meddwl fod hynny'n amharu o gwbl ar werth y dyfyniadau fel mynegiant o'r hyn a oedd wedi dod yn wir ym mhrofiad Coleridge ei hun.

Yn yr astudiaeth orchestol y mae'n ei pharatoi ar fywyd a gwaith Saunders Lewis dengys Mr. D. Tecwyn Lloyd fod y traethawd hwn yn tystio i ddau ddiddordeb a oedd i gael lle llawer pwysicach yn llyfr yr awdur ar Williams Pantycelyn, sef diddordeb mewn seicoleg a diddordeb mewn cyfriniaeth.

Gan fod Mr. Lewis yn cyfeirio at y bennod 'A Word on Mysticism' yn llyfr Elton, *Modern Studies*, 156-182, ac yn dyfynnu o'i gyfieithiad o ddarn o waith San Ieuan y Groes, teg yw casglu fod a fynno dylanwad ei athro â'i ddiddordeb mewn cyfriniaeth, er mai gormod fyddai dweud mai dylanwad ei athro oedd yn gyfrifol amdano.

Am y diddordeb arall, rhaid fod Saunders Lewis yn ymglywed â newydd-deb cymhwyso seicoleg at feirniadaeth lenyddol, oblegid ar ôl enwi'r prif lyfrau yr oedd wedi ymgynghori â hwy, dywed: 'Finally, though I have avoided, as well as I could, the introduction of scientific terms into this essay, I must add that I should have written the fourth and fifth chapters differently, if I had not read the two following Books: Freud—"The Interpretation of Dreams" . . . 1913; Barbara Low—"Psycho-Analysis, A Brief Account of the Freudian System".' Digon o waith ei fod wedi cael arweiniad gan ei athro yn hyn o beth oblegid mor ddiweddar â 1935 cawn hwnnw'n dweud:

> I hear that the psycho-analysts, those surgeon-dentists of the soul, have applied their tools to poetry; but I must plead ignorance of their doings. In our own country, especially at Cambridge, a not unfruitful psychology, in the hands of Mr. I. A. Richards and his friends, has sought to sharpen our sense of the poet's process and of his meaning and to warn us of the traps in the path. (*Essays and Addresses*, 213-238).

Prin, serch hynny, yr oedd angen i Saunders Lewis ymddiheuro am ddefnyddio seicoleg yn ei astudiaeth ar Coleridge, gŵr a gyfenwyd 'the subtle-souled psychologist'.

Y gwaith nesaf y troes Mr. Lewis ei law ato ydoedd ei draethawd M.A., *A School of Welsh Augustans*, a rhoi iddo ei deitl yn ei ffurf gyhoeddedig (Wrexham, London, 1924). yn y rhagymadrodd cyfeiria at ei ddyled i gynorthwywyr—y pennaf, yr Athro Elton, nid yn unig am gyfarwyddyd ar ochr Saesneg y pwnc, eithr hefyd am ei hyfforddiant a'i ddylanwad dros flynyddoedd lawer ac am ei gyfeillgarwch di-ball.

Ni wn pa faint o ddiddordeb a oedd gan Elton yn yr iaith

Gymraeg a'i llenyddiaeth: 'r oedd ganddo ddiddordebau eang iawn a gwybodaeth o amryw ieithoedd; gwyddys ei fod yn ymddiddori yn llenyddiaeth Eingl-Wyddeleg Iwerddon[5] (gw. y bennod 'Living Irish Literature' yn *Modern Studies*) ac yr oedd astudio Celteg yn ei Brifysgol, lle'r oedd y lliwgar Glyn Davies yn troedio yn llwrw'r cawr o ysgolhaig, Kuno Meyer, hyd yn oed pe na bai digon o Gymry yn Lerpwl i gyhoeddi eu presenoldeb, a heblaw hyn oll, yr oedd ef yn perthyn i'r genhedlaeth honno o ysgolheigion Saesneg a oedd wedi eu hyfforddi yn y clasuron ac a oedd yn llai plwyfol na llawer o'u holynwyr. Ond pa faint bynnag o ddiddordeb a oedd gan Elton yn llenyddiaeth Cymru, 'r oedd ganddo ddiddordeb dwfn iawn yn yr Oes Augustan mewn llenyddiaeth, oblegid ei lyfr cyntaf o bwys ydoedd *The Augustan Ages* yn y gyfres a olygid gan yr Athro George Saintsbury, *Periods of European Literature,* ac yn hwnnw 'r oedd wedi bwrw golwg ar yr oes honno yn Ffrainc, Lloegr, yr Almaen a gwledydd eraill y Gogledd yn ogystal ag yn yr Eidal, Portiwgal a Sbaen.

Ar y llaw arall, ni chlywais fod gan Glyn Davies, pennaeth yr Adran Gelteg, ddiddordeb arbennig yn yr Oes Augustan nac yn Lloegr nac mewn unrhyw wlad arall, ac nid oedd ganddo chwaith ddim i'w ddweud wrth y Morrisiaid a Goronwy Owen; yn wir, yn ôl Dr. E. D. Jones, Aberystwyth, 'r oedd o'i gof fod Saunders Lewis yn ymddiddori yn y Monwyson hyn o gwbl, ac i'r Athro T. Gwynn Jones, Aberystwyth, y bu'n ddyledus yn bennaf am gyflwyniad a chyfarwyddyd i'w gwaith.[6]

---

[5] Darganfu Saunders Lewis waith y beirdd Yeats, Synge a Masefield yn ei ddwy flynedd olaf yn yr ysgol, 'a gyda Synge a W. B. Yeats yn enwedig—Yeats yn bennaf oll—y dechreuodd llenyddiaeth gyfoes Saesneg afael ynw' i. O hynny hyd heddiw yr ydw' i wedi ystyried Yeats yn un o feirdd mwyaf y ganrif yma yn Saesneg . . . Trwy Yeats, Synge, Patrick Colum, y Gwyddyl neu'r Gwyddelod, trwy'r rheiny y des i, am y tro cyntaf, i ddeall beth oedd gwlatgarwch ac ysbryd cenedl. Ac yn fuan mi ddechreuais i feddwl fod pethau fel yna, oedd yn gafael ynddyn' nhw yn Iwerddon, yn briodol i mi afael ynddyn' nhw yng Nghymru.'—*Taliesin,* 2, 9.

[6] Gw. dwy erthygl Saunders Lewis ar 'The Critical Writings of T. Gwynn Jones,' yn *The Welsh Outlook* 7 (1920) 265-267, 288-90. Ar ei waith yn darganfod *Cofiant Emrys ap Iwan* gan T. Gwynn Jones yn siop Morgan and Higgs, Abertawe, gw. *Taliesin* 2. 11.

Hawdd yw deall sut y daeth T. Gwynn Jones yn ddylanwad ar Saunders Lewis. Ef oedd bardd Cymraeg mwyaf ei ddydd, ac yr oedd ef a'i waith llenyddol yn eu hawr anterth. Yr oedd ei ysfa lenyddol yn siŵr o apelio at Saunders Lewis, ac nid yw'n syn clywed yr olaf yn dweud amdano: 'Gwynn Jones has the same zest for "pure letters" (sc. as Emrys ap Iwan and Saint-Beuve),' ac yn canmol ei wybodaeth o ieithoedd, 'he has that prime essential of good criticism, a knowledge of the literature of other races. He knows the classics, and he has read widely in French, Italian, German and English.' Heblaw hynny, nid oedd Gwynn Jones, a defnyddio term Gwenallt, yn ieithgi'n unig.

> amid all his excursions into realms of philology, Gwynn Jones—lonely in this among his fellows—has not forgotten that the prime business of literary pursuit is what we call the 'criticism of values,' and that the study of language is only useful while it illumines the study of the human spirit . . . But where the philologists have seen little more than an academic quarry, he has found life and the beauty of life. He studies particularly the imagery of these mediaeval poets; and though he makes full use of classification and group-analysis, he does not for a moment forget that poetry is the expression of personality, of a certain uniqueness of temper. (*The Welsh Outlook, 7* (1920) 266 *a, b.*)

Rhaid cofio fod y brawddegau hyn wedi eu sgrifennu ym 1920 (yn *The Welsh Outlook*) cyn i Fwletin y Bwrdd Celtaidd ymddangos a chyn i gyhoeddiadau Ifor Williams, Henry Lewis, W. J. Gruffydd a G. J. Williams ddod yn afon gref, a'u bod wedi eu sgrifennu ar bamffledi T. Gwynn Jones ac yn fwyaf arbennig ei dri llyfr, *Rhieingerddi'r Gogynfeirdd* (Dinbych, 1915), *Llenyddiaeth y Cymry* (Dinbych, 1915), a *Llenyddiaeth y Bedwaredd Ganrif ar Bymtheg* (Caernarfon, 1920), tri llyfr a fu'n dra defnyddiol i genhedlaeth Mr. Lewis, ond a wnaethpwyd ymhen y rhawg yn rhannol ddi-werth oherwydd cyhoeddi testunau newydd, etc., etc. Rhaid dweud hyn er mwyn deall canmoliaeth Saunders Lewis i T. Gwynn Jones, yr ysgolhaig, a'r hanesydd a'r beirniad llên; nid nad yw'n ei feirniadu hefyd, e.e., am roi triniaeth mor swta i waith Daniel Owen ac i 'Alun Mabon' Ceiriog. Sut bynnag, nid

oes rhaid i ni gytuno'n llwyr â barn Mr. Lewis am ysgolheictod
T. Gwynn Jones i weld a gwerthfawrogi'r ffordd y gallodd ef
fanteisio arno. Dyma enghraifft o *A School of Welsh Augustans,*
tt. 118-9:

> It does not follow, however, that Goronwy Owen's poetic and practice
> were based only on Addison and the English Augustan theories. There
> were other influences. The value of the rare word, the 'significant'
> word, was laid down in Aristotle's 'Rhetoric'; and a Welsh poet would
> certainly not need to go to England to discover the use of archaisms.
> Welsh poetry for centuries was written in a dead language. On this
> matter there is a valuable note by Professor T. Gwynn Jones in the
> Welsh quarterly 'Y Geninen,' April, 1921. I translate a suggestive
> paragraph: —
>
> 'Nobody has yet half shown how definite and minute were the tradi-
> tions of the Celtic poets. In Ireland they had difficult modes of speech
> and an extensive vocabulary which were mastered through prolonged
> study, and word-forms which were judged appropriate for the use
> of learned and official bards. Undoubtedly something similar held
> sway in Wales. Indeed, though no one has yet discovered a specific
> collection of approved forms, together with the rules for using them,
> such as we have in Ireland, yet there exist in Welsh manuscripts
> many collections of "Old Welsh" words, with attempts more or less
> successful to find their meanings . . . It was thus that words were
> treated, and there was a careful tradition as to the length and form
> of words; and the standard "was the work of ancient poets".'
> Now that last sentence is exactly in agreement with what William
> Morris wrote of Goronwy Owen: — "He thinks it low to imitate the
> poets of later centuries." It is fairly certain that Goronwy Owen
> was following the English theories of his century, but it is not impos-
> sible that he realised how well such theories were accordable with
> the habits of Welsh poetry.

Gellid sylwi ar amryw bwyntiau yn y paragraff uchod, ond
efallai mai'r peth pwysicaf ar hyn o bryd ydyw galw sylw at y
ffordd y mae Saunders Lewis yn codi gwirionedd, yn rhoi myneg-
iant newydd a syfrdan iddo ('Welsh poetry for centuries was
written in a dead language') ac yn ei osod mewn fframwaith
sy nid yn unig yn cadarnhau ei newydd-deb eithr hefyd yn ei
adlewyrchu drwy gymryd gwedd newydd ei hun.

Bydd Mr. Lewis yn dychwelyd at ddyled y Gogynfeirdd i eirfa'r Cynfeirdd yn ei bennod ar Feirdd y Tywysogion yn *Braslun o Hanes Llenyddiaeth Gymraeg* I, bydd yn edrych ar y ddyled honno o safbwynt damcaniaeth Paul Valéry ar 'la poésie pure'—bydd y ffrâm yn newydd a'r gwirionedd yn cael edrych arno mewn goleuni newydd fel y bydd yntau'n ymddangos yn newydd danlli.

Ond o ran hynny, bydd llawer iawn o'r gwirioneddau sydd yn *A School of Welsh Augustans* yn cael yr un driniaeth—y driniaeth a gaiff y diamwnd wedi ei ddarganfod yn y mwynglawdd, sef ei dorri'n gymesur a'i loywi'n drybelydr a'i osod mewn seting cydwedd.

'R oedd y ddeunawfed yn ganrif dda i Saunders Lewis ddechrau astudio llenyddiaeth Gymraeg ynddi—canrif ysgolheigion a llenorion o faintioli, Lewis Morris, Goronwy Owen, Ieuan Brydydd Hir, canrif darfod yr hen mewn ysgolheictod a llenyddiaeth, canrif cychwyn y newydd. Drwy astudio'r ganrif hon y cafodd gipolwg ar linell traddodiad barddoniaeth Gymraeg yn ymestyn yn ôl i wawr hanes y genedl, oblegid daliai rhai o'i hysgolheigion fod gwreiddiau'r gyfundrefn farddol yn ymestyn yn ôl i amser y Derwyddon, cyn dyfodiad y Rhufeiniaid: 'This to the 18th century Welsh critic meant that the Welsh poetic tradition had been unbroken.' Drwy astudio'r ganrif hon hefyd y gwelodd osod llawer o sylfeini llenyddiaeth ddiweddar: 'It may be said with assurance that Goronwy Owen's letters, with their attempt to graft English poetic purposes on Welsh literary tradition, are the foundation of modern Welsh literature.'

Ond ni ellir gweld holl linellau datblygiad ysgolheictod Cymraeg Saunders Lewis yn rheiddio o'i ddarganfyddiadau yn *A School of Welsh Augustans*, oblegid os yw'r ddeunawfed ganrif yn ganrif yr Augustaniaid, 'r oedd hefyd yn ganrif y Rhamantiaid; os oedd yn ganrif y Morrisiaid a Goronwy Owen, 'r oedd hefyd yn ganrif Williams Pantycelyn a'r emynwyr.

Nodweddion y cyfnod Augustan mewn llenyddiaeth ydoedd

rhesymoliaeth a chlasuraeth. Y duedd gyffredinol ydoedd alltudio popeth nad ymddangosai'n rhesymol, ac o ganlyniad ceisiwyd anghofio'r elfennau hynny yn y profiad dynol na chydweddent â delfryd y rhesymol: diberfeddwyd crefydd a dilornwyd cyfriniaeth. Yn y modd hwn fe gyfyngwyd 'mater' llenyddiaeth, a chwedyn fe aethpwyd ati i chwilio am 'ffurf' iddi, a sefydlu perthynas iawn rhwng 'mater' a 'ffurf'. Condemniwyd y ffurfiau a geisiai effaith drwy eithafiaeth mewn unrhyw fodd, a chymeradwywyd y ffurfiau hynny a oedd yn gydwedd, yn addas, yn gymwys.

Pan ddaeth y Rhamantiaid, aeth yr Augustaniaid dan gabl yn Lloegr ac mewn gwledydd eraill, ond ar ddechrau'r ganrif hon symudodd y pendil yn ôl, a dechreuwyd gwerthfawrogi cyfraniad yr Augustaniaid i ddatblygiad llenyddiaeth a cheisiwyd iawn farnu eu delfryd.

'R oedd yr Athro Elton yn un o'r haneswyr llenyddol hynny a bwysleisiodd ddyled y Rhamantiaid i'r Augustaniaid.

> How much of the romantic revival, of the romantic triumph, lay and still lies in the ideas of freedom, of asserting the personality, of defiance to the accepted, of proving all things! And did not these spring from the "enlightenment," and was not the enlightenment first beginning to speak, though only in confused prophecy, during the seventeenth century? Hence it is a slight account of the affair to say that poetry was followed by prose, or a period of creation, after its decadence, by one of commentary. Such language implies a seesaw, and not a progress. Yet if anything is true of the rational period it is surely this, that the human mind, in thought, in art, in language, was everywhere facing certain sacrifices, which it wrongly at the time thought no sacrifice, but which were wanted for its final power and freedom.

Anodd peidio â chredu nad yw dylanwad syniadau Elton i'w weld yn y ffordd y medrodd Saunders Lewis droi o astudio Goronwy Owen at astudio Williams Pantycelyn gyda'r fath frwdfrydedd ac ymroddiad.

Diau fod dylanwadau eraill, a rhai cryfach.

Tan yn gymharol ddiweddar, nid oedd bardd yr oedd ei enw'n amlach ar wefusau'r Cymry na Phantycelyn, nid oedd bardd yr oedd mwy o'i eiriau ar eu cof, nid oedd bardd yr oedd ei waith wedi dylanwadu mwy ar eu hymwybod, ac nid yw'n rhyfedd fod Daniel Owen wedi ei ysbrydoli i fynegi'r lle cwbl arbennig a oedd iddo yn eu serchiadau drwy beri i Wil Bryan gyfeirio ato fel yr 'Hen Bant'. Ond os bu dylanwad Williams Pantycelyn ar ei gyd-Gymry'n fawr, mwy fyth fu ei ddylanwad ar ei enwad ef ei hun, y Methodistiaid Calfinaidd; yn wir, gellir dweud mai ef, yn anad neb arall o'r diwygwyr Methodistaidd, a ffurfiodd ethos crefydd yr enwad. Trwy roi geiriau i aelodau'r enwad hwnnw i fynegi eu profiadau ynddynt, fe roes naws arbennig ei grefydd ef ei hun i'w profiadau, yn wir, bron na ellir dweud ei fod wedi rhoi ei lun a'i ddelw ei hun ar eu profiadau.

A'r Methodistiaid Calfinaidd oedd enwad Saunders Lewis ei hun. Yn ei sgwrs â Mr. Aneirin Talfan Davies dywedodd na bu raid iddo brynu gwahanol argraffiadau llyfrau Williams Pantycelyn ar gyfer astudio ei waith: yr oedd y rhan fwyaf ohonynt yn llyfrgell ei dad. Dengys hyn fod gan ei dad ddiddordeb arbennig yn yr emynydd, ond hyd yn oed pe na bai hynny'n wir, fe ellid maentumio, mi gredaf i, os cafodd crefydd ei dad ddylanwad o gwbl ar Saunders Lewis, fe'i cafodd i raddau helaeth iawn drwy emynau Pantycelyn, yn anymwybodol ac yn ymwybodol.

Ond erbyn hyn yr oedd Mr. Lewis wedi penderfynu neu ar fedr penderfynu gadael yr enwad yr oedd wedi ei fagu ynddo— ac yr oedd rhaid iddo ef gyda'r uniondeb meddwl a'i nodweddai, amgyffred a deall Williams Pantycelyn—ei waith a'i bersonoliaeth —yn union fel y bu rhaid iddo'n ddiweddarach amgyffred a deall Daniel Owen.

Yn wahanol i lawer iawn o bobl a gafodd droedigaeth—a throedigaeth at Gatholigiaeth—nid yw Saunders Lewis wedi sôn llawer am y proses. Yn y sgwrs rhyngddo ef a Mr. Aneirin Talfan Davies dywedodd yn ddisyml:

Mi drois i'n Gatholig, nid oblegid bod dim yn athroniaeth gym-
deithasol Catholiciaeth yn apelio dim ata' i; dim oll. Mi drois i'n
Gatholig am un rheswm enbyd o syml, fy mod i'n meddwl mai yn
offeren yr Eglwys Gatholig y mae Duw yn cael ei addoli fel y dylai
ef gael ei addoli gan ddynion. A dyna'r unig reswm i mi droi'n
Gatholig.[7]

Er nad yw'r esboniad hwn yn esbonio llawer,—y mae'n codi
mwy o gwestiynau nag y mae'n eu hateb—credaf ei bod yn deg
i ni gymryd fod troedigaeth Mr. Lewis yn rhan o'r hwb o ddat-
blygiad meddyliol a ddaeth yn sgîl ei brofiadau fel llanc ac fel
gŵr ifanc yn y brifysgol ac yn y Rhyfel Mawr, yn rhan o ddar-
ganfod Emrys ap Iwan a chenedlaetholdeb ac o ddarganfod
Ffrainc ac Ewrop, nid ei bod yn bosibl gwahaniaethu rhwng y
darganfodau hyn.

Mae'n sicr mai cofiant T. Gwynn Jones a'i harweiniodd yn y
lle cyntaf at Emrys ap Iwan. Ni ellir bellach wahaniaethu rhwng
yr argraffiadau cynnar a'r rhai diweddar a wnaeth darllen gweith-
iau hwnnw arno, ond nid oes dwywaith nad effeithiodd y darllen
ar ei argyhoeddiadau llenyddol yn ogystal ag ar ei ddaliadau
gwleidyddol: gw. y ddwy erthygl ar Emrys ap Iwan, y naill wedi
ei hadargraffu yn *Ysgrifau Dydd Mercher* (1945) a'r llall yn
Meistri'r Canrifoedd (1973), cyfrol a olygwyd gan yr Athro R.
Geraint Gruffydd.

Iddo ef, gweledigaeth neu ddarganfyddiad mawr Emrys ap
Iwan fel llenor, ac 'un o'r darganfyddiadau pwysicaf yn hanes
beirniadaeth yng Nghymru,' ydoedd 'fod y cyfnod rhwng y
Diwygiad Protestannaidd a'r Diwygiad Methodistaidd yn cyfateb
yn deg yn natblygiad rhyddiaith Gymraeg i'r ail ganrif ar bym-
theg yn llenyddiaeth Ffrainc. Dyna'r cyfnod y sefydlwyd tradd-
odiad arddull a thraddodiad ffurf yn ein rhyddiaith, a diystyru'r
traddodiad hwnnw a throi cefn ar ei gynhyrchion a fu'n achos y
dirywiad a'r angheinder oll wedyn.' Yr oedd y darganfyddiad
hwn yn anos i Emrys ap Iwan nag ydoedd darganfod egwyddor

7 *Taliesin* 2 15.

cerdd dafod i John Morris-Jones, oblegid yr oedd rhyw rimyn o draddodiad cerdd dafod wedi goroesi.

> Y rheswm y bu'n rhaid darganfod ffaith hanesyddol mor bwysig oedd fod y Diwygiad Methodistaidd wedi claddu'r cwbl o'r llenyddiaeth a'r traddodiad a greasid o'i flaen, ac wedi claddu'r rhyddiaith yn ddyfnach a sicrach na'r farddoniaeth, ac wedi rhoi sêl ar y bedd. Canys crefyddol oedd deunydd rhyddiaith y traddodiad hwnnw, a'r deunydd crefyddol oedd yr union beth a gondemnid lymaf gan grefyddwyr y diwygiad a'r genhedlaeth a'i dilynodd.

Yng nghymeriad disgybl i Emrys ap Iwan yr oedd T. Gwynn Jones yn ymddangos i Saunders Lewis.[8] Yr oedd y naill fel y llall wedi medru edrych y tu hwnt i Loegr i'r cyfandir ac wedi gweld gogoniant y traddodiad Ewropeaidd. Yn wir, yn ôl Saunders Lewis, yr oedd y ddau wedi gweld fod cysylltiad â'r traddodiad hwnnw yn anhepgor i iechyd y diwylliant Cymraeg. 'No one more clearly than he,' meddai am T. Gwynn Jones,

> has recognised that in all periods of our history, when we have succumbed to the pressure of English culture, have been content to learn only from England, then our thought and our letters have been dull and parochial and unimportant. And so, chief among many today, Gwynn Jones would avoid this provincialising—though not, indeed, conscious—tyranny of England, and he resents our passive acceptance of English institutions and ideas, their insularity, their non-conformity. For, as every poet and artist must be, he is passionately loyal to that more ancient tradition which made his own work possible, and to that ideal of a European commonwealth of minds, which, in spite of wars, has kept inviolate the multi-coloured guardian of Christendom. For piety—in the Latin sense—is the bedrock of art. (*The Welsh Outlook*, 7 (1920) 265.)

Nid wyf yn amau nad oedd Gwynn Jones mewn rhai o'i foddau'n barod i ddweud 'amen' wrth rai o'r syniadau hyn, ond fel y dengys ei gofiant, nid oedd y syniadau hyn yn egwyddorion sefydlog yn

---

8 Cymh. 'One cannot discuss the ideas and literary work of Thomas Gwynn Jones, and, indeed, it is difficult to write about our present Welsh literature at all, without first saluting the name of Emrys ap Iwan.' *The Welsh Outlook*, 7 (1920) 265.

ei feddwl, ac fe'm hatgoffir o frawddegau olaf erthygl Mr. Lewis ar 'Farddoniaeth Mr. R. Williams Parry':

> Mi glywais, ond ni wn ai gwir hynny, mai gwerinol yw argyhoeddiadau politicaidd Mr. Williams-Parry. Y mae'r syniad yn wrthun. Nid oes gan artist hawl i fod yn werinwr. Y mae ei etifeddiaeth yn rhy hen.

Petasai Gwynn Jones wedi diarddel y syniadau a briodolir iddo, diau y buasai Saunders Lewis wedi dweud wrtho rywbeth i'r un perwyl ag a ddywedodd wrth Williams Parry. Serch hynny, mae'r syniadau a fynegir mor feistraidd, yn sicr yn adlewyrchu syniadau eu hawdur a oedd wedi bod yn darllen yn eiddgar weithiau Maurice Barrès,[9] Paul Claudel, François Mauriac, Jacques Rivière ac Etienne Gilson, ac yn barod i weld angen ei wlad i raddau, ond nid yn gyfan gwbl, yng ngolau angen Ffrainc. O blith yr awduron a enwyd, Barrès fu'r dylanwad allweddol, y dylanwad a droes gyfeiriad ei fywyd: 'y mae ei le,' meddai, 'yn llenyddiaeth Ffrainc yn ddisigl. Mae fy nyled innau iddo yn fwy nag a allaf ei chyfrif. Trwyddo ef y darganfûm i Gymru ac y gweddnewidiwyd hedoniaeth fy ieuenctid.'[10]

Gwnaeth Barrès, Péguy a Maurras lawer i gynnau fflam cenedlaetholdeb yn Ffrainc.

---

[9] Yn filwr yn Ffrainc y daeth Saunders Lewis ar draws llyfrau Barrès. Gw. *Taliesin*, 2. 11: 'Ac fe ddarllenais gyfres o lyfrau gan Barrès dan y teitl "Datblygiad fy Meddwl fy Hun." Neu fy mhersonoliaeth fy hun. *Le Culte du Moi*. Ac wrth ddarllen y rheiny mi ddysgais i gan Barrès mai'r unig ffordd i feithrin eich personoliaeth eich hun fel artist ac i ddatblygu eich adnoddau eich hun yw mynd yn ôl at eich gwreiddiau, fel y dywedodd fy nhad. A 'rwy'n meddwl mai Barrès ar ôl Yeats a'r Gwyddyl—mai Barrès a'm troes i'n genedlaetholwr Cymreig o argyhoeddiad. Wedyn, mi benderfynais fod rhaid i mi feistroli Cymraeg a darllen llenyddiaeth Gymraeg. Ac wedi hynny, ar wyliau, mi ddes adre' i Gymru—'roedd fy nhad wedi symud i Abertawe tra oeddwn i allan yn Ffrainc, ac yno . . . tua'r flwyddyn 1916 'rwy'n meddwl, mi gefais afael ar gofiant Emrys ap Iwan gan T. Gwynn Jones, ac fe setlodd hynny bopeth yr oedd Barrès wedi'i baratoi.' Gw. hefyd ei erthygl ar Maurice Barrès yn *Baner ac Amserau Cymru*, 24.1.24, t. 5.

[10] *Baner ac Amserau Cymru*, 24.1.24, t. 5.

Pour l'âme, Charles Péguy a fait ce qu'un Maurras a accompli pour l'intelligence. Tous deux ont un pareil objet, *le salut de la France.* Mais Péguy, lui, ne rêvait que de montrer au monde l'heroïsme français. Maurras, qui ne doutait pas de cet heroïsme, aurait voulu en épargner l'usage à la France. La question, pour lui, c'était de sauver, d'armer et de protéger cette âme si belle, de ne pas gaspiller ses réserves d'heroïsme, la sang de la jeunesse. *Il faut sauver,* disait Péguy, c'est-à-dire se donner, se sacrifier, car la France ne peut mourir—et c'était un acte de foi, un appel. *Il faut sauver,* disait Maurras—et c'est le cri de l'homme qui sait la dure histoire, 'pleine de peuples morts.' (H. Massis, *Maurras et notre temps,* Paris, 1961, 427).

Gwnaeth Barrès a Péguy lawer hefyd i hyrwyddo'r mudiad yn ôl at Gatholigiaeth, naill ai o wir argyhoeddiad o wirionedd y ffydd honno ai o argyhoeddiad ei bod er daioni ac er lles i Ffrainc. O genedlaetholdeb y symudodd Barrès at Gatholigiaeth. 'Je sens', meddai, 'depuis des mois que je glisse du nationalisme au catholicisme. C'est que le nationalisme manque d'infini . . . Je m'aperçois que mon souci de la destinée depasse le mot *France,* que je voudrais me donner à quelque chose de plus large et de plus prolongé, d'universel.' (Massis, op. cit., 56).

Mr. Ambrose Bebb a gyflwynodd Maurras i ddarllenwyr Cymraeg yn weddol gyffredinol, a hynny yn ei bortread ohono ar dudalennau'r *Llenor,* ac y mae wedi bod yn ffasiwn cyplysu Saunders Lewis â Mr. Bebb fel dau edmygydd mawr o Maurras a dau a ddaeth o dan ddylanwad *L'Action française.* Hyd y gwn i, ni ddywedodd Mr. Lewis erioed ei fod yn un o edmygwyr Maurras, oddieithr efallai fel beirniad llenyddol,[11] ac yr oedd terfynau pen-

---

11. Gw. ei 'Lythyr ynghylch Catholigiaeth' (*Y Llenor* VI 1927) 72-77) lle'r ysgrifenna at W. J. Gruffydd, '. . . eich tuedd yw dibynnu ar ysgrifau Mr. Ambrose Bebb i egluro popeth sy'n anghynefin i chi yn fy ngwaith i a'i waith yntau. Felly, yr ydych yn esbonio mai effaith Maurras a'r *Action Française* sy'n gyfrifol am fy null i o feddwl, ac am y mudiad Catholig yn llên Cymru heddiw. Yn awr, diau bod dylanwad Maurras yn fawr ar syniadau politicaidd Ambrose Bebb, ond yr wyf yn tybio—er nad adwaen i Bebb yn ddigon da i fod yn sicr—bod y *Revue Universelle* a gwaith yr athronydd a'r hanesydd, Jacques Bainville, yn drymach eu heffaith ar ysgrifau diweddar Bebb na gwaith Maurras ei hun. Amdanaf innau, os

dant i edmygedd Mr. Bebb ohono, oblegid os tri chas Maurras oedd, fel y dywedir, Y Diwygiad Prostestannaidd, Y Chwyldro Ffrengig a Rhamantiaeth, ni ellir dychmygu am Mr. Bebb yn dewis y rheini o ddifrif calon fel ei dri chas ef.

Haws fyddai gennyf gredu mai'r dylanwadau mwyaf ar Saunders Lewis fel beirniad llenyddol yn y cyfnod hwn ydoedd Sainte-Beuve, Jules Lemaître, Émile Faguet, a Rivière, ond rhaid i mi gydnabod mai siarad ar fy nghyfer a heb lawer o garn yr wyf ar y pwynt hwn.

Mae'n werth sylwi nad yw Ewropeaeth Saunders Lewis yn cynnwys traddodiadau Ewrop gyfan: ychydig o le a roddir ynddi i draddodiadau'r Almaen ac i'r gwledydd Sgandinafaidd, ond nid yw ef ei hun heb sylweddodi hynny. Chwedl ef,

Hanes gwareiddiad Ewrop—hanes delfryd ysbrydol ydyw. Hanes ei dwf, ei ymlediad, ei helyntion a'i ymachludoedd, ei barhad. Olrhain y delfryd hwnnw a rydd ystyr i astudio hanes Ewrop; hynny a rydd undod i Ewrop. Gall fod cant a mil o ddylanwadau ar fywyd gwlad ac ar ei dull o fyw. Ond yr hyn a ddaw i mewn i'w bywyd hi fel tynged, a benderfyna ei rhan hi yn etifeddiaeth Ewrop, yw'r delfryd moesol arbennig hwn, sef y delfryd a luniwyd gyntaf erioed gan Roeg. (*Ysgrifau Dydd Mercher*, 19.)

Nid ydyw heb wybod chwaith nad yr un darlun o Ffrainc sydd gan bawb. Pan ddywedodd W. J. Gruffydd ar dudalen o'r *Tro*

goddefwch hyn o hyfdra a hunanoldeb, petai arnaf ddyled i Maurras a'r *Action Française*, nid heddiw, a hithau'n adeg o gyfyngder arnynt, y gwadwn i ddyled na diolch iddynt. Darllenais dri neu bedwar o lyfrau Maurras, yn arbennig ei waith fel beirniad llenyddol, canys mai fel beirniad llenyddol y mae iddo bwysigrwydd pendant . . . Cyfaddefaf fod arnaf i ddyled drom i'r bardd a'r dramaydd Cristnogol, Paul Claudel, i'r nofelydd gan *François Mauriac*, i'r beirniad llenyddol a fu farw mor ifanc a sydyn, Jacques Rivière. Dysgais hefyd bopeth a wn i am athroniaeth Gristnogol yr oesoedd canol gan yr ysgolhaig mawr hwnnw, Etienne Gilson. Os mynnwch chi wybod am ffynonellau llawer o'm meddwl i, erfyniaf arnoch ddarllen yr awduron hyn . . .' Cymh. *Baner ac Amserau Cymru*, 24.1.24, t. 5 'A dyma'r sut y mae Barrès yn fwy hudolus i mi na Charles Maurras . . . ymddengys Maurras i mi dipyn yn arw, yn anystwyth, fel petai'n ymennydd pur heb synhwyrau ganddo, heb allu mwynhau aroglau na chyffyrddiad sidan na dail na chnawd.'

Olaf ac Ysgrifau Eraill y 'gall dyn fod mor blwyfol ym Mharis ag yn yr Wyddgrug,' 'Wel,' meddai Saunders Lewis, 'yr ateb yn blwmp ac yn blaen yw, "na all;" od oes ganddo'r dogn arferol o ymennydd y mae'r cwbl sy o'i gwmpas ym Mharis, y cwbl o'r bywyd byd-eang ei ddiddordeb a'r cwbl o'r traddodiad sy'n ddidor o'r unfed ganrif ar ddeg, yn peri bod yn anos iddo fod yn blwyfol yn y dull y geill dyn a aned ac a gafodd ei addysg yn yr Wyddgrug fod yn blwyfol. Dyna'r ffaith ac ni welaf fod un drwg yn deillio o gydnabod ffeithiau.' Ar y llaw arall, pan aeth R. T. Jenkins ati i anghytuno â dehongliad rhai o'i gyd-Gymry, gan gynnwys Mr. Bebb a Mr. Lewis, o'r sefyllfa ddeallol yn Ffrainc, cydnebydd ef werth y cyfraniad, a'r 'mwyniant', meddai, 'oedd gwylio meddwl eang, athronyddol yn trefnu byd o lenyddiaeth onid oedd y byd hwnnw yn y diwedd yn adlewych ysbryd caboledig y beirniad ei hun.'

Fel y dywedais, credaf mai fel rhan o'r proses o droi at Ewropeaeth a Chanoloesiaeth y troes Mr. Lewis at Gatholigiaeth—a dylid cofio nad oedd ei droedigaeth mor eithriadol â hynny y tu allan i ffiniau Cymru—ond credaf hyn yn groes i'w dystiolaeth ef ei hun, ac fe all yn hawdd fy mod yn methu, eto nid wyf yn meddwl fy mod yn methu wrth faentumio fod cymathu Williams Pantycelyn â'i feddylfryd newydd yn fater o bwys difrifol iddo.

Dywedais eisoes nad yw Mr. Lewis wedi sôn llawer am ei droedigaeth. Credaf y gallaf ychwanegu nad yw chwaith wedi bod yn broselytiwr o unrhyw fath: yn wir, yr argraff a adawyd ar fy meddwl i ydyw nad yw erioed wedi ceisio bychanu y traddodiad Protestannaidd na'r traddodiad Efengylaidd—yn hytrach, yr argraff a rydd ydyw ei fod yn synio fod Protestaniaeth a'r gwahanol ffurfiau arni, ysywaeth, wedi cyfyngu'n ddiangen ac yn ddieisiau ar y traddodiad Cristnogol Catholig. Daw hyn i'r golwg wrth iddo drin gwaith Morgan Llwyd, Charles Edwards, Ellis Wynne (y gweithiau crefyddol), etc.

Daw'n amlwg hefyd yn ei ymdriniaeth â Williams Pantycelyn,

ond nid yw hyn yn golygu nad yw ei lyfr ar hwnnw'n un rhyfedd, mor rhyfedd yn wir ag ydyw o ogoneddus.

Dyma ymdriniaeth o Bantycelyn sydd yn ei osod nid yng nghyd-destun y Methodistiaid Calfinaidd ond yng nghyd-destun ysbrydolrwydd a chyfriniaeth Catholigiaeth, nid yn gymaint yng nghyd-destun y ddeunawfed ganrif ag yng nghyd-destun yr Oes-oedd Canol, nid yn gymaint yng nghyd-destun diwygiad cref-yddol ag yng nghyd-destun mudiad llenyddol. Byddai'n dwysáu'r paradocs pe gellid dweud fod y llyfr yn barnu llenor rhamantaidd wrth safonau llenor clasurol, ond byddai hynny ymhell oddi wrth y gwirionedd, oblegid y brif thema ydyw mai bardd rhamantaidd ydyw Pantycelyn a'i fod i'w farnu yn ôl safonau newydd rhamant-iaeth.

Dyma brif fannau'r ymdriniaeth.

Edrychai Pantycelyn ar brofiad y Diwygiad fel profiad llanc am mai profiad llanc ydoedd ei droedigaeth ef ei hun.

> Y profiad hwnnw a'r profiadau a'i dilynodd yw deunydd y cwbl o'i farddoniaeth. Chwilio'r profiad hwnnw, craffu ar ei effeithiau, dat-guddio cyflwr ei enaid cyn ei brofi, datgan yn fanylach fanylach ryfeddod y peth, ei olrhain yn ei holl droion, byw ynddo a'i adnew-yddu mewn myfyrdod a thanbeidrwydd atgof, dwyn ei feddwl yn gyfan, ei ymwybod a'i ddiymwybod, i mewn i unoliaeth dangnefeddus y profiad hwn, dyna nod ei yrfa farddonol. (tt. 45-6).

Y gwaith lle ceir y disgrifiad cyflawnaf o'r profiad, ei hanes o'r dechrau i'r diwedd, ydyw *Theomemphus*, ac yn y gerdd honno, ar y profiad, y cyflwr meddwl, y rhoddir y pwyslais i gyd.

> Dyma hanfod newydd-deb *Theomemphus* yn hanes meddwl Ewrop. Rhoes athroniaeth y ddeunawfed ganrif ei holl barch a'i holl bwys ar yr elfennau rhesymol, ymarferol, gweithredol, ym meddwl dyn. Un yn rhesymu, yn penderfynu, yn casglu syniadau trefnus a chlir a chyffredinol, yna'n gweithredu arnynt: dyna'r fath un a oedd dyn ym marn athronwyr o ddyddiau Descartes hyd ddyddiau Kant . . . Yr athrawiaeth Gartesaidd hon a luniodd ddiwinyddiaeth y cyfnod, a'i phwyslais ar foesoldeb a rhesymoldeb; a'r unrhyw ddysg a ffurf-iodd egwyddorion beirniadol y Doctor Johnson a barddoniaeth Pope a Goronwy Owen. Meddai Williams amdani:

'A'i bleser ef i gyd
Yw ymresymu'r cwbl a glywo fe yn y byd;
Ar reswm mae'n seilfaenu fel seilfaen gref, ddifai.'
Dymchwelodd Williams yr egwyddor hon.
Dirmygid hi gan Theomemphus:
'Mae Satan o oleuni fel finnau'n ddigon llawn.'
Pan ddywedodd Evangelius:
'Mae caru yn un â chredu,'
a phan ddywedodd Theomemphus:
'Prawf wyf am gael o'r cyfan . . .
A theimlo yr athrawiaeth,'
fe heriwyd nid yn unig ddiwinyddiaeth y ddeunawfed ganrif, ond ei
holl feddwl. Fe drosglwyddwyd gwerth bywyd o gylch rheswm, y
peth cyffredinol, i gylch cyngreddf, o weithredoedd i deimlad, o foes-
oldeb i brofiad. Llygrwyd ffynnon clasuraeth y cyfnod. Daeth i mewn
i fywyd Ewrop ddyn newydd, creadigaeth newydd, un a deimlai, ac a
brofai, Theomemphus, y cymeriad rhamantus. (tt. 102-104).

Ac yna down at yr hyn sydd i mi'n graidd y llyfr.

Dysg Cristnogaeth a dysg Williams yntau yw mai'r peth a ddyd
urddas ar ddyn yw ymwybod. Hyn yw bod ar lun a delw Duw. A
thrwy ymholiad fe ehengir yr ymwybod, a dyneiddio dyn fwyfwy.
Dywedwyd yn y bennod gyntaf fod ymholiad hefyd yn rhan sylfaenol
o fethod barddol Pantylcelyn. Heb hynny ni allai fod barddoniaeth.
Canys barddoniaeth yw gafael ar brofiad, ei wybod yn drwyadl a'i
fynegi'n gwbl. Dull o fyw ydyw, a chael bywyd yn helaethach. Pob
cynnydd ysbrydol, pob mynegiant artist, y mae'n gam pellach mewn
ymholiad. Dyma i Williams y ffaith ddynol bwysicaf yn y bywyd
ysbrydol. Bid sicr, y mae'r diymwybod yn bod, megis cyfandir tywyll
a chudd, yn bod yn anhepgor, ond yn bod i'r bardd a'r sant yn unig
er mwyn ei ddarganfod a'i ddileu'n raddol, fel yr estynner o hyd
derfynau'r ymwybod, pob cân ddilys a phob cywir brofiad yn ehangu
ffiniau teyrnas y goleuni. (tt. 140-1).

Mae yma ble huawdl dros gymryd y bardd fel sant, y diymwybod
fel pechod a'r ymwybod fel daioni, a barddoniaeth fel santeidd-
rwydd, fel ffordd o orfodi pechod y diymwybod i ildio i ddaioni'r
ymwybod. Tybed ai dyma'r demtasiwn y syrthiodd Pantycelyn,
beth bynnag am Theomemphus, iddi yn y diwedd? Go brin.
Onid y diymwybod yma yw'r terra incognita y clywsom sôn
amdani yn y drafodaeth ar Coleridge? 'R oedd yr awdur, efallai,
yn nes at fyd Williams Pantycelyn pan ddywedodd

[Y] profiad a ddarlunnir yn *Theomemphus,* mater mawr y gân, yw'r
profiad o'r dwyfol sylwedd, o Dduw ei hun, y profiad rhyfeddaf a
allai ddigwydd i ddyn ar y ddaear. Pan ddelo'r gân i'w phwynt, a
chael o Theomemphus yn y diwedd y peth a ddymunai, fel yma y dis-
grifir ef:

> 'Ni ddeallodd ac nis clywodd erioed o'r blaen gan ddyn
> Yr hyn a gas ei deimlo yr awrhon ynddo ei hun . . .
> Trwy brofi'r hyn nas profodd efe o'r blaen erioed.'

Dyma newydd-deb *Theomemphus.* 'Y mae yn ddarn o waith newydd
nad oes un Platform iddo yn Saesoneg, Cymraeg, nac yn Lladin.'
Eithaf gwir. Dyma'r gyntaf o ganeuon mawr y mudiad rhamantus
yn llenyddiaeth Ewrop. (tt. 105-6).

Ac eto nid wyf yn amau o gwbl na phrofodd Saunders Lewis, a
phrofi i'r carn, y gosodiad mai rhamantaidd ydoedd Williams
Pantycelyn fel bardd, ac na phrofodd ei faentumiad wrth agor
y drafodaeth yr un mor gadarn:

> Yn fuan wedi'r flwyddyn 1740 fe gychwynnodd Williams o Banty-
> celyn ar ei yrfa lenyddol. Nid rhyw lawer ar ei ôl dechreuodd
> Goronwy Owen ar ei waith yntau. Gan hynny, y mae'n gyfleus dweud
> mai 1740 yw blwyddyn geni barddoniaeth Gymraeg ddiweddar. (t. 15).

Yr unig lyfr gan Saunders Lewis sy'n ymdrin â chyfnod syl-
weddol o lên ydyw *Braslun o Hanes Llenyddiaeth Gymraeg: Y
Gyfrol Gyntaf hyd at 1535.* Fe'i bwriadwyd, fel yr awgryma'r
teitl, i fod yn gyfrol gyntaf o gyfres yn rhoi hanes holl gwrs a
datblygiad llenyddiaeth Cymru. Un peth pwysig i'w gofio am y
gyfrol hon ydyw ei bod wedi ei chyhoeddi ym 1932. Yr oedd yn
naturiol dechrau'r gyfres gyda dechrau hanes llenyddiaeth Gym-
raeg, ond yr oedd y cyfnod dan sylw yn gyfnod pur dywyll, yn
enwedig yr hanner cyntaf ohono, gan nad oedd yr Athro Ifor
Williams wedi cyhoeddi ei gyfraniadau mawr a gwerthfawr ar
Ganu Llywarch Hen, Canu Aneirin a *Chanu Taliesin,* heb sôn
am ei *Armes Prydain Fawr,* ac nid oedd gwybodaeth o lenydd-
iaethau eraill Ewrop yn rhoi llawer o ganllawiau i'r anghyfarwydd
ynddo. Dangosodd Saunders Lewis ei bennod ar y rhan gynharaf
o'r cyfnod i'r Athro Ifor Williams, yr un gŵr, chwedl yntau, yng
Nghymru a'r tu allan i Gymru, yr oedd ganddo awdurdod yn y

maes, a chafodd ei farn arni. Yr oedd ef yn llwyr anghytuno â'r ddamcaniaeth a oedd yn graidd i'r bennod.

Ar ôl pwysleisio mai llenyddiaeth ysgol oedd llenyddiaeth gynnar Cymru,—barn na fyddai neb bellach yn anghytuno â hi, a barn y mae arnom faich o ddyled i Saunders Lewis am ei chyhoeddi mor groyw a phendant, fe â rhagddo i ddweud:

Peth hapus gan hynny yw bod ymhlith gweddillion hynaf ein barddoniaeth enghreifftiau lawer o waith ymàrfer a gwaith dysgu disgyblion y penceirddiaid. Llyfrau copïau ysgolion y beirdd a roes eu cynnwys i rai o'r llawysgrifau hynaf ac enwocaf mewn Cymraeg . . . Fe ddichon mai casgliadau o waith disgyblion y penceirddiaid yw llawer o gynnwys tudalennau'r hengerdd yn *Llyfr Coch Hergest*, rhannau o'r *Llyfr Du*, a hyd yn oed *Lyfr Aneirin*.

Odid, meddai Mr. Lewis, nad rhyw bencerdd a ganodd yr englyn cyntaf o'r gyfres am *Stafell Gynddylan*:

Stafell Gynddylan ys tywyll heno
heb dân heb wely:
wylaf wers, tawaf wedy.

Yna cawn waith disgybl cydwybodol yn dilyn ei athro gam a cham fel clochydd:

Stafell Gynddylan ys tywyll heno,
heb dân heb gannwyll:
namyn Duw pwy a'm dyry pwyll?

'R oedd y disgybl nesaf ychydig yn fwy annibynnol ar batrwm ei athro:

Stafell Gynddylan ys araf heno,
gwedy colli'i hynaf:
y mawr drugarawg Dduw, pa wnaf?

Yn y diwedd down at waith disgybl trwstan, diawen.

Stafell Gynddylan ys tywyll i nen,
gwedy gwen gyweithydd:
gwae ni wna da a'i dyfydd.

Ac meddai Mr. Lewis, 'Ceir lliaws mawr o englynion a phenillion eraill fel hyn yn yr hen lyfrau yn diweddu mewn dihareb neu foeswers. Caniateid hynny'n rhwydd yn ysgol y pencerdd er mwyn ymarfer yn y mesurau. Y peth pwysig oedd dysgu'r fformiwla, cynllun y pennill, a defnyddid diarhebion i'r amcan hwnnw, megis yr arferai beirdd Ffrainc mewn oesoedd diweddarach sgrifennu penillion *boustrimes.*'

Ni wn pa mor fanwl yr aeth yr Athro Ifor Williams ati i egluro ei ddamcaniaethau ef ei hun i Mr. Lewis: mae'n gwbl glir fod y ddau'n dynesu at yr englynion uchod o safbwyntiau hollol wahanol, y naill fel ieithydd a hanesydd, y llall fel beirniad llenyddol, ond a chaniatáu'r gwahaniaeth yn y safbwyntiau, ac a bwrw nad oedd yr Athro Ifor Williams yn barod i rannu dim o ffrwyth ei ymchwil pan oedd ef ei hun ar fin ei gyhoeddi, yr hyn sydd yn anodd ei esbonio ydyw pam na fuasai Mr. Lewis wedi gohirio ysgrifennu er mwyn darllen mwy o lenyddiaeth y cyfnod yn Gymraeg ac yn Anglo-Sacson ac ieithoedd eraill i'w gymhwyso ei hun fwy at y gwaith o feirniadu'r Hengerdd Gymraeg, i wybod mwy am ganu gwirebol, canu natur, canu cynyddol, yr arwrgerdd, etc. (Am y math o gefndir a oedd yn angenrheidiol, gw. P. L. Henry, *The Early English and Celtic Lyric,* 1966).

Am y rheswm hwn gellir beio mwy nag un adran o'r *Braslun*, megis, i roi enghraifft arall, ddefnyddio damcaniaeth Mallarmé, Paul Valéry &c. am *la poésie pure* i esbonio barddoniaeth y Gogynfeirdd, ond nid yw hyn yn golygu bod y *Braslun* yn ddiwerth. I'r gwrthwyneb, mae ynddo draethu gwirioneddau pwysig nad oedd neb wedi eu traethu o'r blaen, a'r traethu hwnnw'n feistraidd o odidog.

Buaswn yn diffinio'r gwahaniaeth a'r tebygrwydd rhwng Saunders Lewis ac Ifor Williams rywsut fel hyn. Esbonio iaith ydoedd prif ddiddordeb Ifor Williams, esbonio syniadau ydyw prif ddiddordeb Saunders Lewis. Wrth ddatrys ystyr gair y gwelir y naill yn ei ogoniant, wrth egluro ystyr cerdd neu lyfr y gwelir y llall. Ond y mae Ifor Williams yn dangos ei athrylith pan yw'n codi uwchlaw ystyron geiriau ac yn ail ddarganfod gwlad newydd o lenyddiaeth, fel y gwnaeth yn ei lyfr *Canu Llywarch Hen,* ac

y mae Saunders Lewis yn dangos ei athrylith pan yw'n codi uwch-
law ystyr cerdd neu lyfr a gweddnewid ein ffordd ni o edrych ar
lenor, neu ar gyfnod o lenyddiaeth. Mewn geiriau eraill, y mae
athrylith yn medru mynd y filltir ychwaneg na all y diathrylith ei
chyrraedd.

Nid wyf yn bwriadu trafod holl waith Saunders Lewis, y
llyfrau eraill a'r erthyglau, er bod llawer o'r erthyglau mor bwysig
yn eu ffordd â'r llyfrau—dyna'r erthygl ar Ddafydd Nanmor,
er enghraifft, a'r ddarlith ar 'Y Cofiant Cymraeg,'—ac y mae'r
cyfanswm yn gorff o feirniadaeth sy'n ddigymar yn hanes ein llên.
Fe hoffwn, serch hynny, alw sylw at ddeubeth: ei ddull a'i
arddull:

Ei ddull. Teflir goleuni ar hwn yn ei adolygiad ar lyfr Dr.
Thomas Parry, *Gwaith Dafydd ap Gwilym.*

> Bûm yn darllen a myfyrio'n feunyddiol, ac am oriau bob dydd, yn
> y gyfrol hon ers pedwar mis.

Mae'n amlwg mai ei ddull, neu un o'i ddulliau, o astudio gwaith
ydyw ymsuddo ynddo yn feunyddiol am oriau bwy gilydd dros
gyfnod o wythnosau a misoedd, a gwneuthur hynny nid yn unig
drwy ddarllen ac ailddarllen a darllen drachefn eithr hefyd drwy
fyfyrio.[12] Ac ni allaf i lai na chredu fod y myfyrio hwnnw'n debyg
i'r myfyrio a ddisgrifiodd T. H. Parry-Williams.

> Yn llenyddol, ar fyfyrdod y mae'r dyn yn byw. "Tra yr oeddwn yn
> myfyrio," meddai'r Salmydd, "enynnodd tân, a mi a leferais â'm
> tafod." Weithiau ymhen hir a hwyr ar ôl y myfyrio, y mae'r "tân"
> yn ennyn, ond canlyniad y myfyrio ydyw, er hynny.

Canlyniad y myfyrio yw'r 'tân' a golau'r tân, y weledigaeth. Ni
wn i am feirniad llenyddol cyfoethocach ei weledigaethau na
Saunders Lewis. Ond nid digon cael gweledigaeth, rhaid ei myn-
egi. A daw hyn â ni at y peth arall y dymunwn alw sylw ato.

---

[12] Y mae Mr. Lewis yn wers i ni i gyd yn hyn o beth, ond rhaid i ni beidio
ag anghofio fod ambell faes, fel maes Syr Ifor Williams, e.e., yn hawlio
blynyddoedd ac nid misoedd o ymroddiad cyffelyb.

Yr arddull. Dyfynnodd Saunders Lewis gyngor Emrys ap
Iwan ynglŷn ag un ffordd o feithrin arddull, a chredaf ei fod wedi
ei ddyfynnu am ei fod yn credu'n gydwybodol yn ei werth.

Un o'r ffyrdd cyffredinol gorau i fagu arddull ydyw darllen llawer ar
lyfrau awduron sydd, fel yr apostol, 'yn ymresymu yn hir,'—yr
awduron sy'n hytrach yn cyfuno nag yn daduno. Fe geir mwy o'r
cyfryw rai ymhlith y Ffrancwyr nag ymhlith cenhedloedd eraill, ac
er eu bod yn cyfrannu llai o wybodaeth i ddarllenwr nag y mae
awduron Ellmynig a Seisnig yn ei chyfrannu, eto y maent yn agor ac
yn coethi mwy ar y meddwl. (*Ysgrifau Dydd Mercher*, t. 9, *Erthyglau
Emrys ap Iwan*, II [gol. D. Myrddin Lloyd] 55).

Mae ganddo hefyd gyngor o'i eiddo ei hun, ac er mai cyngor i'r
bardd ydyw, fe dâl hefyd i'r llenor.

Nid yw beirdd ifainc Cymru'n darllen digon ar y Gymraeg. Darllen-
ant ac astudiant ac efelychu beirdd Saesneg cyfoes. Ni ellir bardd fel
yna. Y dasg hanfodol, anhepgor i fardd yw meddiannu ei iaith ei
hun. Ni ellir bardd o gwbl mwyach heb hynny—canys darfu am gyf-
oeth y tafodieithoedd ac am eu purdeb. Dylai bardd Cymraeg a fo
mewn difrif roi diofryd i ddarllen barddoniaeth Saesneg am flynydd-
oedd meithion. Dylai ymdrwytho mewn Cymraeg; holl Gymraeg y
canrifoedd. (*Ysgrifau Dydd Mercher*, t. 101).

Nid wyf yn amau dim na wnaeth Mr. Lewis ddiofryd tebyg pan
ddechreuodd ysgrifennu yn Gymraeg, yn sicr nid oedd ganddo
yn ei gyhoeddiadau cynharaf oll yr arddull Gymraeg a ddaeth yn
gymaint nodwedd ar ei waith, ac un o'r pethau sy'n siŵr o fod
yn tynnu gwên i'w wyneb wrth edrych yn ôl ar rai o'i gynhyrch-
ion cynnar ydyw'r ffordd y cododd ambell briodd-ddull o Gym-
raeg Canol ac y ceisiodd adfer ambell air megis y cysylltair
'hagen'.

Arddull gyhyrog yr ymresymwr didostur ydyw arddull Mr.
Lewis. Nid yw'n rhan o'i strategiaeth suo'i ddarllenydd i stad
rhwng cwsg ac effro ac yna taflu lletem o awgrym i'w feddwl. Na;
yr hyn a wna ef yw syfrdanu'r darllenydd i fod yn fwy effro nag
effro ac yna ei gadw'n syfrdan ar ddihun gyda rhyw 'canys' neu

'gan hynny'. Daw ambell baragraff fel cyfres o ergydion morthwyl gyda'r ergyd olaf yn taro'r hoelen olaf i'w lle.

Yn ei fawr awydd am fod yn eglur nid yw'n malio defnyddio'r un gair neu eiriau drosodd a throsodd pryd y byddai llenor llai'n chwilio am gyfystyron. Ond, i'w aralleirio ef ei hun, nid ar ffordd melyster i'r glust hyd at ddiddanwch i'r galon y cerdda ond ar ffordd eglurder i lygad rheswm a goleuni i'r meddwl ac argyhoeddiad i'r ysbryd. Mae mwy nag un yn sgrifennu Cymraeg mwy soniarus i'r glust nag ef: nid oes neb sy'n sgrifennu Cymraeg eglurach i'r deall.

Beth bynnag oedd diffygion ei Gymraeg ar y dechrau, 'r oedd wedi cael gwared arnynt erbyn iddo ddechrau sgrifennu i'r *Llenor*: 'r oedd wedi darganfod ei lais, ei arddull ei hun.

Ond mae arddull yn fwy na mater o fod wedi dysgu trin iaith neu ddysgu dynwared llenorion eraill—yr arddull yw'r dyn, ac mewn beirniad llenyddol y mae'n llawn cymaint yn y ffordd y mae'n ymateb i waith llenyddol ag ydyw yn y ffordd y mae'n mynegi'r ymateb, neu'n hytrach y mae'r ymateb yn y mynegiant.

Pan ddywedodd un beirniad llenyddol mai anffawd y clasuron crefyddol mewn llenyddiaeth Gymraeg ydoedd fod eu mater erbyn hyn mor anniddorol, ateb Saunders Lewis ydoedd fod darllen deallus a gwybodus yn darganfod eu diddordeb, yn darganfod, er enghraifft, fod darn pwysig o fywyd Ewrop y tu mewn i gloriau *Llyfr y Resolusion*. Ond nid darllen deallus a gwybodus yn unig sy'n angenrheidiol, rhaid darllen â'r holl feddwl, yr holl galon ac â'r holl enaid.

Nid yw Mr. Lewis erioed wedi anghofio mai o ychydig yn is na'r angylion y creodd Duw ddyn, nac ychwaith mai gogoniant dyn yw ei ymwybod ac mai gogoniant yr ymwybod hwnnw ydyw llenyddiaeth, a gŵyr fod murmur y galon ddynol i'w chlywed drwy lenyddiaeth o ddyddiau Homer hyd at yr ieuengaf o'n beirdd.

§ 3

Yr ydym bellach wedi bwrw golwg dros ysgwydd Saunders Lewis yn gweithio ar fardd clasurol, Goronwy Owen (a'i gymheiriaid yn *A School of Welsh Augustans*), ar fardd rhamantaidd, Williams Pantycelyn, ac ar gyfnod o lenyddiaeth (*Braslun o Hanes Llenyddiaeth Gymraeg*, 1), ac er ei fod wedi sgrifennu llyfrau beirniadol eraill a llu o erthyglau, ni allwn fynd ar eu hôl yma, er cymaint y byddem ar ein hennill a rhaid i ni geisio crynhoi'r hyn y gallwn ei gasglu am ei fethod a'i ragdybiau fel hanesydd ac fel beirniad llenyddol.

Bwriodd ef ei brentisiaeth, fel y gwelsom, dan gyfarwyddyd yr Athro Oliver Elton yn Lerpwl, ac yn ffodus y mae gennym ddatganiadau gan yr Athro ar 'The Meaning of Literary History' (*Modern Studies*, 122-155) ac ar 'The Nature of Literary Criticism' (*Essays and Addresses*, 213-238).

Ynglŷn â Hanes Llenyddiaeth yr oedd Elton yn bendant iawn ar ddeubeth. Yn gyntaf, ni ellir astudio llenyddiaeth yr un wlad ar ei phen ei hun. Dyfynna'n gymeradwyol frawddeg Matthew Arnold:

> The criticism which alone can much help us for the future is a criticism which regards Europe as being, for intellectual and spiritual purposes, one great confederation, bound to a joint action and working to a common result.

Wrth astudio llenyddiaeth gwlad rhaid ystyried tri neu bedwar prif symbyliad. Gall cenedl sy'n dymuno arllwys bywyd newydd i'w chelfyddyd droi am symbyliad naill ai at genhedloedd byw eraill neu at y gorffennol, a gall astudio'r gorffennol drachefn naill ai yn ei ffurfiau gwreiddiol neu yn y sgrifeniadau diweddar y mae wedi eu moldio. Ond y mae'r ddau symbyliad hyn, troi am ysbrydiaeth y tramor a throi am ysbrydiaeth y gorffennol, bob amser dan ddylanwad dau symbyliad arall, sef troi am ysbrydiaeth traddodiad llenyddol y genedl ei hun a throi am ysbrydiaeth rhyw symudiad neu gyffro yn ei bywyd cyfoes.

But these three impulses, which lead us generally to foreign writings, or to our own past, or to the antique, can after all be only secondary. This truth is often forgotten by those who fill volumes with the history of 'sources'. Before it can stir or assimilate what is not of its own time and land, a nation must first be moved within itself and must assert its own identity and power. Rarely, on the other hand, does it create a fresh art without also drawing upon other times or countries.

Prin y mae angen dweud fod Saunders Lewis wedi astudio llenyddiaeth Gymraeg gyda'r cwestiynau hyn yn fyw iawn yn ei feddwl. Beth fu dylanwad y gorffennol ar y cyfnod llenyddol dan sylw? Beth fu dylanwad llenyddiaethau eraill? Beth fu dylanwad traddodiad llenyddol Cymru ei hun? Beth fu'r cyffro cyfoes a barodd dderbyn y dylanwad?

Ond nid hanesydd llên yn unig yw Saunders Lewis eithr hefyd crewr llên a hynny nid yn unig am ei fod ef yn artist llenyddol eithr hefyd am ei fod am symbylu ac ysbrydoli artistiaid llenyddol eraill. 'A nation must first be moved within itself and must assert its own identity and power.' Arbenigrwydd mawr Saunders Lewis ydyw ei fod wedi clywed yr alwad i gyffroi'r Cymry i ymwybod fel cenedl ac i'w mynegi eu hunain fel cenedl yn llenyddol yn ogystal ag yn wleidyddol.

Gwelir hyn yn amlwg iawn yn ei ragymadrodd i'w erthygl feistraidd ar Ddafydd Nanmor. Ar ôl cyfeirio at yr astudio a oedd wedi bod ar waith y cywyddwyr o Ddafydd ap Gwilym hyd at Siôn Phylip ac effeithiau llesol hynny, sefydlu safonau'r iaith, puro cystrawennau, adfer urddas ein llên, etc., dywed:

Ond er a wnaethpwyd hyd yma gan olygwyr ac ysgolheigion, ac er cymaint a elwodd Cymreigwyr diweddar ar eu llafur, cyfyng yn wir yw dylanwad yr hen farddoniaeth ar lên heddiw . . . Ychydig a dybiodd fod gan yr hen brydyddion amgyffred am fywyd na ffilosoffi y byddai'n wiw i ninnau eu hystyried. Dywedir mai seiri campus oeddynt ar syniadau traddodiadol. Oblegid bod ganddynt draddodiad, a hwnnw'n amlwg yn eu gwaith, gwedir eu hawl i weledigaeth . . . Ac felly, benthycir gennym ffurfiau ac arddull yr hen feirdd, a mynd at lenorion Lloegr am athroniaeth a dysg am fywyd. Cymerth ein hawduron y syniad sydd yn llinell enwog André Chenier yn batrwm i'w holl lafur:

> Sur des pensers nouveaux, faisons des vers antiques,

—'Gwnawn hen benillion ar syniadau newydd,'—a syniadau Seisnig yw'r rhai newydd gan amlaf. Y peth "d'waethaf oll" yn Lloegr sy'n denu sgrifenwyr ifainc Cymru o hyd; Osbert Sitwell yr awr hon, un arall yfory. Dyna anffawd llenyddiaeth a ddiwreiddiwyd (*Meistri'r Canrifoedd*, gol. R. Geraint Gruffydd, t. 80).

Eir ymlaen i esbonio 'bychaned yw rhan llenyddiaeth Gymraeg yn natblygiad meddwl Cymru heddiw.' 'Un rheswm yw'r dull y buwyd yn dysgu Cymraeg yn y colegau,—astudio geirfa a gramadeg y cywyddau a thybio y sgrifennai Ddafydd Nanmor yn unig fel y caffai efrydwyr yr ugeinfed ganrif enghreifftiau cywrain o ddulliau priod i'w drysu mewn arholiadau.' Rheswm arall ydyw ei bod yn anodd i Gymro heddiw werthfawrogi'r hen farddoniaeth am ei bod, yn wahanol i lenyddiaeth Saesneg, yn draddodiadol i'r brig, yn Gatholig i'r gwraidd, ac yn aristocratig drwodd a thro.

> A heb ddwfn werthfawrogi'r pethau hyn, sef traddodiad mewn meddwl a chelfyddyd, Cristnogaeth Gatholig, a chymdeithas aristocrataidd, a phethau eraill, ni ellir caru llenyddiaeth Gymraeg y cyfnodau Cymreig yn ddigon llwyr i fyw arni a'i derbyn yn dref-tad ac yn faeth i'r ysbryd. (*Meistri'r Canrifoedd*, t. 81).

Nid mater o ddiddordeb ysgolheigaidd yn unig yw astudio hanes ein llên i Saunders Lewis, ond mater o ailddarganfod y gwreiddiau, glanhau o'u cwmpas, eu dyfrhau a'u gwrteithio, fel y bo'r goeden yn bywhau drwyddi, ac yn dwyn ffrwythau newydd yn helaeth.

I fynd yn ôl at Elton. Er ei fod ef yn pwysleisio'r symudiadau llydain cyffredinol a ddisgrifiwyd uchod, nid yw am funud yn anghofio mai pwysicach na'r rheini oll ydyw'r artist unigol sy'n ceisio mynegi mewn ffurf unigryw ddinewid ei weledigaeth, ei bersonoliaeth neu ei ysbryd. Yn ôl Elton,

1. ni all dim ond celfyddyd fynegi unigrywedd personoliaeth;
2. mae celfyddyd yn byw yn ei ffurf;
3. cyfrinach y ffurf yw ei bod yn rhoi pleser drwy geinder.

Gwrthgyferbynna Courthope a Saintsbury fel haneswyr llên—y naill yn chwilio am wreiddiau llenyddiaeth mewn gwareiddiad, y llall yn trafod gwaith llenyddol fel mynegiant o bersonoliaeth yr artist, a'i fryd ar ei fwynhau a throsglwyddo'r mwynhad i'r darllenydd. Y mwyaf o bawb ymhlith haneswyr llenyddiaeth i Elton ydoedd Sainte-Beuve er na bu iddo erioed ysgrifennu hanes llenyddiaeth.

> Sainte-Beuve had erudition, science, method; but his sensitiveness, his judgement, kept pace with his science; he accepted all writers, but surrendered to none, and his insight into the lesser minds that people literature has never been excelled. He left criticism in a state of disquiet by showing that its work is not to judge by pre-formed canons of artistic, and still less of ethical, excellence, and that it must never be content with the mere study of outward conditions, sources and influences; but must use these only to press on to the discovery of what each artist, inalienably, uniquely, brings of that within him which determines *what* influences he shall accept.

Dyna'r delfryd i Elton, ac nid wyf yn meddwl y byddai ei ddisgybl yn ei wrthod chwaith, ac yn wir, gellir dweud am y disgybl, fel y dywedwyd am yr athro, fod ganddo'r ddawn brin honno sy'n galluogi'r beirniad i dreiddio mor llwyr i feddyliau ei wrthrychau astudiaeth nes bod eu hysbrydiaeth fel petai'n cael ei haileni, eu nodau'n cael eu hadleisio a'u crefftwriaeth nid yn unig yn cael ei disgrifio ond yn cael ei hailosod ar waith.

Fe sgrifennodd Elton hefyd, fel y gwelsom, ar feirniadaeth lenyddol. Mae'n dechrau trwy ddweud yr hyn nad yw hi: nid yr astudiaeth hanesyddol o lenyddiaeth mohoni; nid y corff o ysgolheictod a gyflwynwyd i lenyddiaeth, er mor werthfawr ydyw hwnnw; nid damcaniaeth arbennig mohoni chwaith, rhyw ran o estheteg a elwir yn farddoneg; ac yn olaf, nid rhan o seicoleg mohoni, er bod un o osodiadau enwocaf Aristotl yn awgrymu hynny, sef mai pwrpas trasiedi ydyw glanhau neu lanhau ymaith ddau o'r teimladau moesol, ofn a thosturi.

> Criticism is none of these things, for it is *practical;* an art or craft like drawing; and all these other kinds of knowledge may serve it as drawing may be served by a knowledge of anatomy. It is also a product, like the poems which are its subject matter; and it may also be an *art-product,* if the critic, as so often has happened, is himself a poet or has a poetic soul.

Cymharer yr hyn a ddywed Saunders Lewis am feirniadaeth fel llenyddiaeth:

> Mi gredaf y cytunai'r beirniaid oll i addef bod beirniadaeth lenyddol hithau yn aml yn llenyddiaeth. Os felly, a rhoi hefyd mai barnu a safoni yw swydd beirniad, y mae'n ddinag fod pob beirniadaeth, sy'n llenyddiaeth ei hun, yn peidio â bod yn feirniadaeth. Canys er mwyn barnu llenyddiaeth rhaid aros y tu allan iddi. Fe ddywedwyd bod llenyddiaeth yn bersonol: rhaid i farn, i ddedfryd, fod yn amhersonol, neu ynteu nid yw hithau namyn mympwy, peth personol. Ac y mae hyn o ddilema yn anochel. ('Safonau Beirniadaeth Lenyddol', *Y Llenor* I, 242-8, y dyfyniad ar d. 246).

Teimlir fod hyn yn gorsymleiddio'r sefyllfa, ond cyn pasio barn ar y brawddegau hyn, rhaid eu hystyried yn eu cyd-destun. Yn y cyfamser diddorol yw sylwi fod Elton yn mynd rhagddo i ddweud:

> The product may itself be a poem, though not in metre—a poem about a poem, as when Charles Lamb is speaking:
>
>> I never saw anything like this dirge except the ditty which reminds Ferdinand of his drowned father in the *Tempest.* As that is of the water, watery, so this is of the earth, earthy. Both have that intenseness of feeling which seems to resolve itself into the elements which it contemplates.
>
> The allusion is to John Webster's dirge,
>
>> Call for the robin redbreast and the wren,
>> Since o'er shady groves they hover,
>> And with leaves and flowers do cover
>> The friendless bodies of unburied men . . .
>
> Lamb's few words contain all the essential elements of a critique. First, they are the expression of a vision peculiar to the speaker and unique in character. Next, he identifies himself with the poet's mood and vision. Then he interprets it, and retranslates it in poetic words that illuminate *our* vision. Finally he passes a judgement on the poem's rank and worth; for nothing less is implied in the comparison with Shakespeare.

Mentraf awgrymu fod disgrifiad Elton o waith y beirniad yn ddisgrifiad perffaith o waith beirniadol Saunders Lewis ei hun, hyd yn oed yn well disgrifiad na'r un y gellid ei sylfaenu ar ei ddehongliad ef o'r hyn yw swydd beirniad.

Â Elton rhagddo i ddweud fod yr hen feirniaid, ac yn enwedig Aristotl, yn gosod pwys mawr ar reng (*rank*), ar hierarchïau y dulliau a'r arddulliau barddonol: ystyrient rai'n uwchradd i eraill, yn union fel y mae ambell rywogaeth o anifeiliaid yn uwchradd i eraill. Y ffasiwn ddiweddar ydyw peidio ag ystyried cwestiwn rheng o gwbl.

Y cwestiwn nesaf y daw Elton ato ydyw sut y mesurir neu y pennir gwerth cerdd neu ddrama, stori neu nofel. Un ffordd ydyw barnu cerdd, dyweder, yn ôl fel y cytuna neu yr anghytuna â rhai modelau hen cydnabyddedig, neu, ac y mae hyn bron yr un peth, yn ôl rheolau sydd wedi eu seilio'n rhannol ar y modelau hyn ac wedi ennill parch a bri. Dyma ganon y rheolau a fu'n sail i feirniadaeth hyd at y Dadeni ac am rai canrifoedd wedyn.

Wrth reswm, fe wyddai Saunders Lewis am y canon rheolau hyn ac wrth drin 'Yr Eisteddfod a Beirniadaeth Lenyddol' yn *Y Llenor*, fe aeth ati i ddangos sut y digwyddodd i'r Eisteddfod ei godi a'i fabwysiadu. Goronwy Owen, yn anad neb arall, yw 'prif ffynhonnell ffrwd barddoniaeth o'r ddeunawfed ganrif hyd at ganol y ganrif ddiwethaf, ac o'i waith ef yn arbennig, o'i amcanion a'i uchelgais, y tarddodd yr Eisteddfod.'

A hynny am nad bardd yn unig,—yn wir, nid bardd yn gyntaf, er mai bardd yn fwy na dim—oedd Goronwy Owen. Yn gyntaf oll, yr oedd yn ddamcanydd. Cymerth iddo'i hun egwyddorion beirniadaeth a oedd yn gyffredin drwy Ewrop yn ei oes, a myfyriodd sut i'w himpio ar hynny o'r traddodiad llenyddol a oedd eto'n fyw. Fe benderfynodd ba fath ar farddoniaeth y mynnai ef ei sgrifennu, fe ddyfeisiodd arddull, neu (yn nherm ei oes ef) 'reolau' cyfaddas i'r farddoniaeth honno, ac yna cyfansoddodd gywyddau ac awdlau yn enghreifftiau o'r dull, fel y profent gywirdeb ei ddamcaniaethau a bod yn flaenffrwyth y campwaith—yr epic neu'r 'gerdd arwrol'—y bwriadai ef rywdro ei sgrifennu. Y profion neu'r enghreifftiau hyn oedd *Cywydd y Farn* a gweithiau eraill Goronwy Owen. Ceir ei ddamcaniaethau yn ei

lythyrau ac yn llythyrau ei gyfaill, Lewis Morris . . . Y mae'n
hanfodol deall hyn a sut y tyfodd y syniad am gystadlu, oblegid felly
fe welir bod datblygiad yr Eisteddfod Gymreig yn ddiben naturiol yr
oesau clasurol . . . A dyna sy'n egluro pam yr oedd beirniadaeth y
canrifoedd clasurol, yn Ffrainc, yn Lloegr, yng Nghymru, mor ddog-
matig, yn barnu ac yn cynghori beirdd. Nid critig, ond barnwr, oedd
y beirniad llenyddol. ('Yr Eisteddfod a Beirniadaeth Lenyddol,' *Y
Llenor*, IV tt. 30-39; y dyfyniad ar dt. 31-32).

Pwysleisiodd Mr. Lewis hefyd fod yr Eisteddfod yn 'ysgol' mewn
ystyr arbennig, yn gyfarfod i ddarllen awdlau a gwrando barnu
arnynt, a hynny am fod y syniadau beth a ddylai awdl neu
gywydd fod, yn syniadau a gydnabyddid yn gyffredinol, yr oedd-
ynt yn rhan o'r traddodiad y maged athrawon ynddo i ofalu fod
disgyblion yn cael eu magu ynddo.

Daeth y syniad hwn am 'ysgol llenyddiaeth' yn un amlwg yn
Braslun o Hanes Llenyddiaeth Gymraeg, fel y cofir.

Yn yr hanes cynharaf sy gennym am fywyd bardd yng Nghymru
sonnir amdano yn ddisgybl ac yn athro ac yn swyddog mewn cym-
deithas . . . Am fil o flynyddoedd crwn bu barddoniaeth Gymraeg yn
alwedigaeth ac yn ddisgyblaeth mewn ysgol. Y llys a'r neuadd a
benderfynodd amodau'r gelfyddyd. Yr ysgol a luniodd ei dulliau. (t. 1).

Nid yw Saunders Lewis yn pwysleisio yma mai crefftwr oedd y
bardd, ond yn un o'r penodau yn *Canlyn Arthur* dadleua mai yng
nghyfnodau'r Dadeni y cyfododd yr ysgariad rhwng yr artist a'r
crefftwr. Un o ganlyniadau'r ysgariad hwn ydoedd datblygu'r
ddamcaniaeth mai gŵr a chanddo weledigaeth arbennig ydoedd
yr artist, un anfonedig, proffwyd. Dyfynna ar y naill law eiriau
W. J. Gruffydd yn cyplysu'r bardd a'r artist, ac yn priodoli
iddynt y gallu i fod yn ysbrydoledig, i gael gweledigaethau ac i
broffwydo, ac ar y llaw arall eiriau Eric Gill i'r perwyl mai cam
â'r artist (a thrwy ddiddwythiad â'r bardd) yw bwrw mai proff-
wyd ydyw.

Heblaw hyn, cyn y Dadeni, cyn yr adeg y cododd yr ysgariad
rhwng yr artist a'r crefftwr y sonnir amdano uchod, yr oedd

syniad gwahanol am y berthynas rhwng personoliaeth y crefftwr neu'r artist a'i waith. Yn ôl Mr. Lewis:

> Dyma gyfrinach celfyddyd yr Oesoedd Canol: tra bo artist heddiw yn defnyddio celfyddyd i amlygu ei bersonoliaeth, yr oedd a' ist yr Oesoedd Canol yn defnyddio ei bersonoliaeth i gyfoethogi celfyddyd. Ni fynnai ef alw sylw ato'i hun na cheisio bod yn wahanol i'w gilydd nac yn arbennig, ond ymdrechai i gydymffurfio, i weithio gyda phob artist arall er mwyn creu ceinder dienw, amhersonol, yn lân oddi wrth bob diddordeb damweiniol, diberthynas a dorrai ar unoliaeth heidiog yr adeilad Gothig.

Nid Mr. Lewis biau'r syniad hwn er ei bod yn anodd meddwl fod neb arall wedi ei fynegi mor feistraidd ag ef yn *Braslun o Hanes Llenyddiaeth Gymraeg* (tt. 4-5).

Dywed Saunders Lewis fod beirniadaeth lenyddol yr Eisteddfod, h.y., beirniadaeth lenyddol wrth ganon o reolau, wedi dod i ben yng Nghymru ym 1893 a 1894, oblegid y blynyddoedd hynny:

> cyhoeddodd Emrys ap Iwan ei ysgrifau ar arddull mewn llenyddiaeth (dan y teitl *Cymraeg y Pregethwr*) ac ar *Y Clasuron Cymreig*, a chychwynnodd cyfnod newydd yn hanes ein beirniadaeth, a syniad am natur llenyddiaeth a gloddiai dan sail holl feirniadaeth yr Eisteddfod. I'r feirniadaeth newydd hon nid peth amhersonol, y gellid ei ddysgu a'i fesur drwy reolau a safonau, oedd llenyddiaeth, eithr yn hytrach mynegiant o bersonoliaeth. Gan hynny, yr oedd cystadlu mewn llenyddiaeth yn amhosibl, oblegid ni ellid cymharu a graddio personau â'i gilydd. Ni ddywedodd Emrys ap Iwan ei hun ddim am effaith ei feirniadaeth, ond ceir yn ei ysgrifau ddadansoddiad o arddull awduron sydd bob tro yn ddatguddiad o bersonoliaeth, ac felly yn groes i feirniadaeth amhersonol a dogmatig, a'r feirniadaeth bersonol hon sy'n effeithiol yng Nghymru heddiw.

Digon gwir, ond yr oedd y feirniadaeth newydd yn anochel yn Gymraeg, fel mewn ieithoedd eraill, unwaith yr oedd y bardd rhamantaidd wedi ei eni, h.y., yng Nghymru unwaith yr oedd Williams Pantycelyn wedi dechrau ar ei yrfa lenyddol. Ac fel y gwelodd Saunders Lewis, yr oedd Pantycelyn nid yn unig yn wahanol i Goronwy Owen ond hefyd i holl feirdd y traddodiad.

Cyfieitha baragraff o ysgrif Jacques Rivière 'La crise du concept de la littérature' yn *Nouvelle Revue Française*, 1924: 'Yn yr ail ganrif ar bymtheg pe gofynnai rywun i Molière neu Racine paham yr ysgrifennent, diau na chaent yn ateb ond hyn—I ddiddanu gwyrda (*les honnêtes gens*). Gyda rhamantiaeth yn unig y dechreuwyd edrych ar waith llenyddol megis ymosod ar y Diamod, a'i ganlyniad yn ddatguddiad. Yn y funud honno etifeddodd llenyddiaeth orchwyl crefydd.' (*Williams Pantycelyn*, 18, n.1).

Y mae'n dilyn felly na all y beirniad llenyddol Cymraeg fodloni ar droedio yng nghamre Emrys ap Iwan, os ydyw'n dymuno gwneud cyfiawnder â'r beirdd a ragflaenodd Pantycelyn, yn enwedig beirdd y cyfnod 1330-1640, oblegid nid oes i farddoniaeth Gymraeg y cyfnod 1640-1740 na hanes na phwysigrwydd, meddai Mr. Lewis, ac yn y cyfnod 1330-1640, y Cyfnod Clasurol, fel y'i galwodd, y crisialodd y meddwl Cymreig am farddoniaeth, yr aeddfedodd corff o feirniadaeth lenyddol a damcaniaethau am lenyddiaeth sy'n ddi-fwlch o Einion Offeiriad hyd at Simwnt Fychan. 'A'r corff damcaniaethau hyn yw prif gyfraniad Cymru i feddwl esthetig yn Ewrop.' Gwnaeth Saunders Lewis fwy na neb arall i geisio esbonio'r estheteg hon, ond, ysywaeth, deil ei eiriau ef mor wir heddiw ag ar y pryd yr ysgrifennodd hwynt yn y bennod 'Yr Estheteg Gymraeg', y bennod gyntaf i'w lyfr *Williams Pantycelyn* (tt. 16-17):

> Prin iawn y dechreuwyd eto astudio estheteg ein clasuron. A heb hynny, gellir mentro dweud, ni cheir gennym fyth feirniadaeth ddiogel na gwreiddiol yng Nghymru, a defnyddio'r gair 'gwreiddiol' yn ei ystyr fanwl sy'n wrthwyneb i 'newydd'. Nid ydys yn barnu y dylid yn awr edrych ar lenyddiaeth yn union fel yr edrychai Ddafydd ab Edmwnt arni. Ond y mae'n rhaid synio'n gywir am feddwl Dafydd ab Edmwnt cyn y gellir o gwbl ddeall llenyddiaeth Gymraeg.

Ond er inni gytuno o lwyrfryd calon â hyn oll, cyfyd amheuaeth ynom nad ydyw ymchwil y dyfodol yn mynd i gynnal y darlun o estheteg gyson, gyfunrhyw, statig, y mae Mr. Lewis yn mentro ei fraslunio i ni, ddim mwy nag y mae ymchwil eisoes wedi cynnal ei ddarlun o'r gymdeithas a roes fod iddi.

> Sefydlwyd y gymdeithas honno ar ddeffiniadau a dosbarth rhesymegol ac Aristotelaidd, yn gystal ag ar egwyddorion Cristnogaeth. Dywed haneswyr wrthym nad oedd hi'n berffaith. Dywed rhai nad oedd hi'n ddymunol, peth sy'n llawer ansicrach, ac yn amhosibl ei brofi na'i wrthbrofi. Y peth sy'n weddol eglur yw bod ei chynllun hi, y gyfundrefn gymdeithasol ddelfrydol y ceisiai bywyd ei ddynwared—ei bod hi o leiaf yn berffaith ym marn beirdd a beirniaid a lleygwyr yr oesoedd hynny. Hwn, y patrwm perffaith yr ymgeisiai bywyd tuag ato, oedd testun moliant beirdd a thestun ffyddlondeb y gymdeithas ei hun. Canys gweithred gymdeithasol yw moliant, teyrnged nid i'r unigolyn ond i'r bywyd a'r moesau a ymglymo o'i gympas, arwydd o ffydd mewn gwareiddiad ac arwydd o ffydd mewn bywyd. Ffydd yw sicrwydd y pethau ni welir. Yr oedd yr Oesoedd Canol yn sicr bod trefn yn y greadigaeth, mai cyfundrefn ddisiom oedd Bod, a bod cytgord i'w glywed odditan holl sŵn amherffaith ffeithiau. Rhaid oedd gan hynny gael praw a symbol o'r cytgord hwnnw. Rhaid oedd i ddyn weld bywyd yn ei berffeithrwydd. Hynny a'i diddanai. Hynny a droai fywyd yn beth ag ystyr iddo. Hynny yn wir oedd diddanu gwyrda a rhianedd. (tt. 18-9).

Fel y mae'n hysbys, mae'r syniad am yr Oesoedd Canol fel oesau statig, cyfunrhyw, wedi ei brofi'n un camarweiniol, a bellach fe'u gwelir fel pob cyfnod arall yn gyfnod o gyfnewidiadau dynamig, yn union fel na welir y Dadeni yn rhywbeth unigryw, ond fel un o gyfres a ddechreuodd yn y ddeuddegfed ganrif a chyn hynny. Heblaw hyn, gan ei fod ef ei hun yn gweithredu o dan symbyliad argyhoeddiadau sy'n ffrwyth hir a maith fyfyrdod, tuedd Saunders Lewis ydyw priodoli i reswm ac i athronyddiaeth ddylanwad anghymesur o fawr yn ffurfiant bywyd dynion a chymdeithas, a phriodoli i gadwyni o ddigwyddiadau neu hanes ddylanwad anghymesur o fychan. Gellir esbonio'r 'canu mawl' yn hanesyddol, fel y ceisiais ddangos yn fy narlith Syr John Rhŷs, 'The Court Poet in Medieval Ireland', ond fel y gwyddom, gall pobl roi esboniad athronyddol i bethau sy'n ddamweiniol, neu'n ganlyniad datblygiad hanesyddol, ac nid yw'n afresymol credu fod ambell fardd prin yn yr Oesoedd Canol mor athronyddol ei fryd ag y myn Mr. Lewis fod pob un, ond y tebyg ydyw nad ymboenai'r mwyafrif ohonynt am athroniaeth, ddim mwy na'u holynwyr heddiw, ac er y gall yr athroniaeth a ddisgrifir ganddo ef, fod yn yr awyr a anadlai'r beirdd yn eu hysgolion, ychydig iawn o dyst-iolaeth sydd gennym i allu neb ohonynt i'w fynegi.

Ond beth am y feirniadaeth lenyddol newydd, yr un y dywedir i Emrys ap Iwan ei gosod ar droed yng Nghymru? Yr oedd, fel y dywedais, ynghlwm wrth ddamcaniaeth y rhamantiaid am natur barddoniaeth, ac nid oes eisiau gwell disgrifiad na'r un a ry Saunders Lewis ei hun wrth roi ei farn beth yw celfyddyd yn 'Safonau Beirniadaeth Lenyddol', *Y Llenor*, 1. 242-248

> Yr wyf yn credu bod popeth sy'n gelfyddyd, boed gân neu gerflun, yn beth unig, arbennig, ac yn gwbl ddigymar. Yn y pen draw ni ellir dosbarthu hyd yn oed y delyneg leiaf; y mae hi'n beth ar ei ben ei hun. Y rheswm am hyn yw bod celfyddyd yn fynegiant o bersonol-iaeth yr awdur, yn gynnyrch ei ysbryd a'i brofiad, ac y mae pob awenydd yn greadur neilltuol, heb iddo na chymar na neb ar y ddaear a gydymdeimlo'n llwyr ag ef. Ffrwyth unigedd enaid yw celfyddyd— ie, ac enaid a edwyn ei unigedd ac a ŵyr ei lethu ganddo,—ymgais at bontio'r gwagle erchyll sydd rhwng dyn a'i gilydd. Nid oes imi ofod i brofi hyn, ond mi apeliaf at ymwybod pob artist. Onid ymdeimlo ag arbenigrwydd eich profiad a'ch cymhellodd i'w ddatgan mewn darlun neu gathl? Onid hyn yn wir yw gwerth eich celfyddyd i chwi eich hunan, sef eich bod trwyddi yn mynegi dirgelion cyfrin eich meddwl na allech chwi ddim eu dangos un sut arall? Ie, onid ymgais i ddyw-edyd y gwir amdanoch eich hun yw eich holl lafur? Yn sicr hyn oedd ym meddwl Mr. W. B. Yeats pan gyflwynodd ef ei ganeuon i'w anwylyd:
>
> > Mi daenais fy mreuddwyd dan dy draed;
> > Boed ysgafn dy sang, canys sengi fy mreuddwyd.
>
> Ac y mae Sainte-Beuve yn ei ddiffiniad enwog o nodweddion camp-waith yn pwysleisio'r un elfen. (t. 244).

Â Mr. Lewis rhagddo i chwilio ymhlygiadau'r datganiad hwn, sef, gan fod gwaith llenyddol yn beth ar ei ben ei hun, ni ellir ei ddos-barthu, a heb ddosbarth, nid oes safon, a heb safon, ni ellir safoni na barnu. Gan hynny, nid oes a wnelo'r beirniad llenyddol â barnu llenyddiaeth na'i safoni hi. Beth felly yw gwaith beirniad llenyddol?

Nid oes gennyf i ddim amheuaeth am yr ateb: gwaith beirniad llenyddol yw cyfansoddi llenyddiaeth. Onid hynny yw uchelgais pob llenor? Fe gais y bardd a'r nofelydd ddatgan eu profiadau hwy o'r byd, gan roddi inni bortread o fywyd yn nrych eu meddwl eu hunain. Mewn un peth yn unig y mae'r llenor yn wahanol iddynt, sef yn ei fater. Dyn a chymdeithas yw deunydd y nofelydd, a llenyddiaeth yw deunydd y beirniad. Cyfansoddi llenyddiaeth am lenyddiaeth a wna efô, rhoi helyntion ei brofiad yng nghyfandiroedd celfyddyd. A thybed nad yw dewis pob darllenydd yn ategu fy nhybiaeth? Yn ystod y ganrif ddiweddaf fe gyhoeddwyd cannoedd o lyfrau ac ysgrifau ar lenyddiaeth, eithr heddiw ni ddarllenir namyn yr ychydig hynny a fo'n swynol ynddynt eu hunain. Ac ni ddibynna gwerth beirniadaeth ddim ar ei thestun . . . (t. 246).

Oddi wrth hyn y mae'n dilyn yn rhesymegol nad oes dim angen am gydweled. 'Canys arbenigrwydd y llenor ydyw ei fod yn gweld yn ei ddull ei hun, a bod ei welediad yn newydd ac yn neilltuol iddo. Bid sicr, wedi iddo fo weld a thystio am a welodd, y mae'r byd oll yn fwy goludog, oblegid iddo gyfrannu ei weledigaeth i eraill ac felly ehangu gorwelau'r ddynoliaeth.' Byddai mor rhesymol disgwyl i ddau feirniad gydweled ar yr un delyneg ag y byddai disgwyl i ddau nofelydd ysgrifennu un nofel am yr un testun, neu i ddau arlunydd baentio'r un darlun wrth edrych ar yr un olygfa.

Yna dychwela Saunders Lewis at gwestiwn safon, a oes safon o gwbl. Cytuna fod cysondeb yn galw arno gredu nad oes y fath beth â safon, 'ac nid hwyrach mai dyna a fyddai'n ddiogel,' ac eto, y mae'n hwyrfrydig i ddywedyd nad oes safon yn bod. 'Wedi'r cyfan y mae rhai llyfrau yn glasuron.' Ac â rhagddo i ddweud beth yw'r clasuron, heb setlo cwestiwn safon.

Afraid i mi nodi mai dilyn Croce y mae Mr. Lewis wrth gyhoeddi fod popeth sy'n gelfyddyd yn beth unig, arbennig, ac yn gwbl ddigymar. Am osodiad cryno o'r gred gweler ei *Breviario*, t. 47:

il senso artistico e poetico, il quale ama ciascun' opera in sé, per quello che essa è, come una creatura viva, individua e incomparabile, e sa che ogni opera ha la sua individua legge e il suo pieno e insostituibile valore.

Yn wir, dywedodd Croce unwaith mai'r unig gwestiwn i'w ofyn am waith celfyddyd ydyw, a yw'n waith celfyddyd? Ac y mae'n werth nodi fod Oliver Elton yn ei 'Nature of literary criticism', darlith a draddodwyd ym mis Ionawr, 1935, yntau'n dilyn Croce i raddau helaeth, a chyda llaw, yn gwneud ymdrech lewach na Saunders Lewis i ddiffinio 'gwerth' cerdd yn unol ag aestheteg Croce.

> The value of a poem is measured by the degree of harmony between the poet's *vision* and his *handiwork*—terms which I use for lack of better. Croce's word 'intuition' has other associations than those which he attaches to it; he appears to equate it with 'expression'—they are the same fact in different aspects. The familiar distinction between 'matter', and 'form' is full of traps. 'Matter', 'subject', and 'content' suggest only a *caput mortuum*—the poet's vision and intent stript of just what makes them personal to himself. 'Form' suggests something that is on the surface, or all surface,—the verbal or metrical detail; or else, the bare bones of the poem, its arrangement and structure. 'Vision' is Blake's word, and seems more inclusive than any other. 'Handiwork' suggests both process and result: vision as realized in words.

Cydnebydd Elton nad yw canon cynghanedd fewnol rhwng 'gweledigaeth' a llawaith ('handiwork') yn datrys y broblem, 'Sut, os o gwbl, yr ydym yn dod o hyd i werthoedd cyffredinol ym myd celfyddyd?', ond y mae'n dod i'r un casgliad â T. S. Eliot mai mater o estheteg ydyw penderfynu a ydyw cerdd yn waith celfyddyd ai peidio, ond mater o'i barnu wrth fywyd ydyw penderfynu a ydyw'n waith celfyddyd mawr ai peidio, a hyn er gwaethaf y ffaith ei fod wedi dweud nad yw cerdd i'w barnu wrth ei moesoldeb.

Y mae Oliver Elton a Saunders Lewis ill dau'n ceisio ateb y cwestiwn, beth sy'n gwneud clasur ac yn gwneud hynny drwy apelio at awdurdodau, Elton at Sainte-Beuve, 'Qu'est-ce qu'un classique?', ond er ei fod wedi cyfeirio at yr erthygl honno yn nes ymlaen ar ei drafodaeth, nid ati hi y cyfeiria Lewis ond at Longinus, ac o'i flaen ef, at Emrys ap Iwan, 'mewn brawddeg sy'n profi ei fod yn etifedd holl wareiddiad Ewrop: "Yr ydwyf yn rhoddi llawer o bwys ar grediniaethau sydd ar unwaith yn hen ac yn gyffredinol, oherwydd y rheiny fel rheol sy'n grediniaethau cywir." Ac mewn man arall fe ddywedodd nad yw un dim yn llenyddiaeth onid oes a wnelo "cenhedloedd a chenedlaethau ag ef".'

Y mae'n nodweddiadol o holl feirniadaeth Saunders Lewis ei fod yn dyfynnu Emrys ap Iwan o flaen Longinus, a diau ei fod wedi ei demtio i ddyfynnu Emrys ap Iwan ar ei ben ei hun, ond ei bod yn fwy pwrpasol iddo ei ddyfynnu ef gyda Longinus, oblegid, y mae'n ymhyfrydu wrth ddangos fod un o flodau llenyddol yr ardd Ewropeaidd wedi dangos ei wyneb yng Nghymru hefyd, a gorau oll, os gall ddangos fod un o flodau prinnaf yr ardd honno wedi ymddangos yng Nghymru neu fod un ohonynt wedi ymddangos am y tro cyntaf erioed yma. Mae lliaws o enghreifftiau ohono'n gwneud hynny yn *Williams Pantycelyn.*

> . . . Williams yw'r bardd rhamantus cyntaf yng Nghymru. Efallai y gellir dangos cyn y dibenno'r llyfr hwn, mai ef oedd y bardd rhamantus, a'r bardd modern, cyntaf yn Ewrop. (t. 17).

> . . . Yn y llenyddiaethau Protestannaidd dyma'r ymgais gyntaf i roi dosbarth ar brofedigaethau'r meddwl a'u darlunio'n fanwl. (t. 53).

> Daeth i mewn i fywyd Ewrop ddyn newydd, creadigaeth newydd, un a deimlai ac a brofai, Theomemphus, y cymeriad rhamantus. (t. 104).

> Fe ragflaenodd Williams ar y pethau rhyfeddaf yn nofel Joyce, a hyd yn oed ei ffigurau a'i arddull. (t. 144).

> A hyn sy'n rhyfedd, bod y bardd rhamantus cyntaf hwn yn gwybod am holl swyn serch rhamantus. (t. 144).

Fe glywais rai'n beio arno am y duedd a welir yn y dyfyniadau hyn i ddefnyddio, i orddefnyddio, efallai, y radd eithaf, ond, a dyfynnu Elton mewn cyswllt tebyg, 'That man is to be pitied who does not get more out of Lamb's statement that Heywood is a "kind of prose Shakespeare," than out of the reflection that it is exaggerated.'

Ond i fynd yn ôl at Emrys ap Iwan. Er cymaint yw edmygedd Saunders Lewis ohono nid yw heb weld ei ddiffygion neu ei golliadau, ac y mae'n werth nodi rhai ohonynt gan eu bod yn help i ni lenwi ambell fwlch yn ein portread o'r beirniad llenyddol fel yr amgyffredir ef ganddo.

Ar un olwg, meddai, nid beirniad llenyddol mo Emrys ap Iwan, nid dehonglydd llenyddiaeth, oblegid nid yw'n ymgodymu hyd yn oed ag awdur a fawrbrisia er mwyn ei ddeall a dilyn ei feddwl ac olrhain twf ei greadigaethau a'i ddangos wedyn yn ei gyfnod ac yn ei le mewn hanes a thraddodiad. Fe geir mymrynnau o'r gwaith hwnnw yn y paragraffau ar awduron yn "Y Clasuron Cymraeg", a rhaid cyfaddef nad ydynt nac yn dreiddgar nac yn ddiogel . . . Y mae beirniadaeth lenyddol pan fo hi'n werthfawr yn greadigaeth ddeallol. Ni cheir mo'r math hwnnw o feirniadaeth gan Emrys ap Iwan.' (*Ysgrifau Dydd Mercher*, t. 79).

Drachefn, 'Ychydig yw nifer ei ysgrifau beirniadol ef.' 'Y mae pob beirniad llenyddol pwysig yn ysgrifennwr go doreithiog. Nid yw astudio un bardd neu lenor a'i ddeall a'i fawrhau yn ddigon i ennill clod uchel yn rhengau beirniadaeth; a phrin y mae gwerthfawrogi un cyfnod yn ddigon onid oes yn y cyfnod hwnnw gymaint o amrywiaeth doniau ag a'i gwna'n ddrych o gyflawnder llenyddiaeth mewn llawer oes. Ac fe ddylid chwanegu hyn hefyd: rhaid i feirniad llenyddol pwysig a chreadigol yn yr oesoedd diweddar hyn brofi fod ganddo glust a deall ac ehangder diwylliant a chwaeth mewn barddoniaeth yn gystal ag mewn rhydd, iaith.' (loc. cit.).

Wrth drafod gwaith Emrys ap Iwan y mae Saunders Lewis yn dadlennu'r safon y mae'n rhaid i'r beirniad llenyddol ei fesur ei hun wrthi os ydyw am ei gyfrif ei hun a chael ei gyfrif gan eraill yn feirniad o bwys.

Y mae'r beirniad llenyddol pwysig 'yn ymgodymu . . . ag awdur a fawrbrisia er mwyn ei ddeall a dilyn ei feddwl ac olrhain twf ei greadigaethau a'i ddangos wedyn yn ei gyfnod ac yn ei le mewn hanes a thraddodiad.' Ond nid digon ganddo fydd ymgodymu ag un awdur, rhyw un bardd neu un llenor, ac nid digon ganddo chwaith fydd ymgodymu ag awduron un cyfnod arbennig oni bo'r cyfnod hwnnw'n ddrych o gyflawnder llenyddiaeth mewn llawer cyfnod. Na, ni fodlona nes iddo feithrin clust a deall ac ehangder diwylliant a chwaeth i ymateb yn iawn a ffyddlon i gyfoeth traddodiad llenyddiaeth, yn rhyddiaith ac yn farddoniaeth. Ac fel pob gwir lenor fe'i hysir gan yr awydd i gyflwyno ffrwyth ei lafur i'w gyd-ddynion; gan wybod ei fod drwy ei feddwl di-flino a'i faith fyfyrdod wedi haeddu ac wedi cael gweledigaeth, bydd rhaid iddo gyflwyno'r weledigaeth honno mewn ysgrifeniadau crefftus fel y bo'r cyfanwaith yn greadigaeth ddeallol ñid llai ei gwerth na chreadigaethau'r beirdd a'r llenorion a astudir ganddo.

Mewn geiriau eraill, rhaid i'r beirniad llenyddol feistroli ei grefft (le métier) a'i harfer hyd eithaf gallu ei feddwl a'i enaid gydag unplygrwydd bwriad meudwy a chyfanrwydd angerdd sant a 'chynneddf' cariad artist, fel y bo'n gadael ar ei ôl gorff o waith a fydd yn rhan nid yn unig o gynhysgaeth meddwl ei gyfnod ond hefyd o gynhysgaeth meddwl ei genedl.

Fel beirniad llenyddol yn ogystal ag fel bardd a dramodydd fe gymerodd Saunders Lewis arno'i hun iau'r safonau uchaf posibl, gan lwyr sylweddoli mai

> Gogoniant a phenyd llenor yw ei fod yn ei draddodi ei hun i'w oes a'i gymdeithas, ac efallai i oesoedd ar ei ôl, i'w farnu a'i fesur, i'w ddilorni hefyd a'i ganmol ar gam; ond o leiaf y mae'n rhoi gorau ei fywyd yn fywyd i eraill . . .

Cawsom fel cenedl rai a ymroes yn fwy i ysgolheictod na Saunders Lewis a rhai a ymroes fwy i farddoniaeth, ond yn sicr ni chawsom erioed neb a ymroes fwy i feirniadaeth lenyddol, ac nid wyf yn credu y gall undyn wadu nad ef yw'r beirniad llenyddol mwyaf a welodd y Gymraeg hyd yn hyn.

J. GWYN GRIFFITHS

Saunders Lewis fel Gwleidydd

Wrth ystyried cyfraniad Mr. Saunders Lewis fel gwleidydd ac fel meddyliwr cymdeithasol, hawdd yw ei gyfarch yn frwd ac yn edmygus wedi iddo gyrraedd ei ben-blwydd yn bedwar ugain. Oherwydd bu ei weithgarwch a'i ddylanwad yn ddi-baid ac yn ddi-fwlch, er iddo newid ei ffordd a'i bwyslais yn y blynyddoedd diweddar. Disgleirdeb meddwl a dewrder enaid: dyna'i ddwy nodwedd amlycaf i'm tyb i.

Cafwyd eisoes deyrngedau gwerthfawr i waith S.L. fel gwleidydd. Yn y gyfrol a olygodd Pennar Davies, *Saunders Lewis, Ei Feddwl a'i Waith* (Dinbych, 1950) ceir penodau perthnasol gan D. J. Williams, Abergwaun ('Y Ddau Ddewis'), a D. Myrddin Lloyd ('Syniadau Gwleidyddol Saunders Lewis') a J. E. Jones ('Saunders Lewis fel Gwleidydd Ymarferol'); ac mae sawl pennod arall yn trafod agweddau ar ei weledigaeth wleidyddol a chymdeithasol, yn neilltuol 'Saunders Lewis, Ewropead' gan Catherine Daniel a 'Saunders Lewis "Cwrs y Byd" ' gan Gwilym R. Jones, ac yn sicr 'Yr Ysbrydol yn Gyntaf' gan Gwenan Jones. Yn ddiweddarach mae gennym astudiaeth fanwl Dafydd Glyn Jones yn y gyfrol *Presenting Saunders Lewis,* gol. Alun R. Jones a Gwyn Thomas (Caerdydd, 1973). Mae cyfrol J. E. Jones, *Tros Gymru* (Abertawe, 1970) hefyd yn bwysig.

Byddaf yn amcanu yma at ymdriniaeth fwy personol. Wrth edrych yn ôl rwy'n sylweddoli fy mod yn cynrychioli cryn nifer yng Nghymru a gafodd eu dylanwadu'n fawr gan S.L. er yn gynnar. Ymunais â Phlaid Genedlaethol Cymru ym 1928 pan oeddwn yn fachgen ysgol yn y chweched dosbarth. Euthum i gyfarfod yn Nhreorci a drefnwyd gan T. D. Lewis a George Davies. Roedd fy chwaer hynaf a oedd yng Ngholeg Caerdydd ar y pryd eisoes yn aelod. Y siaradwyr oedd Saunders Lewis a'r Parch. Lewis Valentine. Wedi mynd fy hun i Goleg Caerdydd bûm yn aelod o gangen y Coleg ac ymysg ein breintiau cawsom glywed cyfres o ddarlithiau gan S.L. ar Thomas Masaryk. (Daeth Kate Roberts hefyd i'n hannerch, y tro cyntaf imi ei gweld a'i chlywed hi.) Roedd Cangen Coleg Caerdydd yn un fywiog: ynddi roedd Gwent Jones a'r chwiorydd Cathrin a Gwladwen Huws a Dafydd Miles a Phennar Davies (Bil Davies y pryd hwnnw). Dyna awgrym yn barod o'r cyfoeth cymdeithas a ddaeth i mi drwy Blaid Cymru. Yr Ysgolion Haf yn ddiamau oedd ffynhonnell bennaf y math hwn o ysbrydiaeth; yno deuthum i adnabod dynion a merched gorau Cymru yn cynnwys llenorion a phregethwyr ac artistiaid. Yn y cyfnod cynnar S.L. oedd y seren ddisgleiriaf. Roedd tuedd yn naturiol i'r edmygedd droi yn addoliad; ond yn sicr gallem fod wedi dewis eilun salach. Anodd diffinio'r afael ysbrydol a oedd gan S.L. ar ienctid y cyfnod hwnnw. Nid charisma yw'r gair—mae hynny'n fwy cywir am Gwynfor Evans. Roedd arweiniad S.L. bob amser mor bendant a'i ddadansoddiad mor gyllellog a'i arddull mor ar-ei-phen-ei-hun. Roedd awdurdod ei bersonoliaeth yn rhywbeth rhyfeddol.

I   YR ARWEINYDD

Y Parch. Lewis Valentine oedd Llywydd cyntaf y Blaid ac ef hefyd a ymladdodd yr etholiad seneddol cyntaf yn ei henw. Ym 1926 gwnaed S.L. yn Llywydd a pharhaodd felly hyd 1939. Bu hefyd yn Olygydd Y Ddraig Goch o 1926 hyd 1937. 'Adeiladu Polisi a Dull' yw'r pennawd a rydd J. E. Jones yn ei nawfed pennod i'r gweithgarwch sylfaenol hwn; er i lawer o ddoniau cyfoethog gyfrannu i'r trafodaethau, S.L. oedd yr arweinydd mewn meddwl a gwelediad. Bu nifer o gyfreithwyr, megis J. Alun Pugh a J. Arthur Price, yn weithgar gyda llunio agwedd gyfansoddiadol y polisi, yn arbennig y nod o Safle Dominiwn. Ond y naws a'r nod cyffredinol, S.L. a greodd y rhain. Mae ei bamffled

Egwyddorion Cenedlaetholdeb (1926) yn parhau'n glasur. Ei phrif bwyslais yw mai rhyddid ac nid annibyniaeth yw'r nod:

Mynnwn, nid annibyniaeth, eithr rhyddid. Ac ystyr rhyddid yn y mater hwn yw cyfrifoldeb.

Mae'n pwysleisio hefyd yr angen am ail-sefydlu cyd-berthynas Cymru â gwledydd Ewrop a'r byd. A dyma agwedd a barhaodd yn rhan bwysig o'i ffordd o edrych ar bethau. Dywed am Thomas Masaryk:

Ond yr oedd gan Fasaryk bob amser ddau gartref, Bohemia ac Ewrop. Dyma'r unig genedlaetholdeb y gallaf i ei edmygu.

(*Canlyn Arthur*, 137.)

Mae rhai pethau hynod, rhaid addef, yn y dylanwadau Ewropeaidd a arddelodd S.L. Yr hynotaf yw dylanwad Maurice Barrès, y ceidwadwr Ffrengig. Byddem yn synnu pe bai cenedlaetholwr Llydewig yn mabwysiadu Mr. Enoch Powell fel *fons et origo* ei syniadaeth genedlaethol, ac yn wir mae D. Gwenallt Jones yn *Saunders Lewis, Ei Feddwl a'i Waith*, 67-8, yn cyfeirio at Lydawiaid ar ei aelwyd yn condemnio'r 'imperialaeth Ladinaidd a unodd Lydaw a Ffrainc', ac felly'n condemnio agwedd Barrès. Roedd Barrès o blaid datganoli awdurdod yn Ffrainc, a gwerthfawrogai ddiwylliant y taleithiau; ond yr oedd hefyd yn filitarydd jingoaidd, yn wrth-Semitig, yn imperialydd ffyrnig. (Dylwn ddweud nad wyf wedi darllen yr un gair o'i waith; dibynnu yr wyf ar ymdriniaeth D. Myrddin Lloyd a Dafydd Glyn Jones.) Mewn un ffordd roedd Ambrose Bebb yn fwy cyson nag S.L. yn ei agwedd at Ffrainc a Llydaw. Carai lenyddiaeth Ffrainc, gan gynnwys gwaith Barrès a Maurras, ond roedd ganddo wybodaeth o'r Llydaweg hefyd, ac ymddiddorai'n ddwfn yn y mudiad Llydewig. Tystied ei lyfr *Dydd-Lyfr Pythefnos* (Bangor, 1939). Mewn adolygiad yn *Y Faner* crynhodd S.L. agwedd y llyfr fel hyn:

Rhai blynyddoedd yn ôl bu Mr. Bebb mewn cysylltiad beunyddiol ac agos ag arweinwyr ifainc mudiad cenedlaethol Llydaw. Aeth i Lydaw yn awr i adnewyddu'r hen gyfeillgarwch. Cafodd fod y mudiad wedi newid; wedi datblygu, wedi tyfu'n gasineb caled ac oer tuag at orthrwm ac erledigaeth Ffrainc; ond hefyd wedi dyfod dan ddylanwad syniadau athronyddol yr Almaen, gwrth-Gristnogaeth Rosenberg, gwrth-ddemocratiaeth Hitler. Ond y casineb tuag at Ffrainc a'r parodrwydd i gynorthwyo'r Almaen a ddychrynnodd Mr. Bebb. Oblegid y mae ganddo, o'r pryd y bu fyw ym Mharis, gariad arall, heblaw Llydaw, ac anwylach ganddo na Llydaw, sef y Ffrainc a ddarlunir gan Charles Maurras a'r Action Francaise. A dyna ddrama'r llyfr hwn: y gwrthdrawiad yn ei fryd rhwng ei hen gyfeillgarwch â'r Llydawiaid politicaidd sy'n casáu Ffrainc a'i llywodraeth, a'i ymlyniad wrth Maurras a'r mudiad sy'n gosod nerth a blaenoriaeth boliticaidd Ffrainc yn bennaf nod eu bywyd; a'r gwrthdaro hwnnw yn digwydd yn union ar y funud yr aeth Ffrainc i ryfel am einioes yn erbyn yr Almaen.

Yn ddiddorol iawn fe ychwanegodd S.L. sylwadau am yr Action Française fel hyn:

> Nid wyf i'n ffieiddio pob dim o athrawiaeth yr Action Française, ond mi gyfaddefaf fod yn anodd gennyf ddeall Cymro yn llyncu mor ddihalen gorff o syniadau y mae'r rhan fwyaf o'r Ffrancwyr eu hunain yn petruso i'w llyncu'n llwyr hyd yn oed wedi rhoi halen a phupur arnynt.

(Mor gynnar â 1927 mae S.L. yn condemnio'r mudiad: gw. *Y Llenor* 6, 73.) Mae'n trafod hefyd ffordd Bebb o edrych ar y rhyfel sy'n dod: i Bebb Ffrainc yw calon gwareiddiad Ewrop, a'r Almaen yw Barbareiddiwch. Hyd oed pe caniateid hynny, ebe S.L., 'gan mai i Gymru y'm ganed i ac iddi hi y mae fy nghyfrifoldeb i, ni welaf fod yn iawn imi gynnig torri ymaith yr aelod bychan hwn o gorff gwareiddiad y gorllewin er mwyn peri bod ychwaneg o waed yn rhydd i borthi'r galon.' Nid cywir felly yw i neb honni i'r ysgol Ffrengig hon fod yn brif ddylanwad ar S.L.; yn wir ni bu'n brif ddylanwad hyd yn oed yn ei gyfnod cynnar, oherwydd addefodd mai llenorion Iwerddon a'i cychwynnodd ar lwybr cenedlaetholdeb a bod cofiant T. Gwynn Jones i Emrys ap Iwan wedi chwarae rhan bwysig hefyd:

> Trwy ddarllen llenyddiaeth Yeats, Synge, Patrick Colum, y Gwyddyl neu'r Gwyddelod, trwy'r rheiny y des i, am y tro cyntaf, i ddeall beth oedd gwlatgarwch ac ysbryd cenedl. . . . A 'rwy' i'n meddwl mai Barrès, ar ôl Yeats a'r Gwyddyl—mai Barrès a'm troes

i'n genedlaetholwr Cymreig, o argyhoeddiad . . . tua'r flwyddyn 1916, 'rwy'n meddwl, mi gefais afael ar gofiant Emrys ap Iwan gan T. Gwynn Jones, ac fe setlodd hynny bopeth yr oedd Barrès wedi'i baratoi.

(*Taliesin* 2 (1961), 9-11.)

Yn llenyddol, beth bynnag, bu dylanwad yr Eidal yn amlwg yn ogystal. Ceir penodau treiddgar yn *Ysgrifau Dydd Mercher* (Llandysul, 1945) ar 'Machiavelli' ac 'Alfredo Panzini', ac mae'r gyntaf o'r rhain, fel y gellid disgwyl, yn trafod egwyddorion gwleidyddol. Disgrifir Machiavelli fel 'un o'r blaenaf o amddiffynwyr democratiaeth mewn llenyddiaeth fodern.' Y clasuron Groeg a Lladin yw sylfeini llenyddiaeth Ewrop i raddau helaeth, ac mae'n hollol gyson â'i holl agweddau fod S.L. yn bur hyddysg ynddynt, ac yn arbennig yn y clasuron Lladin. Mae ei 'Farwnad i Syr John Edward Lloyd' yn dangos ei ymwybod â gogoniant Fyrsil, fel yr eglurodd Mr. Ceri Davies mewn darlith i Adran Glasurol Urdd y Graddedigion ym mis Medi 1973 yn Aberystwyth. Cafwyd gan S.L. gyfieithiadau hapus iawn o rannau o waith Ofydd, y bardd Lladin, yn cynnwys 'Puraf a Thisbe' yn *Cerddi o'r Lladin* (Caerdydd, 1962), 69-73; ac mae'r casgliad o ysgrifau beirniadol a olygodd R. Geraint Gruffydd—*Meistri'r Canrifoedd* (Caerdydd, 1973)—yn dangos byth a hefyd, er mai ysgrifau ar hanes llenyddiaeth Gymraeg ydynt, fod y cefndir Ewropeaidd yn cyfrif llawer iddo. Ond er mor eang yw'r cefndir yma, mae iddo rai cyfyngiadau alaethus. Ni ellir derbyn yr honiad (*Ysgrifau Dydd Mercher*, 9) am draddodiad Paris, ei fod yn dal i fod 'yn gafell ac yn galon i ddiwylliant y gorllewin oll;' nac ychwaith ei bod hi'n anhepgor meddu llenyddiaeth Ffrainc cyn ffurfio 'meddwl beirniadol a chyflawn mewn ystyr nad yw'n wir am unrhyw lenyddiaeth fodern arall yn Ewrop'. Bu'n wir yn ddiau mewn oesau a fu. Erbyn heddiw fe bylodd yr aur yn nhraddodiad sawl un o genhedloedd mawr y Gorllewin, ac eddyf S.L. ei hun yn yr ysgrif dan sylw fod Ffrainc wedi profi dirywiad enbyd. Y peth anffodus yw bod imperialaeth ddiwylliannol wedi

tyfu yn sgîl arglwyddiaeth mewn grym a gallu, a'r peth arbennig
o boenus yn hanes Ffrainc yw'r ffordd haearnaidd sy ganddi o
drin cenedligrwydd Llydaw. Yn wir mae Lloegr yn rhagori dipyn
ar Ffrainc yn ei hagwedd at y cenhedloedd llai.

Rhwystr personol, y mae'n debyg, i lwyddiant S.L. fel gwleid-
ydd yng Nghymru oedd ei droedigaeth at Eglwys Rufain, er bod
ei agwedd yn y mater hwn yn gyson iawn â'i ddehongliad arben-
nig o berthnasedd y syniad Ewropeaidd. Mae'r hinsawdd ysbrydol
wedi newid llawer erbyn heddiw, ond hawdd deall y gwrthwyneb-
iad a godai ar un adeg ymysg Ymneilltuwyr. Fe ganodd D. R.
Griffiths yn ei 'Gân y Chwain':

> Y chwain gwrth-Babyddol ŷm ni,
> Yng Nghymru'n lluosog ein rhi';
> Ymosodwn heb orffwys na hoi
> Ar berson y Pab, yr hen foi,
> Boed Ioan neu Clement neu Piws,
> Inosent, Leo neu Linws.
>   Gwell pigiad paganiaeth
>   Na brathiad Pabyddiaeth!
> 'O Rufain, gyfeillion', yw'n cri.
>
> *(Cerddi Cadwgan,* 40.)

Y gwpled bwysig yma yw 'Gwell pigiad paganiaeth/Na brathiad
Pabyddiaeth!' Ofnaf fod llawer ar un adeg wedi cymryd safbwynt
o'r fath. Cofiaf, er enghraifft, imi ofyn i'm gweinidog ar ddechrau
1943 roi pleidlais i S.L. yn Etholiad y Brifysgol. Cytunodd fod
ei anerchiad etholiad yn gampus, a bod ei agwedd at y Rhyfel yn
rhagori ar agwedd W. J. Gruffydd, yr Ymgeisydd Rhyddfrydol.
Eto, meddai, ni allaf fynd mor bell â phleidleisio i Babydd.
Mentraf innau gredu, erbyn heddiw, fod Ymneilltuwyr ac
enwadau Protestannaidd eraill yn barotach i gydnabod bod
Eglwys Rufain o leiaf yn medru hawlio bod yn gymdeithas Grist-
nogol, a'i bod yn addoli'r un Duw a'r un Gwaredwr â phob cym-
deithas Gristnogol arall. Mae un peth yn amlwg i mi am arwein-
yddiaeth wleidyddol S.L.: yr oedd yn hynod gydwybodol a
theimladwy ar y mater hwn, ac ni ddefnyddiodd ei Lywyddiaeth

mewn unrhyw ffordd er mwyn hyrwyddo buddiannau Eglwys Rufain. Roedd ei egwyddorion cymdeithasol, bid siŵr, yn rhai ymwybodol o Gristnogol: y person fel sail cymdeithas, hanfodol-rwydd y teulu, y genedl fel cymdeithas o gymdeithasau, y cysyllt-iad rhwng perchentyaeth a rhyddid y person unigol, y ddyletswydd o wrthsefyll totalitariaeth y Dde a'r Chwith. Anodd i unrhyw Gristion wrthod y seiliau hyn, ac mae'n arwyddocaol fod Gwynfor Evans yn rhoi amlygiad iddynt hefyd er ei fod yn Annibynnwr o'r Annibynwyr.

Y tu allan i faes gwleidyddiaeth fel y cyfryw mae Catholig-iaeth, wrth reswm, yn lliwio llawer o sgrifennu S.L., ac yn y ffordd hon bu'n bropagandydd deniadol i'w ffydd, ac mae'n dal i fod felly yn rhai o'i ddramâu. Ei fan gwannaf, yn ddiamau, yw ei fod yn ymwrthod yn bendant â heddychiaeth. Mae'n ddirgel-wch i mi sut y gall neb ddarllen yr Efengylau Sunoptaidd o ddifrif a methu gweld bod y Crist heriol ac arwrol eto'n un sy'n gwrthod plygu i ddulliau treisgar. Mae marwolaeth y Groes yn profi'r peth yn eglur iawn. Yn ein dyddiau ni, ymhellach, gwel-som amryw o arweinwyr Eglwys Rufain yn dod yn heddychwyr. Ond tuedd S.L. yw gwawdio'r argyhoeddiad; ac i mi mae diwedd-glo'r ddrama *Gymerwch Chi Sigaret?* yn tanlinellu'r dallineb moesol hwn yn glir iawn. Ar ddechrau'r ddrama y blwch sigareti sy'n cynnwys pistol electronig yw arf y Comwnyddion; ond ar y diwedd daw'n arf i'r Catholigion yn eu crwsâd hwy. Dyna drasiedi yn wir—ond trasiedi diffyg gwelediad yr awdur yw. Mewn moddau eraill cyflwynodd S.L. agweddau perswadiol ar ei grefydd. O safbwynt hanes llenyddiaeth Gymraeg cyfleodd apêl hynod o gryf: y Ffydd Gatholig yw'r allwedd i'r cyfnodau clasurol yn ein barddoniaeth. Cofiaf imi ddarllen yn awchus iawn y ddadl rhwng S.L. a W. J. Gruffydd yn *Y Llenor*. Anodd meddwl am ddadl ddisgleiriach yn ein llenyddiaeth ddiweddar. I mi yr oedd dadleuon hanesyddol S.L. yn rhai nerthol, a hefyd ei bwyslais ar aistheteg a roddai le i Bechod. Mae'n siŵr gen i ei fod wedi cyn-orthwyo llawer yng Nghymru i werthfawrogi ysblander y traddodiad Rhufeinig ac wedi agor drysau i ni a gaewyd gynt gan ragfarn ac anwybodaeth. Byddwn yn mwynhau ei gyfraniadau i *Efrydiau Catholig,* cylchgrawn a ddiflannodd yn rhy fuan.

Y gŵr agosaf at S.L. yn ei weithgarwch fel Llywydd Plaid Genedlaethol Cymru oedd y diweddar J. E. Jones, ac mae ei sylwadau ar S.L. fel 'gwleidydd ymarferol' yn werthfawr. Ymysg y nodweddion a welodd yn S.L. y mae dycnwch a thrylwyredd— dwy nodwedd a oedd yn amlwg yn J.E. ei hun. Y gwahaniaeth, efallai, oedd bod y nodweddion yma'n cael mynegiant eglur ym mherson J.E., yn rhannol oherwydd natur ei swydd. Gallai S.L. ar y llaw arall, roi'r argraff weithiau o greadur Bohemaidd a mympwyol. Dywedwyd wrthyf yn ddiweddar gan gyfaill a ymwel- odd â 158 Westbourne Road, Penarth, mai'r peth cyntaf a'i llon- nodd oedd y rhesi o boteli gwin heb fod nepell o'r porth. Meith- rinai S.L. ymddangosiad arwahanol. Yn y llun o Ysgol Haf Llandeilo (1928) yn *Tros Gymru* gan J. E. Jones (yn wynebu tud 128) gwelir 43 o bersonau; o blith y dynion dim ond dau sy'n gwisgo dici-bow, sef S.L. ac Ambrose Bebb (na, mae un arall, yn agos at y Parch. Fred Jones, Talybont), ac un neilltuol o flodeuog sy gan S.L. Ond nid oedd dim mympwyol yn ei ddull o siarad yn gyhoeddus. Dyn o ddifrif calon—dyna'r argraff gyntaf a gefais i—a'i brif nodyn yn aml yn un dwys. Deuai ffraethineb i'w arddull; fel arfer ffraethineb ddychanol ydoedd, mewn byd arall, gellid meddwl, i hiwmor D. J. Williams, Abergwaun. Mae J.E. yn pwysleisio rhinweddau yn S.L. sy bron yn anghymreig:

> Ac ni welais nemor genedlaetholwr na gwleidydd a wnâi ei waith mor brydlon a chyson â Saunders Lewis. Ni fethodd ag ysgrifennu Nod- iadau'r Mis i'r *Ddraig Goch* o Fedi 1926 hyd Ionawr 1937, pan garcharwyd ef, y cyfan yn ddi-dâl, wrth gwrs. A'r un modd mewn dilyn pwyllgorau; ni chollodd ond un eisteddiad o Bwyllgor Gwaith y Blaid o'r cyfarfod cyntaf yn Awst 1925 hyd Galan 1937.

Mae'n nodi'r ffaith fod S.L. yn arfer paratoi yn drylwyr ar gyfer pwyllgorau; dywed hefyd amdano, 'tynnai'r gorau a'r uchaf o'r aelodau yn y trafodaethau, nes gwneuthur y cyfarfodydd yn

addysg ac yn ysbrydiaeth anghyffredin inni.' Peth pwysig arall
gan J.E.:

> Nid gwthio'i bolisi ei hun na'i bendantrwydd ei hun ar y Blaid a
> wnâi Saunders Lewis. Nid unben mohono ond arweinydd. Trefnai i
> faterion gael eu hystyried yn llawn a phwyllog gan y mudiad a chan
> arbenigwyr.

Mae J.E. yn nodi'r teyrngarwch cadarn a lwyddai i'w ennyn, ac
yn dweud yr un pryd, 'cafodd wrthwynebiad personol ffyrnig,
atgasedd ac amhoblogrwydd o'r ochr arall.' Un rheswm, yn ôl
J.E., oedd na phetrusai, 'pan gredai bod angen am hynny, ymosod
ar ddosbarthiadau o bobl ac ar unigolion, ar draul tramgwyddo'n
ddiymod.' Mae enghreifftiau da yn ei gerddi. Yn ei sêl fawr dros
y Rhyfel roedd D. Emrys Evans wedi dweud am Gymru yn *Y
Llenor* 1941 (cylchgrawn a olygid gan Ryfelwr brwd arall, W. J.
Gruffydd), 'Gofynnir gan lawer, a Chymry yn eu mysg, paham y
dylai gael byw.' Ac yn ei gerdd *Y Gelain* mae S.L. yn disgrifio'r
Prifathro fel llyffant du, ar ôl portreadu Cymru fel merch farw:

> Ac ar ei thalcen wele lyffant du
> Yn crawcian cyn dydd brawd
> Grynedig alwad i'r halogiad hy.

Cerydd cwbl haeddiannol ac ysbrydoledig; ond ymataliodd S.L.,
er dyfynnu'r frawddeg o'r *Llenor,* rhag enwi'r ysgolhaig a syrth-
iasai mor isel. Cwbl haeddiannol hefyd yw ei gerydd 'I'r Dr.
J. D. Jones, C.H., *Bournemouth gynt* (addas yw'r enwi rhwysg-
fawr, a gogoneddus yw *Bournemouth gynt*):

> O'th bulpud plu dy bregeth wêr
> Ddiferodd ar y glythion,
> A thoddion saim dy Saesneg bras
> Fu moddion gras bolrythion.

> Dychweli'n awr i wlad y tlawd
> Sy'n friw dan fawd y tordyn,
> A'th gerydd llym i genedl frau
> Blygu i'r iau a'r cordyn.

Mae S.L. yn medru mynegi'i hun yn gryf mewn sgwrs rydd yn ogystal. Cofiaf iddo regi offeiriad yn galonnog iawn y tu allan i eglwys yn Nulyn ar adeg un o gyfarfodydd y Gyngres Geltaidd. Unwaith eto roedd ganddo reswm da. Newydd ddod allan yr oeddem o wasanaeth crefyddol arbennig y Gyngres, lle bu'r cyfan yn yr ieithoedd Celtaidd. Bu'r offeiriad a regwyd yn euog o dorri ar y cysondeb—offrymodd y weddi olaf yn yr iaith Saesneg!

II POLISI AC ABERTH

Carwn ddweud gair yn awr am y polisïau y rhoes S.L. amlygrwydd iddynt yng nghyfnod ei Lywyddiaeth. Y peth mwyaf trawiadol, a gafodd y cyflwyniad medrusaf hefyd, yw'r polisi cydweithredol ar gyfer diwydiannau. Un o brif apostolion cydweithrediad economaidd yn y Blaid oedd y Dr. D. J. Davies, ac mae ei lyfr *Towards Welsh Freedom,* a gyhoeddwyd ym 1956, ddwy flynedd ar ôl ei farw, yn cynnwys nifer o ysgrifau sy'n ymdrin â'r pwnc. Mae'n amlwg ei fod wedi dylanwadu tipyn ar feddwl S.L.; ac eto yr olaf oedd awdur y cynllun ardderchog a gyflwynodd yn ei bamffled *The Local Authorities and Welsh Industries* (Caernarfon, 1934). Cyn hynny dadleuodd dros sefydlu Cyngor Datblygiad Cenedlaethol Cymreig. *Yn Canlyn Arthur* (1938) dechreuir gyda 'Deg Pwynt Polisi', a dywed Rhif 8, 'Er mwyn iechyd Cymru ac er lles moesol a chorfforol ei phoblogaeth, rhaid yw dad-ddiwydiannu Deheudir Cymru.' Ond yn y bennod 'Cenedlaetholdeb a'r Diwydiannau' dywedir mai'r amcan yw cynnig cynlluniau 'i achub rhan o'n diwydiannau trymion' ac 'i'r awdurdodau lleol Cymreig ymyrryd yn effeithiol yng nghylchoedd diwydiant'; hefyd 'i ddwyn i mewn i'r diwydiannau trymion Cymreig egwyddor newydd, sef egwyddor rheolaeth gyhoeddus ar ddiwydiant a chynhyrchu cydweithredol, ond heb fonopôl llywodraeth neu wladwriaeth, a heb yr amryw beryglon a ddeillia o fod awdurdodau lleol yn ymyrraeth *yn uniongyrchol* mewn masnach neu ddiwydiant.' Gweledigaeth werthfawr sy'n dilyn, a chyfraniad gwiw i'r syniad o ddatganoli mewn rheolaeth gyhoeddus. Ei sail yw'r drefn gydweithredol ddiwydiannol a ddyfeisiwyd gyntaf yng ngwlad Belg. Golyga fod mesur seneddol yn caniatáu i ddau neu ragor o awdurdodau lleol sefydlu Bwrdd Cydweithredol Cyhoeddus. Bydd cyllideb Bwrdd o'r fath yn annibynnol ar gyllideb y cynghorau sy'n aelodau ohono, er y gallai cyngor gyfrannu ar sail benthyciad neu dreth. Ond codir yr arian mwyaf gan y Bwrdd ei hun, drwy gynnig siarau i'r cyhoedd yn y dull arferol, a'r siarau hynny wedi eu gwarantu gan y Llywodraeth. Rhennir yr elw gan y Bwrdd Cydweithredol a'r awdurdodau lleol sy'n aelodau. Dadleuodd S.L. y byddai cynllun felly 'yn gychwyn diogel hefyd i'r diwydiannau ysgeifn newydd y mae'n rhaid inni wrthynt yng Nghymru.' Peth pwysig yn y cynllun yw bod sicrhau marchnad ddiogel gan y cynghorau eu hunain drwy eu bod yn defnyddio a phwrcasu'r cynnyrch. Y peth gwerthfawr yn ei egwyddor yw bod rheolaeth gyhoeddus ar ffurf leol yn bosibl drwyddo.

Cynllyn adeiladol a chadarnhaol yw hwn, ond diau bod traddodiad canolog Llywodraeth Llundain yn rhwystr cychwynnol ar lwybr ei weithredu. Rhaid i'r Llywodraeth ganiatáu sefydlu byrddau o'r fath, ac ymddengys y byddai anawsterau cyfreithiol ar y dechrau. Un gwendid yn y cynllun yw nad oes dim sôn ynddo am alluoedd y gweithwyr. Mae angen rhoi mesur o hunanlywodraeth i weithwyr, a rhan hefyd o'r elw; dyna'r unig ateb i'r anghydfod parhaol sy'n blino diwydiant heddiw, oherwydd prin bod gweithwyr yn debyg o fynd ar streic mewn diwydiant sy'n wir eiddo iddynt—eu tlodi eu hunain y byddant. Eto fe erys cynllun S.L. yn batrwm o feddylwaith newydd. Mae'n dda cofio bod Plaid Cymru heddiw wedi mynd ati'n egnïol i ddatblygu polisi economaidd, gan astudio problemau'r sefyllfa gyfoes ym mhob ardal. Yn hyn o beth mae'r Blaid yn dilyn esiampl wych S.L. ei hun. Hynod, felly, yw sylwi ei fod yn awr yn siarad yn ddirmygus am yr ymdrechion hyn (gweler ei Ragair i ail-argraffiad *Tynged yr Iaith*, 1972, dogfen y byddaf yn sôn amdani eto).

Y nodwedd amlycaf yn agwedd gynnar S.L. at yr iaith Gymraeg yw ei ddelfrydiaeth. Mae'r bennod 'Un Iaith i Gymru' yn *Canlyn Arthur* yn rhoi'r nod fel hyn:

Ni feiddia llywodraeth Gymreig fodloni ar gael 'Cymru ddwy-ieithog'. Meddyliau gwamal yn unig a fedr ddygymod â'r fath ofer amcan. Drwg, a drwg yn unig yw bod Saesneg yn iaith lafar yng Nghymru. Rhaid ei dileu hi o'r tir a elwir Cymru: *delenda est Carthago.*

Mae'n anodd anghytuno â theori'r ymresymiad. Y peth normal i genhedloedd, gan gynnwys y rhai bychain, yw defnyddio'r iaith genedlaethol i bob pwrpas ymarferol. Ond y nefoedd fawr, sut y gallai amgylchiadau Cymru ganiatáu delfrydiaeth o'r fath? Gartref y mae pob polisi iaith yn dechrau, a dywedodd Cardi wrthyf unwaith (ac nid gelyn i achos Cymru ydoedd) fod aelwyd S.L. yn Llanfarian, Aberystwyth, lle bu fyw am gryn ysbaid ar ôl 1937, yn 'ynys o Seisnigrwydd mewn môr o Gymreictod'. Gormodiaith, mae'n siŵr, oedd hyn. Yn ôl pob tebyg aelwyd ddwy-ieithog ydoedd. Yn ddiweddarach cefais y fraint o gydweithio llawer yn Abertawe gyda Mrs. Mair Haydn Jones, merch S.L., â'i gŵr. Cymreiges ddigon eiddgar yw hi, a Chenedlaetholreg ymroddedig hefyd, fel ei gŵr, Mr. Haydn Jones, sy'n hanu o Gwm Tawe. Mae eu plant yn Gymry Cymraeg cadarn ac yn mynychu ysgolion Cymraeg (erbyn hyn yng Nghaerdydd). Erys y broblem, mewn cyfnod o ddirywiad ieithyddol, i ba raddau y mae nod cyntaf S.L. yn bosibl. Byddai'n beth gwych pe bai nifer o'r ardaloedd Cymreiciach yn gallu gwneud y Gymraeg yn *brif iaith*, yn swyddogol ac yn gyhoeddus. Mae gradd o ddwy-ieithrwydd yn anochel, ond gall y radd honno mewn amryw gylchoedd ganiatáu blaenoriaeth i'r Gymraeg.

Peth siomedig yn hanes cynnar y mudiad cenedlaethol yw'r diffyg manylu ar bolisi iaith. Roedd cannoedd o genedlaetholwyr yn athrawon ysgol, a gwnaeth llawer ohonynt waith gwych yn enwedig yn yr Ysgolion Cymraeg a flaenorodd yr arbraw yn Aberystwyth. Rhyfedd na bu galw am Goleg Prifysgol Cymraeg.

Buasai sefydlu coleg felly yn gynnar wedi trawsnewid y sefyllfa ym myd addysg yn gyffredinol, fel y gwnaeth mewn ffordd mor amlwg yn hanes Israel fodern. Ym 1945 y cyhoeddodd S.L. ei alwad rymus mewn ysgrif ar 'Diwylliant yng Nghymru' yn *Y Faner*: gweler *Ysgrifau Dydd Mercher*. Dywed yma:

> Y ffaith seml wrth gwrs yw mai tasg i brifysgol arwain ynddi yw'r dasg y soniaf amdani yn awr (sef amddiffyn gwerthoedd gwareiddiad). Ac y mae Cymru'n wahanol i bob gwlad arall yn Ewrop; nid oes ganddi brifysgol. Y mae Cymraeg yn bwnc mewn sefydliad Saesneg a elwir yn 'University of Wales'. Nid oes gan y genedl Gymreig brifysgol. Athrawon heb Gymraeg, heb wybodaeth o hanes a diwylliant Cymru, yw'r mwyafrif o staff prifysgol Cymru. Na feier yr athrawon: Cymru ei hun sy'n mynnu hynny.

Dywed wedyn, 'Pe buasai gan Gymru bendefigaeth Gymraeg gellid dyfod dros y golled; gallasai plasau'r wlad, megis mewn llawer gwlad a llawer oes a fu, fod yn ganolfannau ymddiddanion ac ymgynghorion i symbylu diwylliant a gwerthfawrogiad a dehongliad a beirniadaeth. Nid oes gan Gymru na'r naill beth na'r llall. Nid oes un canolfan i arwain dysg a diwylliant a symbylu meddwl cyfrifol.' Sylwer yma mai moli pendefigaeth oes a fu a wna S.L. Camddehongli fyddai dadlau ei fod yn sefyll dros ail-sefydlu pendefigaeth yn ein cymdeithas. Sefyll y mae dros yr egwyddor sy'n foesol gyfwerth, sef bod y lleiafrif sy'n gymwys i arwain yn ymdeimlo â'u cyfrifoldeb i wneud hynny. Yr *élite* ysbrydol ydyw'r rhain; os mynner, y Gweddill Sanctaidd, y Lefain yn y blawd, neu'r *ffulakes* Platonaidd. Pan fydd y cymhwysiad yn fwy llythrennol, megis pan sonnir am D. J. Williams, Abergwaun, fel aelod o'r bonedd yn ei gariad at geffylau, mae'r syniad yn llai ffodus. Un o'r ychydig bethau a ddiddorai fy mam ar y teledu oedd rasus ceffylau; roedd ganddi ddiddordeb mewn ceffylau am iddi gael ei magu ar ffarm (Maestwynog, Llanwrda, ym mhlwyf Caeo)—ffarm lewyrchus ddigon, ond heb yfflon o gysylltiad ag unrhyw fonedd.

Ond i ddychwelyd at y syniad o Goleg Cymraeg. Mae S.L. yn cyfeirio at ffeithiau perthnasol:

Y mae pedwar coleg yn y sefydliad a elwir yn Brifysgol Cymru. [Ym 1945 y sgrifennwyd hyn.] Un o'r ffeithiau rhyfeddaf yn hanes gwledydd bychain Ewrop yw nad oes hyd yn oed un o'r pedwar coleg hyn yn sefydliad Cymraeg. Newidiodd gwlad Belg iaith prifysgol fawr Ghent ar ôl y rhyfel diwethaf o Ffrangeg i Fflemiseg. Y mae coleg prifysgol Gwyddeleg yn Galway yn Iwerddon. Hebraeg yw iaith swyddogol ac iaith hyfforddiant prifysgol Caersalem ym Mhalestina. A ydyw'r genedl Gymraeg yn deall, a ŵyr hi, mor anhygoel o amddifad a gresynus yw ei chyflwr heb brifysgol i'w diwylliant? Yr ateb, bid sicr, yw na ŵyr hi ddim, na deall o gwbl. A hynny am reswm trist ddigonol, sef nad yw'r genedl Gymreig yn rhoi gwerth ar ddiwylliant nac ar bethau ysbrydol.

Ymhen dwy flynedd wedi cyhoeddi'r ysgrif hon yr oedd Gwynfor Evans wedi gosod cynnig o flaen Llys Prifysgol Cymru fod yr union beth yma'n cael ei wneud. Cefais y fraint o'i eilio. Sefydlwyd pwyllgor i ystyried y peth, a bu oedi hir. Mae'n debyg mai'r Prifathro D. Emrys Evans a fu'n bennaf cyfrifol am arwain y pwyllgor i wrthod y syniad. Yn lle hynny esgorwyd ar y cynllun hanerog a glastwraidd sy wedi llusgo byw hyd at y foment bresennol. Eleni mae Undeb Cenedlaethol Athrawon Cymru wedi ailgydio yn y syniad. Tybed a ddaw rhywbeth y tro hwn?

Daeth gyrfa S.L. fel gwleidydd ymarferol i ben gydag Etholiad y Brifysgol yn nechrau 1943. O gofio amgylchiadau'r gwallgofrwydd rhyfelgar a deyrnasai ar y pryd, gwnaeth yn llachar o dda i ennill 1,330 o bleidleisiau yn erbyn 3,098 gan W. J. Gruffydd. Dywed J. E. Jones (tud. 275) iddo drefnu dau ar bymtheg o brif gyfarfodydd i Saunders. Cefais y fraint o lywyddu ar un o'r rhain, ym Mhont-y-pridd. (Roeddwn yn athro ar y pryd yn Ysgol y Porth ac yn wrthwynebydd cydwybodol i wasanaeth milwrol.) Daeth cynulliad grymus ynghyd ac roedd S.L. ar ei orau, yn cyflwyno apêl at reswm a phwyll mewn arddull ddwys a huawdl. Un pwynt arbennig sy'n aros yn fy nghof yw'r cyfeiriad a wnaeth at yr iaith Gymraeg: dadleuodd mai'r peth cyntaf i'w wneud mewn ardaloedd di-Gymraeg yw gofalu bod y plant yn cael dysgu rhywbeth am hanes Cymru. Dyma rywbeth y tueddir i'w ddibrisio yn ymgyrchoedd presennol yr iaith. Dywedodd

Saesnes wrthyf a ddaeth i Abertawe fel priod athro coleg, 'Rwy'n methu deall pam y sonnir yn unig am yr iaith. Onid oes gan Gymru hanes a chwedloniaeth a thraddodiad gwerin? Anaml iawn y sonnir am y rhain.' Mae'n werth sylwi bod hanes cenedl wedi cael lle mawr mewn ysgrif gan J. R. Jones ym 1961 ('Y Syniad o Genedl', *Efrydiau Athronyddol* 24). Yn ddiweddarach fe gollodd olwg ar yr elfen hon, a cholli felly mewn cydbwysedd. A daeth diffyg tebyg i welediad S.L. Mae Gwynfor Evans, ar y llaw arall, wedi dal i fawrygu'r iaith fel hanfod cenedl, ond yn sylweddoli yr un pryd pa mor bwysig yw hanes. Gweler ei gyfrol *Aros Mae* (Abertawe, 1971).

Rwyf wedi sôn uchod am y ffaith fod S.L. yn ymwrthod â heddychiaeth fel credo. Yn ymarferol, er hynny, bu'n heddychwr ymroddedig. Bu'n barod, yn enw'r ddeddf foesol, i herio gormes a thraha, ond gwnaeth hynny heb ddefnyddio trais yn erbyn personau. Yn ei Lythyr at Etholwyr Prifysgol Cymru (21 Tachwedd 1942) dyma'r adduned a wnaeth ar fater heddwch:

> Mi roddaf fy nghefnogaeth i'r egwyddorion hynny sy'n lles ac yn fudd i bob un o genhedloedd Ewrop, sef yw hynny, y terfyn cynharaf a fedrir ar y rhyfel ar sylfaen y Pum Pwynt Heddwch a fabwysiadwyd gan arweinwyr holl gyrff crefyddol Lloegr a Chymru (21/xi/1940), heddwch o gyfiawnder amhleidiol i bob cenedl a lleiafrif, yn seiliedig ar egwyddorion Cristnogol. Mi gefnogwn y cyfryw heddychu. Prin iawn y disgwyliaf ei weld. Nwydau a chwantau sy'n llywio gweledigaeth grym. Ond mi gredaf y dylai Prifysgol Cymru roi ei llais o leiaf dros heddwch Cristnogol.

Dyma'r safbwynt a fynegwyd ganddo yn ei ysgrifau gwerthfawr i'r *Faner* yn ystod y cyfnod hwn. Iddo ef y barbareiddiwch pennaf ydoedd rhyfel ei hun. Fe gofia rhai ohonom y sensoriaeth a fygythid ar yr ysgrifau hyn, a mawr oedd dewrder Kate Roberts a'r diweddar Morris Williams yn gofalu eu cyhoeddi. Mewn tywyllwch mor gyffredinol roedd goleuni'r ysgrifau hyn yn amheuthun. A dyma un methiant anffodus yn astudiaeth wych Dafydd Glyn Jones: wrth gondemnio ysgrifau S.L. ar gyfer 'Cwrs y Byd' mae'n arddangos y gred hollol naïf mai rhyfel yn erbyn Natsïaeth ydoedd Rhyfel 1939-45, ac yn rhoi ei fendith frwd ar ysgrif D. Emrys Evans 'Y Rhyfel a'r Dewis'. Bod Natsïaeth yn ddrwg, fel pob totalitariaeth arall, dyna bwynt a wnaed yn fynych gan S.L., ond roedd ganddo ddigon o synnwyr hanesyddol i weld mai brwydr rhwng galluoedd imperialaidd oedd hanfod y rhyfel, ac mai eilbeth oedd lliwiau ideolegol y gwledydd a frwydrai.

Wrth grynhoi nodweddion yr yrfa wleidyddol a orffennodd ym 1943 gwelwn mai sgrifennu ac athronyddu a phwyllgora oedd ei phrif weithgarwch. Gwir bod S.L. wedi ymladd dau etholiad seneddol yn y Brifysgol, ond nid oedd yr etholiadau hynny yn ymgyrchoedd drws-i-ddrws mewn unrhyw ystyr. Doedd dim galw am y caledwaith o wynebu gwerin unrhyw etholiaeth mewn cyfarfodydd awyr-agored neu mewn ymgyrchoedd canfasio. Mae'n gwneud i ddyn feddwl am archaeolegydd heb ddim llaid ar ei esgidiau. Yn wir gallaf honni'n bersonol, os caf fod mor haerllug, fy mod wedi gwneud llawer mwy o waith di-ramant gwleidydd ymarferol, a hynny'n bennaf yng nghyfnod Llywyddiaeth Gwynfor Evans, pan fu cynnydd dirfawr yng ngweithgarwch y Blaid. Bûm yn ysgrifennydd canghennau yn y Pentre, Rhondda, yn Rhydychen, yn y Bala, ac yn Abertawe (am dros ugain mlynedd). Ymleddais ddau etholiad seneddol yn etholaeth Gŵyr —tri mewn gwirionedd, gan imi ymladd Gŵyr (gyda'r Dr. Tom Williams) mewn un ystyr pan oedd yr ymgeisydd cyntaf, Chris Rees, yn y carchar. Ymleddais naw o etholiadau lleol yn Abertawe. Bûm yn aelod o'r Pwyllgor Gwaith am gryn amser. Am bedair blynedd bûm yn Olygydd *Y Ddraig Goch* ac am flwyddyn yn Olygydd y *Welsh Nation;* ac yn y ddau achos yma nid sgrifennu ysgrif olygyddol yn unig a wnawn, ond cynnull yr holl ddeunydd a gosod pob colofn o'r proflenni ar gyfer yr argraffwyr. Ac eto pe bawn yn mynd ati i gymharu'r rhestr fach yma â llafurwaith Gwynfor Evans ac amryw eraill, gallwn ddweud gyda D. J. Williams, Abergwaun, nad yw 'ond megis pisho dryw bach yn y môr.'

Ai teg yw edrych ar S.L., mewn cymhariaeth, fel gwleidydd
parlwr neu chwyldroadwr cadair-freichiau? Cofiwn iddo gyf-
eirio'n ddirmygus at waith etholiadol yn ei gerdd 'Senedd i
Gymru':

Mor neis fai cael drwy ddeiseb
neu siawns S. O. Davies, heb
gyrchu o neb i garchar
na baw gwaed, ond wyneb gwâr
a gwên fêl yn gofyn fôt,
senedd, Barc Cathays, ynot,
senedd fel dy Deml Heddwch
i rawt cachaduriaid trwch
Cymru boluglot flotai,
nasiwn ben ôl Ness, neb a *Nye*.

Dyma gerdd gyntaf *Siwan a Cherddi Eraill* (Llandybïe, heb
ddyddiad gan nac awdur na chyhoeddwyr, ond cyfeiria'r awdur
at berfformio *Siwan* ym 1954). Ym 1955 y cyflwynwyd y Ddeiseb
am Senedd i Gymru wedi cael dros 240,000 i'w harwyddo o dan
arweiniad Elwyn Roberts yn bennaf. Dywed J. E. Jones (tud.
305) yn gywir iawn: 'Er cyflwyno'r Ddeiseb i'r Senedd yn
Llundain, ni ddaeth dim ohoni yno; y cenhadu yma yng
Nghymru fu'n werthfawr . . .' Nid yw cerdd S.L. yn un hollol
lwyddiannus; ar bapur yn unig y mae cynghanedd rhai o'r
llinellau, a hynod afrwydd yw'r diweddglo.. Fodd bynnag y mae
un llinell hyfryd o gofiadwy:

a gwên fêl yn gofyn fôt

(mae'r *f* yn 'gofyn' yn oddefiad canonaidd). Mae'n cyfleu yn dwt
iawn yr agwedd at waith etholiad sy'n nodweddu S.L. ar ôl 1943.

Ni ellir cysoni hyn yn llwyr â'i agwedd flaenorol, eithr y mae
un digwyddiad sy'n adfer gradd helaeth o gysondeb a hefyd yn
nacáu yn gryf y cyhuddiad iddo fod yn wleidydd parlwr. Y
digwyddiad hwnnw yw llosgi dechreuadau'r Ysgol Fomio yn
Llŷn ym 1936. Er bod D. J. Williams a'r Parch Lewis Valentine
wedi cymryd rhan yn y weithred, S.L. a ddioddefodd fwyaf
mewn canlyniad; ac ef a arweiniodd yr ymgyrch.

Mae'n bwysig cofio mai gweithred oedd hon a gyflawnwyd gan arweinwyr Plaid Cymru ar Fedi 7, 1936, ar ôl gwrthdystio ym mhob ffordd arall am dros flwyddyn: gweler Dafydd Jenkins, *Tân yn Llŷn* (1937) a phennod 18 yn llyfr J. E. Jones, *Tros Gymru*. Bu S.L. yn apelio'n gyhoeddus 'i wrthwynebu hyd at eithaf eich nerth ac ym mhob dull a modd, y sefydliad melltigaid hwn, ac onis rhwystrir, yna ei ddifetha.' Dywed J. E. Jones (tud. 174):

Ni bu'n fater o benderfyniad na Chynhadledd na Phwyllgor bod llosgi'r Ysgol Fomio. Cyd-ddeall a chyd-drefnu gan unigolion ydoedd —gan arweinwyr y mudiad cenedlaethol. Wedi derbyn ateb gwrth-nysig Stanley Baldwin, dechreuasom drefnu ar gyfer y llosgi. Saunders Lewis oedd wrth y llyw, a chredaf mai gydag un neu ddau ohonom y trafodai'r trefniadau; bûm i'n aros ddeuddydd neu dri, i'r pwrpas yma, yn ei gartref yn Newton, Abertawe, a mwynhau caredigrwydd hyfryd Mrs. Lewis, a chwarae gyda Mair fel plentyn.

Mae'n berffaith amlwg mai S.L. a roes yr arweiniad dewrwych yn y mater hwn.

III   Y GWRTHODEDIG   *REJECTED*

Ac wedi'r carcharu fe'i cosbwyd ymhellach drwy ei ddiswyddo. Cafodd ei ddiswyddo yn wir yn gynnar yn yr helynt. Yn Llandudno ac Abergwaun adferwyd eu swyddi i'r Parch. Lewis Valentine ac i D. J. Williams. Dywed J. E. Jones (tud. 185) mai 'pwysau rhai cwmnïau diwydiannol, a roddai arian go sylweddol i'r coleg, . . . a oedd yn bennaf cyfrifol' am ddiswyddo S.L. Bu rhan amlwg, serch hynny, yn y weithred gan bennaeth Adran y Gymraeg, yr Athro Henry Lewis. Cyflwynwyd deiseb i Gyngor y Coleg yn gofyn am adfer ei swydd i S.L. Roedd pawb ond pump o staff academaidd y Coleg wedi arwyddo'r ddeiseb hon. Ymysg y deisebwyr yr oedd yr Athro A. E. Heath, yr Athro Athroniaeth, a disgrifiwyd ei agwedd yn ddiweddar yn *Seren Cymru* gan y Prifathro D. Eirwyn Morgan, Bangor, a oedd ym 1937 yn fyfyriwr yng Ngholeg Abertawe. Mae Mr. Morgan yn cyfeirio at Heath fel 'Sais o'r Saeson'; roedd hefyd yn anffyddiwr rhonc. Ond dadleuodd ef fod S.L. yn cael ei gosbi gan gyfraith gwlad, ac nad dyletswydd Prifysgol oedd ei gosbi ymhellach. Un arall o'r deisebwyr oedd y Dr. Stephen J. Williams a ddaeth yn ddiweddarach yn bennaeth Adran y Gymraeg; diau y buasai'r hanes yn bur wahanol pe buasai ef yn y gadair ar y pryd. Pan ymunais innau â staff y Coleg ym 1946, clywais gan yr Athro B. Farrington, pennaeth Adran y Clasuron, fel y bu yntau'n frwd o blaid adfer ei swydd i S.L. Gwyddel a Marcsydd yw ef, a soniodd am y sioc a gafodd o glywed bod yr Athro Cymraeg yn gwrthod arwyddo'r ddeiseb. Yn wir roedd wedi mynd ymhellach: adeg y diswyddo cyflwynodd nifer a fân gwynion i Gyngor y Coleg yn erbyn gwaith S.L. fel darlithydd. Roedd D. Eirwyn Morgan yn fyfyriwr anrhydedd yn yr Adran Gymraeg y pryd hwnnw, ac mae ei glod di-ben-draw i ysbrydoliaeth darlithiau S.L. (yn yr un ysgrif yn *Seren Cymru*) yn dystiolaeth werthfawr ar y pen yma.

Peth gwael hefyd oedd bod y dial yn erbyn S.L. wedi parhau ar ôl y diswyddo. Bu'r Athrawon Henry Lewis ac Ifor Williams yn ceisio rhwystro ei benodi eilwaith i swydd brifysgol, ac fe gofir i D. J. Williams, Abergwaun, alw sylw yn gyhoeddus yn Eisteddfod Bae Colwyn at ymddygiad Ifor Williams yn y mater. Pan benodwyd S.L. yn y diwedd (ym 1952) i swydd yn Adran y Gymraeg yng Ngholeg Caerdydd o dan yr Athro Griffith John Williams, fe glywais Henry Lewis â'm clustiau fy hun yn yr Ystafell Gyffredin yn bytheirio Coleg Caerdydd am wneud y fath benodiad. Prin imi glywed erioed y fath eiriau di-ras a di-ddynoliaeth. Eto roedd Henry Lewis yn ddyn a feddai rinweddau amlwg, fel cymeriad ac fel ysgolhaig. Beth oedd yr *hamartia* drist a barodd iddo wneud camgymeriad ysbrydol mor ddwfn? Mae'r cyfrifoldeb, er hynny, yn ehangach, fel y nododd D. J. Williams, Abergwaun, yn *Saunders Lewis, Ei Feddwl a'i Waith* (tud. 16):

> Yr ydym bawb ohonom, fel ei gilydd, drwy Gymru gyfan, yn gydgyfrannog yn y camwaith hwn. Ni allai peth o'r fath ddigwydd ond

mewn cenedl lwfr, ddiymysgaroedd, a lyncasai, eisoes, boeryn olaf ei chywilydd yn ddiboen . . . Mewn cyfnod du yn hanes Cymru y bennod dduaf oll fydd hanes diarddeliad, a thriniaeth y Brifysgol wedi hynny, o'r dyn mwyaf, o bosibl, yn ôl tystiolaeth y dyfodol, a fu erioed o fewn ei muriau.

Cyn 1950 y sgrifennwyd y geiriau hyn. Gwnaed ychydig o iawn am y cam gan weithred yr Athro Griffith John Williams; ac mae'n hyfryd sylwi bod Gwasg Prifysgol Cymru y dyddiau hyn yn dathlu blwyddyn arbennig yng ngyrfa S.L. drwy gyfrwng dwy gyfrol ysblennydd.

Digwyddiad ysig oedd y diswyddo, a naturiol oedd iddo effeithio ar eraill mewn ffyrdd amrywiol. Yn ddiweddar bu farw'r Athro Melville Richards, Bangor, a chaed teyrnged addas iawn iddo yn Y Faner (16 Tachwedd 1973) gan 'Daniel' (Mr. Frank Price Jones). Ond yng nghanol geiriau sy'n llawn dealltwriaeth ceir un paragraff hynod:

> Yr oedd un dolur meddwl a'i blinai am flynyddoedd, er na pharodd iddo suro o gwbl. Codai hwnnw o gamddealltwriaeth rhai Cymry yr oedd eu teyrngarwch i'w heilun yn gryfach na'u gofal am gywirdeb ffeithiau; hwy oedd y bobl a'i condemniai am iddo 'gymryd swydd Mr. Saunders Lewis pan ddiswyddwyd ef.' Nid gwir hyn. Yr oedd Melville wedi ei benodi cyn bod unrhyw 'Dân yn Llŷn'. Ond ni rwystrodd hynny i rai ei ddifenwi a cheisio ei ddrygu o bryd i'w gilydd, a bydd gweithredoedd rhai pobl yn warth iddynt tra byddont.

Synnais yn fawr o ddarllen y geiriau hyn. Euthum ati i holi Swyddfa'r Cofrestrydd yng Ngholeg Abertawe, a chael bod Mr. Richards wedi ei benodi yn ddarlithydd ar Ebrill 1, 1937. Dyddiad y llosgi oedd Medi 7, 1936. Mae'n drueni fod y paragraff huawdl a godais yn mynegi sêl am 'gywirdeb ffeithiau'. Deallaf, er hynny, fod darlithydd-dros-dro wedi bod wrthi am rai misoedd, a byddai Melville yn pwysleisio i mi nad ef oedd olynydd uniongyrchol S.L.

Beth oedd effaith y cyfan ar S.L. ei hun? Yn y cyfwng hwn y dangosodd ei nerth mwyaf fel cymeriad. Yn y blynyddoedd llwm dilynol daliodd ati i sgrifennu, a blodeuodd ei ddawn greadigol y tu hwnt i unrhyw ddisgwyl. Gellid dadlau hyd yn oed fod y diswyddo wedi ei lwybreiddio i gyfeiriad y ddrama yn arbennig, ac y buasem wedi colli rhai o'i gampweithiau yn ffurf y ddrama oni bai am y diswyddiad. Mae'n wir iddo ddangos diddordeb yn y ddrama er yn gynnar. A gellir dadlau bod athrylith yn rhwym o fynnu ei mynegiant. Ond gall athrylith yn hawdd edwino mewn hinsawdd anffafriol, a rhaid edmygu'r dewrder a'r dycnwch a ddangosodd S.L. yn y cyfnod anodd hwn.

IV   YN ÔL I'R LLWYFAN

Ym 1962, wedi tawelwch hir, y daeth S.L. yn ôl mewn rhyw ystyr i'r llwyfan wleidyddol. Traddododd ei Ddarlith Radio i'r B.B.C. ar y testun *Tynged yr Iaith*. Trafod enciliad yr iaith a wna i ddechrau a rhoi cipdrem hanesyddol wedyn ar y diraddio ar y Gymraeg a welwyd er Deddf Ymgorffori 1536. Ceir dadansoddiad llym o israddoldeb y Gymraeg ym Mhrifysgol Cymru, ac mae'n wir bob gair. Yna, mewn adran fer ar y diwedd, ceir anogaeth i fynnu lle i'r Gymraeg drwy ymgyrchoedd tebyg i'r un a weithredwyd gan Mr. a Mrs. Trefor Beasley. Sylwer, er hynny, mai 'yn unig yn y rhannau hynny y mae'r Cymry Cymraeg yn nifer sylweddol o'r boblogaeth' yr anogir ymladd. Dywedir hefyd mai 'trwy ddulliau chwyldro yn unig y mae llwyddo' a bod 'yr iaith yn bwysicach na hunan-lywodraeth.'

Ym mhen deng mlynedd awgrymodd S.L. mewn rhagair i'r ail-argraffiad mai canlyniad ei ddarlith oedd sefydlu Cymdeithas yr Iaith Gymraeg. ('Yn fuan wedyn sefydlwyd Cymdeithas yr Iaith Gymraeg . . .') Yn hynod iawn nid yw'n crybwyll y peth mewn ysgrif a ymddangosodd yn *Barn* ym Mawrth 1963 ('Tynged Darlith'), tud. 143. Digwyddiad pwysicaf y flwyddyn, yn ôl yr ysgrif hon, oedd llwyddiant Mr. Gwynfor S. Evans, y Betws, yn cael yr Uchel Lys i gydnabod dilysrwydd ei bapurau enwebu Cymraeg mewn etholiad lle safai dros Blaid Cymru. Yn yr ysgrif hon, hefyd, ceir ffurfiad arall ar yr agwedd at ymreolaeth. Nid peth dibwys ydyw bellach, oherwydd 'y Gymraeg yw'r unig arf a eill ddisodli llywodraeth y Sais yng Nghymru.' Y ffaith yw mai peth trist iawn yw'r gwamalu hwn parthed ymreolaeth. Ar ddiwedd y Ddarlith Radio dywedir y byddai hunan-lywodraeth cyn adfer y Gymraeg i fod yn iaith swyddogol yn prysuro tranc yr iaith. Rhaid anghytuno'n gadarn. Sôn eto am y 'rhanbarthau Cymraeg' y mae S.L. wrth gyfeirio at adfer yr iaith. Ceir awgrym y bydd y rhain yn sicrach o gadw'r Gymraeg o dan reolaeth Lloegr. Ffansi ryfedd a di-sail yw hon. Ymhellach, camarweiniol iawn yw'r dyb bod modd ysgaru cyflwr yr iaith oddi wrth broblemau economaidd, sydd hefyd yn broblemau gwleidyddol. Mae'r 'rhanbarthau Cymraeg' yn colli ienctid yn gyson oherwydd edwiniad economaidd. Dyma rywbeth y mae Cymdeithas yr Iaith yn ei lawn sylweddoli. Mae ymgyrch y 'Tai Haf', er enghraifft, er nad mater ieithyddol yw mewn ystyr syml, eto'n enghraifft wych o gyplysu diwylliant ac economeg. Yn ei gyfnod gwleidyddol cynnar nid oedd neb yn pregethu'r integreiddiad hwn yn gliriach nag S.L. ei hun.

'Heb addysg Gymraeg, nid oes obaith cadw'r iaith', ebe Gwynfor Evans yn *Rhagom i Ryddid* (Bangor, 1964), 117; ac yn ei bamffled *Cyfle Olaf y Gymraeg* (Abertawe, 1962) mae wedi dadansoddi'n feistrolgar y dasg bwysicaf oll, sef cael awdurdodau addysg Cymru i weithredu cynlluniau o blaid yr iaith. Dyna wir graidd a chalon y broblem. Eto mae statws yr iaith yn gyffredinol yn fater pwysig hefyd.

Sefydlwyd Cymdeithas yr Iaith Gymraeg o dan adain Plaid Cymru; E. G. Millward oedd ei llywydd cyntaf, a John Davies yn ysgrifennydd. Datblygodd wedyn yn annibynnol ar y Blaid. Yr ysgogiad sylfaenol oedd bod rhaid ymladd dros statws i'r Gymraeg heddiw ac yn awr. Nid bod ymreolaeth yn berygl (!), ond bod ofn y deuai'n rhy hwyr. Ar fater dulliau gweithredu bu peth diffyg undod. Bu adran a wrthodai gau allan y priodoldeb o ddulliau treisiol, efallai o dan ddylanwad y syniad nad trais yw treisio treisiwr, yn ysbryd y llinellau:

Nid twyll yw twyllo twyllwr,
Nid brad bradychu bradwr.

Cytunwyd, fodd bynnag, ar ddulliau di-drais, ond eu bod eto'n anghyfansoddiadol. Cafwyd ymgyrch yr arwyddion ffyrdd—dewis ardderchog, oherwydd mae arwyddion o'r fath, sy'n cynnwys enwau lleoedd, yn hysbysu bodolaeth cenedl yn y ffordd amlycaf oll ac yn llwythog o'i hanes. A sylwer mai Cymru gyfan, ac nid rhannau ohoni, oedd cwmpasgylch yr ymgyrch. Yn hyn mae'r Gymdeithas wedi rhagori ar raglen S.L. Mae'n werth dyfynnu Dafydd Iwan:

> Mae Cymdeithas yr Iaith o'r cychwyn wedi gweld Cymru gyfan fel uned, ac wedi ymgyrchu dros greu'r amodau i sicrhau bywyd yr iaith led-led y wlad. Credwn y dylai'r Gymraeg gael ei lle dyladwy ar arwyddion ffyrdd yng Ngwent yn ogystal ag ym Môn; credwn y dylai trigolion Casgwent a Chaergybi fel ei gilydd fedru cael gwasanaeth Cymraeg ar deledu a radio, addysg Gymraeg i'w plant, pob ffurflen a dogfen swyddogol yn Gymraeg, ac y dylent fedru delio â swyddfeydd y llywodraeth, awdurdodau lleol, Swyddfa'r Post, yr heddlu a llysoedd barn yn Gymraeg.
>
> (*Tafod y Ddraig*, Mawrth 1973, t. 2).

Ni ddaeth y diwedd eto ar fater yr arwyddion, ond mae'n amlwg ddigon fod y llwyddiant a enillwyd eisoes yn profi'n glir fod y dull hwn o weithredu, sy'n golygu cryn aberth a dioddef, yn fwy effeithiol na'r ffyrdd a arferwyd yn y gorffennol—y crefu a'r deisebu a'r llythyru a'r pasio penderfyniadau. Ac yn hyn, mi gredaf, y mae gwir ddylanwad S.L. i'w weld. Nid yn gymaint ei Ddarlith Radio, ond yr esiampl odidog a roddodd ei hun yn yr ymgyrch yn erbyn yr Ysgol Fomio.

Nid dyma'r lle i adolygu holl weithgarwch Cymdeithas yr Iaith. Mae ei Maniffesto gan Cynog Davies (Aberystwyth, 1972) yn ddogfen sylweddol a golau, ac mae *Tafod y Ddraig*, yn neilltuol drwy ysgrifau Ffred Ffransis, Dafydd Iwan a Gronw ap Islwyn, yn mynegi gweledigaeth genedlaethol yn yr ystyr letaf. CYMRU RYDD GYMRAEG yw ei harwyddair, ac mae'r ddau ansoddair yn angenrheidiol. Cafwyd arweiniad gwych hefyd yn *Barn* gan Alwyn D. Rees; bu ei ddadansoddi llym a meddylgar yn gefn i'r Gymdeithas. Dylanwad cynharach pwysig yw gweledigaeth Emrys ap Iwan. Ond nerth arwrol y gweithredoedd yw'r peth sylfaenol. Er mai S.L. yw Llywydd Anrhydeddus Cymdeithas yr Iaith, deallaf nad yw'n cyd-weld bob cynnig â'r ffordd y bydd y protestwyr ifainc yn ymddwyn. Er enghraifft, mae wedi condemnio'r terfysgoedd yn y llysoedd; cred ef y dylid ymddwyn yn dawel ac yn urddasol. Cred hefyd y dylid cyflwyno amddiffyniad pwyllog.[1]

> Canys nid fy meddyliau i yw eich meddyliau chwi, ac nid eich ffyrdd chwi yw fy ffyrdd i, medd yr Arglwydd. (Eseia 55.8).

Gwahaniaeth anochel mewn arddull, dyna'i gyd sy'n dod i'r golwg efallai. Y profiad gwaelodol sy'n ddihafal ei ddylanwad yw'r parodrwydd i aberthu, ac yn yr ystyr yma, heb unrhyw amheuaeth, S.L. yw tad ysbrydol y mudiad.

---

[1] Gwir iddo ef ei hun wrthod cyflwyno amddiffyniad yn y llys yn yr Old Bailey yn Ionawr 1937, ond roedd ganddo reswm cryf iawn gan fod y llys wedi ei symud o Gaernarfon i Lundain.

A. O. H. JARMAN

Llosgi'r Ysgol Fomio:
Y Cefndir a'r Canlyniadau

Gellir yn deg honni fod llosgi'r Ysgol Fomio yn Llŷn ym 1936 yn drobwynt yn hanes gwleidyddiaeth Cymru, yn ogystal ag yn hanes ei llenyddiaeth a'i diwylliant. Yr oedd hefyd yn ddigwyddiad canolog a thyngedfennol, yn wahanfa, yng ngyrfa Saunders Lewis fel gŵr cyhoeddus ac fel llenor. Rhoes gyfeiriad newydd i'w fywyd ac i'w holl waith. Beth oedd y cymhellion a'r syniadau a'r gwerthoedd a barodd iddo gyflawni'r weithred hon? Ym mhle yr oedd gwreiddiau'r angerdd a'i cynhaliai yn ei ymgyrch? Ceisir chwilio am atebion i'r cwestiynau hyn yn y rhan gyntaf o'r erthygl hon, ac yna rhoir cynnig ar ddisgrifio cefndir digwyddiadau 1936 ac olrhain rhai o'u canlyniadau.

Codwyd Saunders Lewis yn fab i weinidog Methodist yn Wallasey, ger Lerpwl. Perthynai i deulu o weinidogion enwog, pendefigaeth yr Hen Gorff. Cymraeg oedd iaith ei gartref a gwaherddid siarad Saesneg yno. Yr oedd yn Lerpwl yn niwedd y ganrif ddiwethaf ddegau o filoedd o Gymry Cymraeg yn byw eu bywyd beunyddiol bron yn gyfan gwbl trwy gyfrwng eu hiaith eu hunain. Gwaedwyd Gogledd Cymru er mwyn creu a chynnal y bywyd hwnnw, a cholled i Gymru gan mwyaf oedd yr ymdrech a aeth i'w borthi. Ond gwnaeth ei gyfraniad i fywyd Cymru ac y mae'n debyg mai Saunders Lewis ei hun yw'r eitem amlycaf yn y cyfraniad hwnnw. Addysgwyd ef mewn ysgol ramadeg breifat yn Wallasey ac ym Mhrifysgol Lerpwl. Meysydd ei astudio oedd llenyddiaeth Saesneg a Ffrangeg. Ei brif gysylltiad â Chymru ar y pryd oedd ymweliadau yn yr haf â theulu ei fam, a ffermiai ym Môn. Dywedodd ef ei hun, pe gofynnid iddo o ba ran o Gymru y mae'n hanfod, yr atebai: 'O Sir Fôn'. Ymddengys na ddarllenodd ddim yn Gymraeg yn ei fachgendod ond y Beibl a'r Llyfr Emynau. Ond dechreuodd ysgrifennu adolygiadau a beirniadaeth ar ddramâu yn Saesneg yn y *Wallasey Chronicle*, —y cyfan yn ddi-dâl ond ei fod yn derbyn copïau rhad o'r llyfrau a thocynnau i'r theatr.

Pan ddechreuodd y Rhyfel Byd cyntaf yn Awst 1914 ymunodd Saunders Lewis â'r fyddin ar unwaith fel gwirfoddolwr. Cymhellid ef gan gred fod gwareiddiad Ffrainc dan fygythiad a bod yr ymosodiad ar wlad Belg yn drais y dylid ei wrthsefyll. Bu'n swyddog yn y *South Wales Borderers,*—adran o'r fyddin a'i diarddelodd yn ffurfiol fel person ysgymun flynyddoedd yn ddiweddarach,—a chlwyfwyd ef yn yr ymladd yn yr Eidal. Yn y fyddin y gwnaethpwyd ef yn genedlaetholwr Cymreig ac y gosodwyd i lawr sylfeini ei holl syniadau mewn blynyddoedd i ddyfod. Pe na bai'r Rhyfel Mawr wedi digwydd, y mae'n ddigon posibl y byddai wedi cael gyrfa naill ai fel ysgolhaig a beirniad llenyddol neu fel llenor creadigol, dramäydd efallai, yn ysgrifennu yn Saesneg. Amhosibl yw dweud beth fuasai ei safbwynt nac ar ba bynciau y byddai wedi ysgrifennu. Byddai efallai wedi datblygu'n awdur *Anglo-Welsh*, oblegid dywed ei hun iddo, cyn gadael yr ysgol, ddarganfod gweithiau Yeats, Synge a Patrick Colum mewn llyfrgell yn Wallasey a dysgu oddi wrthynt hwy 'beth oedd gwladgarwch ac ysbryd cenedl', a dechrau meddwl hefyd y gellid trafod materion Cymreig fel yr oeddynt hwy'n trafod materion Iwerddon. Wedi iddo fynd i'r Brifysgol dywed iddo fod yn dadlau â'i dad un diwrnod ac i'w dad ddweud wrtho yng nghwrs y ddadl: 'Drychwch chi, Saunders, ddaw dim byd ohonoch chi nes dowch chi'n ôl at eich gwreiddiau'. Glynodd y frawddeg yn ei gof a bu'n ddylanwadol yng nghyflawnder yr amser.

Y mae ef ei hun wedi adrodd sut y datblygodd ei feddwl yn y fyddin mewn cyfweliad ag Aneirin Talfan Davies a gyhoeddwyd yn *Taliesin,* cyf. 2 (1961). Yn Ffrainc darllenodd gyfres o lyfrau'r nofelydd Maurice Barrès. Yn y gyfrol *Presenting Saunders Lewis* (1973), mewn ymdriniaeth feistraidd â tharddiad a datblygiad syniadau politicaidd Saunders Lewis, dyry Dafydd Glyn Jones grynodeb o yrfa Barrès. Dengys ei fod yn Ffrancwr ceidwadol, militaraidd, gwrth-Almaenig, ond ei fod hefyd yn un a ddadleuai dros gryfhau bywyd rhanbarthau Ffrainc ac a roddai bwys mawr ar ymwybod â gwreiddiau er mwyn rhoddi sylfaen i ddiwylliant yr unigolyn a datblygu ei bersonoliaeth. Y pwyslais hwn yng ngwaith Barrès a wnaeth Saunders Lewis yn genedlaetholwr Cymreig, er bod yn rhaid chwilio mewn mannau eraill, fel y dywed Dafydd Glyn Jones, i ddeall cynnwys ei genedlaetholdeb. Symbylwyd ef gan bwyslais Barrès ar gydio dyn wrth ei wreiddiau i ddechrau darllen llenyddiaeth Gymraeg a meistroli'r iaith, ac yna, pan gafodd ysbaid yn rhydd yng Nghymru ym 1916, cafodd afael yn siop Morgan a Higgs yn Abertawe ar *Gofiant Emrys ap Iwan* gan T. Gwynn Jones. Darllenodd ef. Y llyfr hwnnw, yn dyfod ar ben y dylanwadau o Iwerddon a Ffrainc a sylw ei dad am ddychwelyd at ei wreiddiau, a glensiodd y mater ac a roes gyfeiriad parhaol i'w feddwl.

Y mae Emrys ap Iwan yn enghraifft dra diddorol o ŵr a oedd i bob pwrpas yn gwbl ddiddylanwad yn ei oes ei hun yn cael dylanwad cynyddol ar genedlaethau diweddarach. Yr oedd Emrys yn rhy wahanol i'w oes ei hun mewn gormod o bethau iddo allu ennill llawer o ddilynwyr o blith ei gyfoeswyr. Bu'r un peth yn wir i ryw raddau am Saunders Lewis. Ond y mae, wrth gwrs, rai gwahaniaethau. Bodlonodd Emrys ap Iwan ar feirniadu. Ni cheisiodd sefydlu mudiad. Y mae'n amheus a oedd ganddo dymheredd ac osgo meddwl addas at y dasg. Llwyddodd Saunders Lewis i sefydlu mudiad bychan, cryno, unplyg. Ond nid cyn ail ran yr ugeinfed ganrif, ymhell wedi iddo ef ei hun ymddeol o arweinyddiaeth y mudiad, y dechreuodd ei syniadau gael dylanwad eang. Sôn yr wyf yma am faterion fel status yr iaith Gymraeg a thwf cenedlaetholdeb gwleidyddol. Yng nghylchoedd mwy dethol llenyddiaeth greadigol a beirniadaeth lenyddol, wrth gwrs, y mae ei ddylanwad wedi bod yn fawr er yr ugeiniau.

Y mae'n sicr mai un peth a apeliodd at Saunders Lewis yn safbwynt Emrys ap Iwan oedd, nid yn unig ei Gymreigrwydd digyfaddawd, ond y wedd Ewropëaidd a ddodai ar ei genedlaetholdeb. Treuliodd Emrys rai blynyddoedd yn gweithio ac yn astudio ar y Cyfandir yn ei ieuenctid,—profiad anghyffredin iawn i Gymro ifanc yn y dyddiau hynny,—a byddai'n ymweled â gwahanol wledydd cyfandirol yn gyson ar hyd ei oes. Myn rhai ei fod yn wrth-Seisnig; yr oedd yn sicr yn dra an-Seisnig ei safbwynt. Yng nghyfnod ymchwydd imperialaidd oes Victoria ceisiodd, heb fawr o lwyddiant, gael gan ei gydwladwyr weld fod ieithoedd a diwylliannau eraill yn bod yn y byd heblaw eiddo Lloegr, ac ymdrechodd i feithrin agwedd wrthrychol a beirniadol tuag at y Saeson ymhlith y Cymry. Rhaid oedd seilio hynny ar fawrhad o iaith ac o draddodiadau hanesyddol Cymru ei hun ac arweiniai'r ymresymiad yn anochel at fabwysiadu ymreolaeth yn nod politicaidd. Derbyniodd Saunders Lewis y safbwynt hwn ac yng nghyfnod olaf y Rhyfel cafodd gadarnhad pendant a digon annisgwyl i ffordd Emrys ap Iwan o edrych ar genedl y Saeson. Ym 1917 anfonwyd ef gan yr awdurdodau milwrol i wasanaethu yn y Llysgenhadaeth Brydeinig yn Athen, a bu yno am flwyddyn a hanner. Ar y pryd yr oedd y Cynghreiriaid yn pwyso'n galed ar wlad Groeg am fwy o gymorth yn y Rhyfel ond ffafriai'r brenin bolisi o niwtraliaeth a chefnogid ef yn gryf gan y farn gyhoeddus yn y wlad. Yr oedd gan y Cynghreiriaid hwythau eu cefnogwyr, er hynny, ac arweinid hwy gan Venizelos, y gwleidydd o Ynys Creta a adawodd ei ôl yn drwm ar wleidyddiaeth Groeg wedi hynny ac a goffeir heddiw yn enw un o'r ddwy brif heol yn Athen. Am y tro, fodd bynnag, yr oedd Venizelos yn dra amhoblogaidd a'i bolisi yn annerbyniol. Un o ddyletswyddau Saunders Lewis yn Athen oedd gwasanaethu fel gwarcheidwad personol iddo. Golygai hynny gerdded neu deithio gydag ef neu'r tu ôl iddo yn arfog ac yn barod i'w amddiffyn pe bai raid. Ar brydiau nid oedd yn ddiogel i Venizelos ei ddangos ei hun yn gyhoeddus ac ar yr adegau hynny yr oedd yn rhaid ei warchod ymhle bynnag y byddai'n cadw o'r golwg ar y pryd. Fel hyn y clywais Saunders Lewis yn disgrífio'r amgylchiadau yn ystod y dyddiau hynny: 'Yr oeddwn yn derbyn dau newyddiadur yn feunyddiol, sef y *Times* a'r *Manchester Guardian*, y ddau bapur Saesneg mwyaf cyfrifol. Yr oedd gan y ddau newyddiadur eu gohebwyr arbennig eu hunain yn Athen. Yn ystod y flwyddyn y bûm yno ni chyhoeddodd yr un o'r ddau bapur un adroddiad am y sefyllfa wleidyddol yng Ngroeg a oedd yn gywir. Dywedai'r ddau mai Venizelos oedd y gwleidydd derbyniol gan y bobl a'i fod yn ysgubo'r wlad ac yn cael derbyniad tywysogaidd ym mhobman fel arweinydd y blaid dros y rhyfel ac yn erbyn y brenin. Ond ar yr union adeg hon y gwir oedd nad oedd yn bosibl i Venizelos ddangos ei wyneb yn unman. Yr oedd yn cuddio mewn goruwchystafell a minnau y tu allan i'r drws yn ei warchod'. Gellir credu fod y datguddiad hwn o'r gwirionedd y tu ôl i ddiplomyddiaeth gydwladol wedi gadael cryn effaith ar feddwl Saunders Lewis ac mai dyna'r cefndir i'w rybuddion ef gynt yn *Y Ddraig Goch* ac yng *Nghwrs y Byd* yn erbyn bod yn rhy hygoelus wrth ddarllen adroddiadau'r wasg ddyddiol Saesneg.

Dychwelodd, felly, o Athen yn genedlaetholwr Cymreig ac yn feirniadol iawn o agwedd Llywodraeth Lloegr tuag at y byd yn gyffredinol yn ogystal â thuag at Gymru. Aeth yn ôl i Brifysgol Lerpwl i gwpláu ei radd yn Saesneg dan yr Athro Oliver Elton. Ym 1919 cyhoeddodd yr erthygl gyntaf a welais i o'i eiddo yn Gymraeg, sef 'Ymson yn Athen', a ymddangosodd yn *Cymru* O. M. Edwards (cyf. lvi, Mehefin), erthygl lawn o fyfyrdod dwfn ond wedi ei hysgrifennu mewn Cymraeg digon cymhleth ac anystwyth. Nid oedd eto'n feistr ar yr arddull gwta, eglur, dreiddgar a ddaeth wedi hynny'n nodwedd ar ei ryddiaith. Ysgrifennai yn Saesneg yn y *Welsh Outlook* yn y cyfnod hwn ar y ddrama yng Nghymru a chyfansoddodd ddwy ddrama fer, *The Eve of St. John* a *Gwaed yr Uchelwyr*. Dechreuodd weithio hefyd ar y fersiwn cyntaf o *Blodeuwedd*, a chyhoeddodd yr act gyntaf yn *Y Llenor* ym 1923. Cyn hyn yr oedd wedi bod yn gweithio am ysbaid fel llyfrgellydd sirol ym Morgannwg ac yna derbyniasai wahoddiad gan yr Athro Henry Lewis i fynd yn ddarlithydd mewn llenyddiaeth Gymraeg yn y Coleg newydd ym Mhrifysgol Cymru a oedd wedi ei sefydlu yn Abertawe. O safbwynt hanes academaidd y mae'n ddiddorol sylwi nad oedd ganddo gymhwyster proffesyddol yn y pwnc yr apwyntiwyd ef i'w ddysgu, gan mai Saesneg oedd pwnc ei radd, ar wahân i'r gwaith ymchwil a wnaethai am radd uwch ar ddylanwad yr *Augustans* Seisnig ar feirdd a llenorion y cylch Morrisaidd yng Nghymru yn y ddeunawfed ganrif. Yn hyn o beth ef oedd yr olaf mewn olyniaeth nodedig a gynhwysai enwau John Morris-Jones, Thomas Powel a W. J. Gruffydd, gwŷr yr oedd eu cymwysterau ar bapur mewn meysydd fel Mathemateg, y Clasuron a'r Saesneg. Yn nyddiau cynnar y dadeni diweddar mewn dysg Gymraeg yr oedd yn rhaid denu rhai a ddangosasai ddisgleirdeb wrth astudio pynciau eraill a rhoi cyfle iddynt i gymhwyso eu doniau at y Gymraeg. Yr oedd yn bolisi doeth, a thalodd ar ei ganfed.

Ymroes Saunders Lewis, felly, i astudio llenyddiaeth Gymraeg ac i'w dehongli yn erbyn cynfas eang o wybodaeth a oedd eisoes ganddo am lenyddiaethau y tu allan i Gymru. Am gyfnod fe'i disgyblodd ei hun i ddarllen un o'r clasuron Cymraeg bob wythnos. Gwnaeth hyn er mwyn meddiannu'r iaith yn ogystal ag er mwyn ymdrwytho yn ei llên. Ym 1921 cyfarfuasai, ar risiau'r Llyfrgell Genedlaethol, ag ymchwiliwr ifanc o'r enw Gruffydd John Williams, a sefydlwyd cyfeillgarwch mynwesol, hir a ffrwythlon rhwng y ddau. Bu iddynt ran mewn cychwyn cylchgrawn llenyddol newydd i olynu'r *Beirniad*, sef y *Llenor*, dan olygiaeth W. J. Gruffydd, ym 1922 a chyfranasant lawer iddo yn ei flynyddoedd cynnar. Pa fodd bynnag, fel yr âi blynyddoedd yr ugeiniau ymlaen, daeth yr argyhoeddiad i Saunders Lewis nad oedd y math hwn o weithgarwch, er cymaint y denid ei fryd ganddo, yn ddigon i gwrdd â galwadau ac anghenion y foment yng Nghymru. Yr oedd adfywiad cyffrous yn digwydd yn y byd diwylliannol Cymraeg, mewn dysg ac ysgolheictod, mewn barddoniaeth ac mewn rhyddiaith greadigol a beirniadol. Ond yr oedd seiliau cymdeithasol a chenedlaethol y bywyd hwn dan fygythiad. Dan bwys effeithiau'r Rhyfel Mawr ac esiampl a dylanwad gyrfa wleidyddol Lloyd George yr oedd Cymru'n suddo'n ddwfn i afael Prydeindod (a defnyddio gair a ddaeth i arfer lawer yn ddiweddarach) a fyddai yn y man yn ysigo'r bywyd Cymraeg. Yr oedd y mudiad dros ymreolaeth yn niwedd y ganrif ddiwethaf wedi methu ac nid oedd arweinydd ar ôl ymhlith aelodau seneddol Cymru. Yr oedd galwad ddiamwys yn bod ar y rhai a ymboenai â'r diwylliant Cymraeg i fynnu sicrhau'r amgylchiadau gwladol a wnâi barhad a ffyniant y diwylliant hwnnw'n bosibl. Gan nad oedd neb o wleidyddion proffesyddol Cymru'n barod i roi cynnig ar wneud hynny, penderfynodd Saunders Lewis, gŵr nad oedd mewn gwirionedd yn 'credu mewn gwleidyddiaeth', ymroddi i yrfa wleidyddol gyhoeddus. Disgrifiodd y datblygiad hwn yn ei feddwl mewn papur dadlennol a ddarllenodd i'r Gyngres Geltaidd yn Glasgow ym Medi, 1929, ac a gyhoeddwyd yn y *Welsh Outlook* am Hydref, 1929. Ei bwnc oedd 'The Literary Man's Life in Wales' ac ynddo ceisiodd ddangos fel yr oedd y llenor a'r artist yng Nghymru'n dioddef oblegid anghyflawnder a phlwyfoldeb bywyd y genedl. Gorffennodd fel hyn:

> I have attempted to show the disabilities of the artist in Wales today. Have I a right to do so? I think that I have because, though my own desire is for a life of literature yet I have hindered that ambition in a political attempt to remedy the evils that I see. The Welsh Nationalist Party to which I belong offers such a remedy. The ultimate cause of these evils is that Wales though a nation has not a Government. Give her self-government and you will give her a capital city where her writers will congregate and meet artists and form a society. Give her a government and a capital, and she will in time gather an urban class which will be the basis of a new Welsh aristocracy. A self-governing Wales will have at least a chance to escape from its provincialism and its philistine outlook. It will have the means to communicate with other nations and to take part in the

conversation of Europe. And it will do so in its own language, so
that through the literature of Wales will flow the currents of the
past and of the present.

Dengys y paragraff hwn mai fel moddion i gyrraedd diben yr
edrychai ar wleidyddiaeth. Y diben oedd diogelu'r diwylliant
Cymraeg ac ni byddai dim yn well ganddo na phe bai eraill yn
barod i ofalu am wedd boliticaidd y dasg honno. Yn gynnar yn
y tridegau cyhoeddodd bamffled yn argymell sefydlu Cyngor
Datblygu Cenedlaethol gyda galluoedd i aildrefnu bywyd econom-
aidd Cymru, a chafwyd ymateb ffafriol i'r syniad oddi wrth wŷr
cyhoeddus fel William George, Cricieth. Cofiaf ei glywed yn
dweud yn breifat ar y pryd, pe mabwysiedid ei argymhelliad gan
Gymru a'i weithredu'n effeithiol, y gallai ef ymddeol o wleidydd-
iaeth oblegid byddai Cyngor Datblygu'n arwain yn anochel at
ymreolaeth. Ni sefydlwyd Cyngor o'r math a bleidiai ef ac er mor
amodol oedd ei ymgysegriad i wleidyddiaeth, fe'i harweiniwyd
ganddo i ganol drycin 1936.

Gellir olrhain cysylltiad Saunders Lewis â'r Blaid Genedlaethol
at gyfarfod a fu yn nhŷ G. J. Williams ym Mhenarth ar Ionawr
y seithfed, 1924. Yr oedd tri yn bresennol, sef Saunders Lewis,
Ambrose Bebb a G. J. Williams, a phenderfynasant sefydlu mud-
iad politicaidd newydd. Cyn hir yr oedd y nifer yn chwech, yna'n
wyth, yna'n ddeuddeg. Yn eu plith yr oedd D. J. Williams, Ben
Bowen Thomas, y Parch. Fred Jones a Miss Mai Roberts (cyn-
ysgrifenyddes yr ymreolwr Llafur E. T. John). Ymunodd y dyrn-
aid hwn â mudiad arall o Wynedd yn cynnwys pobl fel Moses
Gruffydd, Lewis Valentine a H. R. Jones. Gelwid y mudiad
cyntaf Y Mudiad Cymreig, a'r ail Byddin yr Ymreolwyr, ond
cytunwyd yn fuan ar yr enw newydd Plaid Genedlaethol Cymru
ac etholwyd Saunders Lewis yn llywydd. Bychan iawn oedd y
mudiad am flynyddoedd a phob aelod yn adnabod pob aelod
arall heb unrhyw dreth ar y cof. Y rhain oedd y 'dirmygedig
griw', fel y disgrifiwyd hwy gan un arall a ymunodd â hwy, E.
Prosser Rhys. Digon annelwig oedd eu hamcanion a'u syniad am

y dull i weithredu, ond yr oeddynt yn gytûn mai mudiad politic-
aidd oedd yr eiddynt, mai eu nod oedd ymreolaeth i Gymru a'i
bod yn anhepgor cyrraedd y nod cyn y gellid adfywhau a diogelu'r
bywyd Cymreig. Yr oeddynt oll yn bobl wedi eu dal gan weled-
igaeth, gweledigaeth o Gymru rydd, Gymraeg, ddiwylliedig, ffyn-
iannus, gwlad wedi bwrw ymaith ei hen daeogrwydd ac wedi
ymgymryd yn hyderus â'r cyfrifoldeb o lywio ei bywyd ei hun.
Yr oedd y weledigaeth yn cynnwys elfennau moesol, crefyddol
ac esthetig yn ogystal â gwladgarwch. Am ysbaid o amser
gwybu'r fintai ddethol hon am y profiad prin a gafodd Words-
worth pan welodd y Chwyldro Ffrengig yn tywynnu gobaith ar
y byd: *Bliss was it in that dawn to be alive, But to be young
was very Heaven*. Gwawr newydd a welent yn torri ar Gymru ar
ôl y blynyddoedd maith o falltod cyfnod goruchafiaeth Lloyd
George. Yn naturiol, amlygid mesur o anaeddfedrwydd barn gan
rai o'u syniadau a'u polisïau. Yr oeddynt, er enghraifft, wedi
mabwysiadu un elfen yn eu rhaglen o wleidyddiaeth Iwerddon,
sef y polisi o ymatal rhag anfon aelodau seneddol i Westminstr.
Buasai Arthur Griffith er dechrau'r ganrif yn dadlau dros y polisi
hwn yn Iwerddon ac ym 1919, wedi i Sinn Fein ennill tri
chwarter seddau seneddol y wlad, cyfarfu'r aelodau yn Nulyn a
chyhoeddi Iwerddon yn weriniaeth annibynnol. Tybid y gellid
dilyn yr esiampl hon yng Nghymru eithr nid oedd arweinwyr y
mudiad newydd yn sylweddoli fod y datblygiad hwn yn Iwerddon
wedi dyfod ar ddiwedd cyfnod maith o ymdrechu ofer dros ym-
reolaeth yn Senedd Westminstr. Yn Iwerddon yr oedd dadrith-
iad gyda'r Blaid Seneddol Wyddelig yn cerdded y wlad, eithr nid
oedd unrhyw ddadrithiad tebyg yng Nghymru. Pan ymladdodd
y Blaid Genedlaethol ei hetholiad cyntaf yn Sir Gaernarfon ym
1929, gan enill 609 o bleidleisiau, daeth yn amlwg fod yn rhaid
ailystyried y sefyllfa. Yn Ysgol Haf 1930 yn Llanwrtyd argym-
hellodd Saunders Lewis newid y polisi, ac felly y gwnaethpwyd.
Dyma gyffyrddiad cyntaf y Blaid â realiti gwleidyddiaeth. Cytun-
odd y mwyafrif o'i haelodau fod y cyfaddawd yn anochel ond

credai rhai fod llychwino'r delfryd gwreiddiol 'er mwyn ennill pleidleisiau' yn ymylu ar frad.

O'r tri a gyfarfu ym Mhenarth ym 1924, ysgolhaig a hanesydd llenyddol oedd G. J. Williams. Nid oedd yn gysylltiedig ag unrhyw athrawiaeth ideolegol arbennig ond yr oedd yn glir iawn ei farn mai mater gwleidyddol oedd achub yr iaith a'r diwylliant Cymraeg. Mewn blynyddoedd diweddarach daeth i amlygrwydd fel beirniad llym ar y polisi dwyieithog a hyrwyddid gan y Weinyddiaeth Addysg. Daliai na allai'r Gymraeg ffynnu, na hyd yn oed oroesi, yn hir iawn os oedd yn rhaid iddi gael yr iaith Saesneg yn ogyfradd â hi yng Nghymru. Dadleuodd Saunders Lewis o'r un safbwynt yn ei erthygl 'Un Iaith i Gymru', a gyhoeddwyd yn *Y Ddraig Goch* ym 1933, ac a gynhwyswyd yn y gyfrol *Canlyn Arthur* ym 1938. Cyfaill mawr i G. J. Williams oedd Ambrose Bebb, ac yr oedd y ddau, fel D. J. Williams yntau, yn gynnyrch Coleg Aberystwyth yn ystod y Rhyfel. Yn y Coleg bu Bebb yn olygydd y cylchgrawn *Y Wawr*, ac aeth i helynt gyda'r awdurdodau am iddo ysgrifennu ynddo o blaid gwrthryfel y Pasg yn Iwerddon ym 1916. Ataliwyd y cylchgrawn gan y Coleg wedi i gwestiynau gael eu gofyn yng nghylch ei gynnwys yn y Senedd yn Llundain. Ar ôl gorffen yn Aberystwyth bu Bebb am bum mlynedd yn ddarlithydd yn y Gymraeg yn y Sorbonne dan yr Athro Joseph Loth, a chafodd felly'r un math o brofiad ac o ehangiad meddwl ag a gawsai Emrys ap Iwan ddeugain mlynedd yn gynharach. Wedi iddo ddychwelyd o Baris apwyntiwyd ef yn ddarlithydd mewn Hanes yn y Coleg Normal ym Mangor. Canfyddir mwy nag un paradocs rhyfedd wrth astudio ei syniadau. Yr oedd, er enghraifft, yn gallu cydymdeimlo â chenedlaetholdeb Llydewig a Ffrengig yr un pryd. Ef oedd ein hawdurdod pennaf ar Lydaw yn y cyfnod hwnnw ac ysgrifennodd yn helaeth ar y wlad honno. Cyfeillachai ag arweinwyr y mudiad cenedlaethol, gan gynnwys rhai fel Mordrel a gondemniwyd fel bradwyr i Ffrainc yn ystod yr ail Ryfel Byd. Yn gyfamserol â hyn, yr oedd yn edmygydd mawr o Charles Maurras, arweinydd mudiad yr

Action Française, a ddadleuai dros Ffrainc filwrol gref a thros rannu'r Almaen yn daleithiau gwahanedig. Yr oedd Maurras hefyd o blaid adfer y frenhiniaeth yn Ffrainc, a chofiaf Bebb yn dweud wrthyf mai'r math gorau o lywodraeth oedd llywodraeth brenin a chanddo awdurdod mawr yn ei law. Ni bu erioed unrhyw dir cyffredin rhwng syniadau Saunders Lewis ac eiddo Maurras, er i'r Parch. Gwilym Davies ysgrifennu erthygl hollol gamarweiniol yn *Y Traethodydd,* Gorffennaf 1942, yn honni hynny. Rhan o ymgyrch oedd yr erthygl honno a gynlluniwyd i geisio lleihau dylanwad Saunders Lewis trwy ei bardduo. Dygasai W. J. Gruffydd, yn fwy diniwed efallai, yr un cyhuddiad yn erbyn Saunders Lewis bymtheng mlynedd yn gynharach, trwy gambriodoli syniadau Ambrose Bebb iddo. Yr oedd Saunders Lewis a -Maurras hefyd yn bleidiol i Gatholigiaeth, ond am wahanol resymau, y naill dan gymhellion crefyddol, a'r llall am ei fod o'r farn fod Eglwys Rufain yn offeryn cryf i wastrodi'ṛ bobl a'u cadw mewn trefn. Anffyddiwr oedd Maurras, a chanddo'r un safbwynt felly â Napoléon Bonaparte a Benito Mussolini. Am Ambrose Bebb y mae'n werth cofio, er ei ymlyniad wrth Maurras, ei fod yn un o golofnau'r achos yng nghapel Twrgwyn ym Mangor lle'r oedd hefyd yn athro Ysgol Sul ar ddosbarth enfawr o ferched o'r Coleg Normal. Ysgrifennodd lyfr ar yr Ysgol Sul a fyddai'n gryn benbleth i Maurras, pes darllenasai.

Trown bellach at y weledigaeth o Gymru a gafodd Saunders Lewis ei hun ac a fu'n symbylydd ac yn ysgogydd iddo trwy gydol ei yrfa. Llenyddiaeth Gymraeg a ddatguddiodd y weledigaeth iddo ac y mae wedi ei disgrifio mewn mwy nag un man. Yn ystod y cyfnod pryd yr oedd yn ddarlithydd yn Abertawe ymroddodd mewn dull tra phroffesyddol i feithrin crefft y beirniad llenyddol mewn perthynas â'r Gymraeg. I'w arfogi ar gyfer y dasg hon yr oedd ganddo nid yn unig ei feddwl treiddgar ei hun, ond hefyd gefndir eang o wybodaeth am lenyddiaeth Ewrupëaidd. Yr hyn yr ymroes i'w wneud oedd gosod llenyddiaeth y Gymraeg yn ei lle priodol ym mhatrwm meddwl yr Oesoedd Canol a'r Dadeni a chyfnodau Clasuriaeth a Rhamantiaeth. Fe ddichon na all beirniadaeth lenyddol fyth fod yn wyddor hollol wrthrychol; y mae chwaeth bersonol yn elfen na ellir ei didoli'n llwyr oddi wrth farn ac ymateb y beirniaid. Ond ym mlynyddoedd cynnar y ganrif hon mater tra mympwyol oedd beirniadaeth lenyddol Gymraeg. Dug Saunders Lewis drefnusrwydd meddwl ysgolheigaidd dadansoddol i fennu ar y grefft o ddehongli llên yn ogystal ag ysgrifennu ei hanes, ac yn y maes hwn cyflawnodd waith y gellir ei gymharu â'r hyn a wnaeth John Morris-Jones ym meysydd iaith a cherdd dafod. Un gwirionedd a bwysleisiodd o'r dechrau yw mai corff o draddodiad yw llenyddiaeth Gymraeg, er gwell neu er gwaeth, yn parhau'n ddi-dor o'r chweched ganrif hyd y cyfnod modern. Y mae felly yn dra gwahanol i lenyddiaeth Saesneg, y gellir ei disgrifio fel cyfres o ffenomenau diddorol heb draddodiad yn rhedeg trwyddynt. Wrth egluro hyn y lluniodd Saunders Lewis ei gymhariaeth enwog rhwng llenyddiaeth Gymraeg ac Eglwys Gadeiriol Chartres. Gall y gwirionedd hwn fod yn ystyrdeb ac yn hysbys ddigon i'r beirniad distadlaf heddiw, eithr hyd at ugeiniau'r ganrif nid oedd neb wedi ei sylweddoli.

Ystyriwn rai gosodiadau gan Saunders Lewis sydd yn disgrifio'r weledigaeth a gafodd ar Gymru ac yn traethu ei ddehongliad o'r gwerthoedd sy'n gorwedd dani. Eu ffynhonnell yw ei erthygl ar 'Ddafydd Nanmor' a gyhoeddwyd yn *Y Llenor* (iv, t. 135), gwaith o bwysigrwydd sylfaenol yn hanes beirniadaeth lenyddol Gymraeg a charreg filltir yn natblygiad meddyliol Saunders Lewis ei hun. Yno y mae'n cychwyn ei ymresymiad fel hyn:

> Yr ydys ers cryn amser · bellach yn astudio hen farddoniaeth y Cymry . . . Cafodd yr astudio hwnnw effeithiau llesol ar Gymraeg ein canrif. Bu'n help i sefydlu safonau'r iaith, i buro cystrawen, ac i adfer urddas llên . . . Ond . . . ychydig a dybiodd fod gan yr hen brydyddion amgyffred am fywyd na ffilosoffi y byddai'n wiw i ninnau eu hystyried. Dywedir mai seiri campus oeddynt ar syniadau traddodiadol. Oblegid bod ganddynt draddodiad, a hwnnw'n amlwg yn eu gwaith, gwedir eu hawl i weledigaeth.

Cyfeiria wedyn at elfennau yn yr hen gymdeithas Gymreig sydd yn ddieithr i'r Gymru fodern ac a fyddai'n annerbyniol ganddi, megis y grefydd Gatholig a natur aristocrataidd bywyd y cyfnod, ac ychwanega:

> Heb ddwfn werthfawrogi'r pethau hyn, sef traddodiad mewn meddwl a chelfyddyd, Cristnogaeth Gatholig, a chymdeithas aristocrataidd, a phethau eraill hefyd, ni ellir caru llenyddiaeth Gymraeg y cyfnodau Cymreig yn ddigon llwyr i fyw arni a'i derbyn yn dreftad ac yn faeth i'r ysbryd. A dyna sy'n esbonio bychaned yw rhan llenyddiaeth Gymraeg yn natblygiad meddwl Cymru heddiw.
>
> Y mae'n colled ni'n fawr o'r herwydd. Ymhob cylch, mewn gwleidyddiaeth, mewn economeg, mewn athroniaeth, gellir dangos diffyg unrhyw feddwl Cymreig i'n harwain ar lwybr a fyddai'n naturiol i'n cenedl, ac felly'n lles iddi.

Yna â ymlaen i ymdrin â Dafydd Nanmor fel bardd y gwareiddiad Cymreig sefydlog, un a garai lysoedd a rhianedd sidangar a moethusrwydd ac ystafelloedd heirdd a dodrefn lliwiedig a chain a bwydydd amheuthun a choginiaeth gampus a blas clared a bwrdd llawn a chwmni diddan. Gofyn y cwestiwn:

> Beth yw ystyr hyn oll, ei glod i foethusrwydd, i fursendod iarllesaidd a gwâr, i berchentyaeth a cheinder ystafelloedd a mwynderau sidan a gwleddoedd amryflas a llawenydd cwmnïaeth? Rhan yw'r cwbl o'i gariad angerddol at wareiddiad sefydlog. Canys ni ellir bod y pethau hyn ond lle y bo treftadaeth a thraddodiad a hen bendefigaeth;—y bywyd Cymreig gynt. A bardd y bywyd hwnnw, bardd y gwareiddiad Cymreig, yw Dafydd Nanmor.

Eglura ymhellach fod y gair 'Tŷ' i Ddafydd Nanmor yn air cyfrin,

> yn un o dermau mawr gwareiddiad, yn arwydd o feistrolaeth dyn ar ei dynged, a'i ymryddhau oddi wrth ansicrwydd ac unigedd bywyd barbaraidd. Mewn tŷ gellid 'cadw' pethau, a'r gallu hwn i gadw yw hanfod gwareiddiad. Yr oedd pob perchen tŷ yn geidwad, yn angor ac amddiffynnydd bywyd trefnus.

A chan gyfeirio at ddeg awdl a chywydd Dafydd Nanmor i deulu'r Tywyn, a'r darlun a geir ynddynt o fab yn dilyn tad yn olyniaeth cenedlaethau'r teulu, noda fod y bardd hwn yn gweld y Tŷ fel gwely afon

> a dŵr newydd yn llifo o hyd rhwng ei glannau, dŵr cyflym, nwyfus, ifanc, ond y gwely'n suddo'n ddyfnach ddyfnach, yn dofi hoen byw- iog y berw dyfroedd, a chludo'r cwbl i'r un cyfeiriad, ar hyd yr hen lwybr, a'i harneisio i ddyletswydd a chyfrifoldeb. A deallodd mai dyma hanfod gwareiddiad pendefigaidd, ac mai hwn yw campwaith bywyd y ddynoliaeth, sef sefydlu'r egwyddor fawr o geidwadaeth a bonedd, a chymundeb y cenedlaethau, a'r Tŷ yr arwydd urddasol o'r sagrafen ddi-dor.

Dyry bwys hefyd ar y ddelwedd a orwedd dan y gair 'bonedd', sy'n digwydd mor aml yng ngwaith Dafydd Nanmor:

> Canys metaffor a gymerwyd oddi wrth dwf pren yw sylwedd y gair 'bonedd', a phren derw oedd y prif ddeunydd ym mhlasau Cym- reig y bymthegfed ganrif. A'r ffigur hwn o dderwen oedd yr hoffaf o bob un gan Ddafydd Nanmor. Llanwai'r dderwen ef â gorfoledd. Gwelai yn ei phrafter cymesur, lled ei brigau a'i chadernid oesol, sumbol mawreddog o fywyd yn ffynnu.

Athrawiaeth ddieithr oedd hon ac un lai derbyniol, gallwn feddwl, i ddeallusion Cymru ym 1925 nag y byddai heddiw. Bu beirn- iadu llym ar Saunders Lewis gan rai a bleidiai achos 'Y Werin' oblegid ei ganmoliaeth i rinweddau'r hen gymdeithas bendefig- aidd, ond yr oedd llawer o gamddealltwriaeth, a pheth twyll, yn yr ymosodiadau. Pan soniai Saunders Lewis am bendefigion Cymru yn yr Oesoedd Canol meddyliai, nid am bobl fel landlord- iaid yr ystadau mawr yn y bedwaredd ganrif ar bymtheg, ond am liaws o fân uchelwyr a oedd yn berchenogion tir ar raddfa gym- edrol, a chanddynt ymdeimlad o gyfrifoldeb am les eu broydd. A phwysleisiai mai'r werin Gymreig heddiw yw disgynyddion yr hen uchelwyr hynny. Ar hyd ei yrfa bu'n chwilio am olion rhin- weddau'r hen uchelwriaeth ym mywyd y werin, ac yn dyfod o hyd iddynt er gwaethaf y proletareiddio sydd wedi bod ar gym- deithas. Honnai, er enghraifft, fod y gwrthwynebiad grymus yng nghymoedd glofaol De Cymru i'r prawf a roddwyd ar foddion teuluoedd yn ystod argyfwng economaidd 1931 yn adlewyrchu'r ymdeimlad dwfn o undod a chysegredigrwydd teulu a etifeddwyd gan werin Cymru oddi wrth wareiddiad pendefigaidd yr Oesoedd Canol, a bod gwybod am waith Dafydd Nanmor yn gymorth i ddeall grym y gwrthwynebiad. Ymresymiad anodd ei ddilyn oedd hwn i wleidyddion Radicalaidd a Sosialaidd y cyfnod. Cofiaf Ness Edwards, yr aelod seneddol Llafur dros Gaerffili, yn dweud ei fod yn credu, neu'n hoffi credu, fod ei hynafiaid ef allan gyda Wat Tyler a Jack Cade a'r gwahanol fudiadau o *levellers* a fu'n sefyll yn erbyn breiniau'r brenin a'r bendefigaeth yn Lloegr yng nghanrifoedd olaf yr Oesoedd Canol. I'r gwrthwyneb, medd Saunders Lewis, yr oedd yn llawer mwy tebygol fod hynafiaid Ness Edwards yn fân uchelwyr a bod beirdd fel Dafydd Nanmor yn canu awdlau a chywyddau o foliant iddynt. Diau mai ef oedd yn iawn yn yr achos hwn. Weithiau, er hynny, gallai orddatgan ei ddadl. Fe'i cofiaf un tro yn ateb nifer o gwestiynwyr comiwnyddol ym Mryn-mawr ac yn honni wrthynt nad oedd yng Nghymru ddosbarth o daeogion yn yr Oesoedd Canol. Gofynnodd un o'r cwestiynwyr iddo enwi llyfr hanes a ddywedai hynny. Atebodd: 'Y Cyfreithiau Cymreig; darllenwch y rheini'. Ni wyddai'r un o'r comiwnyddion, druain, am gynnwys y cyfreithiau Cymreig a bu'n rhaid iddynt fynd yn fud. Diau y byddai arbenigwr ar Gyfraith Hywel heddiw yn mingamu uwchben y gosodiad nad oedd yng Nghymru gynt ddosbarth o daeogion. Eto ni ellir gwadu'r gwirionedd y tu ôl i'r gosodiad. Cymdeithas wedi ei seilio ar uchelwriaeth Geltaidd yn hytrach na phendefigaeth ffiwdalaidd a geid yng Nghymru yn yr Oesoedd Canol, ac yr oedd yr uchelwyr rhydd Cymreig yn llawer mwy niferus ac yn fwy cydradd â'i gilydd na'u cymheiriaid yn y gwledydd ffiwdal. Ac am y taeogion, gellir o leiaf sylwi fod y taeog y sonnir amdano ym Mabinogi Math i bob golwg yn ffermwr ffyniannus, yn cadw gwas, ac nad yw'r pendefig mawr Gwydion yn ei hystyried yn unrhyw israddiad arno aros noson yn ei dŷ.

Mabwysiadwyd y gair *Perchentyaeth* am gyfnod fel disgrifiad o bolisi Plaid Genedlaethol Cymru o hyrwyddo cyfundrefn o fân berchenogaeth ar dai a thiroedd. Beirniadwyd y gair a'r polisi gan rai, a ddywedai ei fod yn sawru o'r Oesoedd Canol. Y pryd hwnnw daliai lliaws o'r deallusion Sosialaidd fod y mesur lleiaf o berchenogaeth breifat yn ddrwg. Bellach y mae llawer o bleidiau, ar y Dde a'r Chwith, yn barod i arddel y polisi o berchentyaeth. Nid oes unrhyw sail i'r dyb fod Saunders Lewis yn dymuno atgyfodi amgylchiadau'r Oesoedd Canol yn ein hoes ni, nac ychwaith ei fod yn credu y byddai hynny'n bosibl. Yn ei gyfrol *Williams Pantycelyn*, ar ôl trafod y syniad o gyfanrwydd cymdeithas yn Oesoedd Cred, a dylanwad hynny ar lenyddiaeth, dywed (t. 236):

> Ni ellir mwyach fynd yn ôl at ddamcaniaeth lenyddol yr Oesoedd Canol a sylfaenu'n gwaith ar hynny. Ni ellir ychwaith yn ein hoes ni obeithio am gymdeithas unedig yn sylfaen celfyddyd gytbwys a chymdeithasol. Ni all barddoniaeth ein 'diddanu' mwyach yn union fel y gwnaethai y beirdd clasurol. Ond erys drychfeddwl y beirdd clasurol yn ddrychfeddwl i ninnau. Rhaid i ninnau ymdrechu am drefn a chyfanrwydd a synthesis mewn bywyd.

Â ymlaen wedyn i ddadlau dros synthesis newydd o ramantiaeth a chlasuriaeth.

Ystyr y dyfyniad uchod yw na ellir ailsefydlu'r gymdeithas a oedd yn destun moliant bardd fel Dafydd Nanmor, ond bod modd dysgu llawer oddi wrthi a mabwysiadu rhai o'i hegwyddorion er mwyn eu cymhwyso at ein hoes ni. Ond erys y ffaith iddo ef ei hun dderbyn ysbrydoliaeth a symbyliad diderfyn oddi wrth y darlun perffeithiedig o'r gymdeithas honno a geir yn awdlau a chywyddau'r beirdd. Yn y bennod olaf o'i gyfrol *Braslun o Hanes Llenyddiaeth Gymraeg* y mae'n traethu gyda brwdfrydedd a huodledd am y portread o'r gymdeithas Gymreig a roddir inni yng nghanu beirdd y bymthegfed ganrif. Dywed mai tywyll yw darlun yr haneswyr o gyflwr Cymru yn y cyfnod hwnnw eithr deil nad yw'r dystiolaeth lenyddol yn cadarnhau'r darlun. Gwlad o fân foneddigion oedd Cymru a than eu nawdd ffynnai crefftau barddoniaeth a miwsig yn anghyffredin. Y nodyn amlycaf a drewid yn y farddoniaeth a folai eu cymdeithas oedd llawenydd. Byd yn llawn o ameuthunion bywyd oedd eu byd, creaduriaid fel meirch, teirw, gwartheg, ychen, ŵyn, eleirch, peunod, milgwn, hebogau, gwenyn, a lliaws o bethau a berthynai i gymdeithas wâr megis mentyll, cyfrwyau, harneisiau, rhwydi, cwryglau, gwelyau, telynau, llyfrau, paderau. Yn awr, pan gyhoeddwyd y penderfyniad i leoli ysgol i ymarfer bomio ym Mhenyberth yng ngwlad Llŷn, y mae'n eglur mai'r nerf byw yng ngwead personoliaeth Saunders Lewis a gyffrowyd ac a ddoluriwyd oedd ei ymlyniad wrth y delfryd hwn o'r gymdeithas Gymreig. Llŷn oedd y peth tebycaf iddo a oedd ar ôl yng Nghymru. Gwlad ydoedd o amaethwyr a chrefftwyr, o bentrefi a llannau, gwlad gwbl Gymraeg a'r mân uchelwyr ynddi hefyd yn parhau i siarad Cymraeg. Yr oedd rhannau o ffermdy Penyberth yn mynd yn ôl i'r bymthegfed ganrif, ond yr oedd iddo hanes hŷn na hynny. Casglwyd achau'r perchenogion ym 1558 gan Ruffudd Hiraethog ac wedi hynny gan Lewis Dwnn. Perthynai'r teulu i un o hen bymtheg llwyth Gwynedd. Canwyd cywyddau moliant a marwnad i aelodau ohono gan feirdd fel Wiliam Cynwal a Morus Dwyfach. Ni byddai ystyriaethau fel y rhain o unrhyw ddiddordeb i glwm o swyddogion yn Llundain yn chwilio am le addas i sefydlu ysgol fomio. Ond hwy a roes yr angerdd yn safiad Saunders Lewis yn erbyn y cynllun. Gwrandawer ar ei eiriau yn y llys yng Nghaernarfon (a ddyfynnir yma fel y traddodwyd hwy yn Saesneg):

> In an English pamphlet stating the case against the bombing school in Lleyn, Professor Daniel has expressed with pregnant brevity the heartfelt fear of all thoughtful Welshmen. He says: 'It is the plain historical fact that, from the fifth century on, Lleyn has been Welsh of the Welsh, and that so long as Lleyn remained unanglicised, Welsh life and culture were secure. If once the forces of anglicisation are securely established behind as well as in front of the mountains of Snowdonia, the day when Welsh language and culture will be crushed between the iron jaws of these pincers cannot be long delayed. For Wales, the preservation of the Lleyn Peninsula from this anglicisation is a matter of life and death'.

That, we are convinced, is the simple truth. So that the preservation of the harmonious continuity of the rural Welsh tradition of Lleyn, unbroken for fourteen hundred years, is for us 'a matter of life and death' . . . On the desk before me is an anthology of the works of the Welsh poets of Lleyn, *Cynfeirdd Lleyn*, 1500-1800, by Myrddin Fardd. On page 176 of this book there is a poem, a *cywydd*, written in Penyberth farmhouse in the middle of the sixteenth century. That house was one of the most historic in Lleyn. It was a resting-place for the Welsh pîlgrims to the Isle of Saints, Ynys Enlli, in the Middle Ages. It had associations with Owen Glyn Dŵr. It belonged to the story of Welsh literature. It was a thing of hallowed and secular majesty. It was taken down and utterly destroyed a week before we burnt on its fields the timbers of the vandals who destroyed it. And I claim that, if the moral law counts for anything, the people who ought to be in this dock are the people responsible for the destruction of Penyberth farmhouse.

Yn y fan hon bu cymeradwyaeth yn y llys ond ataliwyd ef gan y Barnwr, Mr. Wilfred Lewis. Yn eironig iawn yr oedd ef yn ŵr o hen deulu uchelwrol yn Sir Benfro, ond nid oedd ganddo ddiwylliant Cymraeg. Ni châi felly unrhyw anhawster i wahanu'r ystyriaethau y seiliai Saunders Lewis ei ddadl arnynt oddi wrth ei ddyletswydd gyfreithiol fel y gwelai ef hi. Yr oedd y gwrthdrawiad rhwng safbwynt Saunders Lewis ac eiddo'r barnwr yn glasurol hollol. Dadl ydoedd rhwng y ddeddf foesol a'r gyfraith wladol. Fe'i clywir yn aml mewn llysoedd yng Nghymru heddiw, ac os oes ar ynadon Cymru angen am gyflenwad o eiriau a fformiwlâu i fynegi eu cred fod yn rhaid i'r gyfraith wladol fod bob amser yn drech nag ystyriaethau moesol y mae digonedd ohonynt i'w cael yn *summing-up* trofaus a hirwyntog y Barnwr Lewis,— ond rhaid rhybuddio mai profiad esthetig poenus yw darllen ei Saesneg undonog a gorgymhleth yn dyfod yn union ar ôl miniogrwydd syml a rhesymeg ddidrugaredd ac angerdd dwfn araith Saunders Lewis. Teg efallai yw cofio mai dyma ei achos cyntaf fel barnwr, a chydnabod hefyd mai ffawd greulon a'i dug ef wyneb yn wyneb â Saunders Lewis, gan roddi iddo anfarwoldeb yng nghysgod troseddwr a safai ger ei fron. Dadl Saunders Lewis yn syml oedd hyn; fod y fath beth yn bod â'r Ddeddf Foesol, sy'n rhan o'r traddodiad Cristnogol, a bod galw ar Gristnogion i'w pharchu ac i ufuddhau iddi. Weithiau gall hi wrthdaro â'r gyfraith wladol. Mater i'r gydwybod yw penderfynu pa bryd y mae hyn yn digwydd. Nid oedd unrhyw amheuaeth am yr achos yn Llŷn. Y sefyllfa yno oedd fod cenedl fawr bwerus, er ei mantais ac er mwyn ei diogelwch milwrol ei hun, yn bwriadu gwneuthur defnydd o diriogaeth gwlad a chenedl arall, a hynny mewn modd a fyddai'n peryglu bodolaeth genhedlig y wlad honno. Yr oedd hi'n gwneud hynny yn nannedd gwrthwynebiad ar raddfa genedlaethol. Ac yr oedd y broses ddemocrataidd o wrthwynebu'r bwriad wedi methu. Gwrthodasai'r Prif Weinidog Stanley Baldwin hyd yn oed dderbyn dirprwyaeth i drafod y gwrthwynebiad. Eithr yn Lloegr, lle yr oedd gwŷr o fri fel yr hanesydd G. M. Trevelyan wedi lleisio barn yn erbyn cynlluniau tebyg, yr oedd y Llywodraeth wedi cytuno i newid safleoedd mwy nag un ysgol fomio rhag tarfu ar nythleoedd o hwyaid ac eleirch ac ar dawelwch mangreoedd hanesyddol a chysegredig. Yn ganlyniad i hyn, ac i'w methiant i gael hyd yn oed glust o wrandawiad, yr oedd Saunders Lewis, Lewis Valentine a D. J. Williams wedi penderfynu llosgi'r pentwr o goed a grynhowyd ar dir Penyberth ar gyfer codi siediau ac yna eu cyflwyno eu hunain i'r heddlu gan arddel eu gweithred. Eu hamcan wrth wneuthur hynny oedd gorfodi'r awdurdodau i ddwyn achos difrifol yn eu herbyn mewn llys barn fel y gallent apelio at ddeuddeg o'u cydwladwyr yn eistedd fel rheithwyr i ddyfarnu rhyngddynt hwy a'r Llywodraeth. Yn ei araith ger bron y rheithwyr diffiniodd Saunders Lewis y dewis a'u hwynebai mewn termau moesol:

> If you find us guilty the world will understand that here also in Wales an English government may destroy the moral person of a nation, may shatter the spiritual basis of that nation's life, may refuse to consider or give heed to any appeal even from the united religious leaders of the whole country, and may then use the law to punish with imprisonment the men who put those monstrous claims of Anti-Christ to the test. If you find us guilty you proclaim that the law of the English State is superior to the moral law of Christian tradition,

that the will of the Government may not be challenged by any person whatsoever, and that there is no appeal possible to morality as Christians have always understood it. If you find us guilty you proclaim the effective end of Christian principles governing the life of Wales. On the other hand, if you find us not guilty you declare your conviction as judges in this matter that the moral law is supreme; you declare that the moral law is binding on governments just as it is on private citizens. You declare that 'necessity of state' gives no right to set morality aside, and you declare that justice, not material force, must rule in the affairs of nations.

Honnodd y Barnwr Lewis fod y gosodiadau hyn yn gableddus a dywedodd wrth y rheithwyr:

> Mr. Saunders Lewis . . . told you a great many things which I tell you, members of the jury, were entirely inaccurate. The effect of your verdict, be it a verdict of guilty or not guilty, will have none of the effect which he suggested.

Cyfarwyddodd y rheithwyr i anwybyddu cymhellion y diffynyddion ac i beidio â rhoi unrhyw sylw i'r amgylchiadau a'u harweiniodd i gyflawni eu gweithred o brotest. Yr oedd tanio coed yn perthyn i'r wladwriaeth yn drosedd dan unrhyw amgylchiadau, ac os oedd y rheithwyr yn sicr yn eu meddyliau fod y diffynyddion wedi cyflawni'r weithred honno eu dyletswydd eglur oedd dwyn dyfarniad o euog. Dichon fod Saunders Lewis mewn gwirionedd yn gofyn am yr amhosibl, sef ceisio cael gan ddeuddeg o reithwyr Cymraeg yn Sir Gaernarfon ym 1936 droi gweinyddiaeth y gyfraith droseddol wyneb i waered a defnyddio dyfarniad o 'ddieuog' fel cerydd i bolisi'r Llywodraeth Seisnig yng Nghymru ac fel erfyn gwleidyddol i amddiffyn bodolaeth a gwarantu parhad y genedl Gymreig. Eto, daethpwyd o fewn golwg i gyflawni'r wyrth. Ar ôl ymneilltuo am dri chwarter awr methodd y rheithwyr gytuno ar ddyfarniad. Yr oedd saith ohonynt o blaid 'euog' a phump o blaid 'dieuog'. Syfrdanwyd y barnwr ond bu'n rhaid iddo gyhoeddi y gohirid yr achos hyd y frawdlys nesaf. Yn ddiweddarach symudwyd y gwrandawiad i Lundain ar y tir na ellid cael panel o reithwyr diduedd yng Nghymru. Mewn geiriau eraill, nid oedd unrhyw sicrwydd y gellid crynhoi ynghyd ddeu-ddeg o reithwyr yn unman yng Nghymru heb fod yn eu plith rai a dderbyniai ddadl ac ymresymiad Saunders Lewis. Golygai hynny i bob pwrpas fod gwŷs y brenin wedi mynd yn ddi-rym yng Nghymru, sef yr union sefyllfa yr oedd Saunders Lewis yn anelu at ei chreu. Yn Llundain penderfynodd y rheithwyr ar ddyfarniad o euog heb adael y llys a dedfrydwyd y tri i naw mis o garchar. Synnwyd llawer gan ysgafnder cymharol y ddedfryd a dichon fod elfen o bolisi ac o gyfrwystra y tu ôl iddi. Ychydig a ŵyr sut y penderfynir materion fel hyn, ond y mae'n werth cof-nodi fod brawd i Lewis Valentine, a oedd ar y pryd yn dditectif mewn swydd uchel yn yr heddlu ym Manceinion, wedi dweud wrtho ymlaenllaw mai naw mis fyddai'r ddedfryd.

O droi i ystyried canlyniadau llosgi'r ysgol fomio rhaid cyf-eirio'n gyntaf at y canlyniadau gwleidyddol uniongyrchol, ac yna at effaith y weithred ar yrfa bersonol Saunders Lewis. Yn wleid-yddol bu canlyniadau'r digwyddiad yn lles i achos cenedlaethol-deb, ond nid cymaint ag a ddisgwylid. Dyma'r tro cyntaf i'r mudiad cenedlaethol Cymreig ennill sylw mawr, nid yn unig yng Nghymru, ond y tu allan i Gymru hefyd. Amlygwyd parch mewn lleoedd annisgwyl i safiad Saunders Lewis a'i gymheiriaid, a bu eu diffuantrwydd a'u hanhunanoldeb yn foddion i symbylu llawer i roddi ystyriaeth ddifrifol i rym eu dadleuon. Ond yn anffodus, cymylwyd barn llawer gan ddigwyddiadau cydwladol trychinebus fel ymosodiad yr Eidal ar Abysinia a Rhyfel Cartref Sbaen, a chyn hir gan yr ail Ryfel Byd. Bu hefyd yng Nghymru, fel ymhobman arall, ddadleuon brwd ond diffrwyth ynghylch ideolegau'r Dde a'r Chwith, a dryswyd llawer o genedlaetholwyr ganddynt. Barn y mwyafrif mawr yng Nghymru, fel y nesâi'r Rhyfel, oedd y dylai gwrthsefyll yr unbennau Ffasgaidd gael blaenoriaeth ar unrhyw fudiad i amddiffyn bodolaeth Cymru. Ond un o ganlyniadau uniongyrchol y llosgi oedd cynhyrfu'r Athro W. J. Gruffydd i'w uniaethu ei hunan yn llwyr iawn, dros

dro, â'r mudiad cenedlaethol. Buasai'n aelod o'r Blaid Genedl-
aethol am flynyddoedd cyn hynny a chymerasai ran amlwg yn
yr ymgyrch yn erbyn sefydlu'r ysgol fomio, ond cynhyrfwyd ef i
waelod ei fod gan weithred y tri. Gŵr a reolid gan ei deimladau
oedd Gruffydd ac yn anffodus nid oedd y teimladau hynny bob
amser yn cydgerdded â'r ddoethineb sy'n ofynnol yn arweiniad
mudiad politicaidd. Ysgrifennodd lythyr maith a thra effeithiol
i'r *Western Mail* yn condemnio'r modd yr oedd y Llywodraeth
wedi trafod mater yr ysgol fomio, ac yn cynnwys y paragraffau a
ganlyn wedi eu hargraffu mewn print du:

> At last, I regret to say, all Englishmen in Wales will be regarded
> as enemies; English laws will be regarded as alien laws; the English
> King will be regarded as a foreign monarch, the ruler of an un-
> friendly nation . . .
>
> Hundreds of ministers of religion who would have been proud to
> take part in the Coronation celebrations will refuse to have anything
> to do with it; I confidently prophesy that Coronation Day in Welsh
> Wales will be more like a day of mourning than a day of rejoicing.

Ym Mhwyllgor Gwaith y Blaid cynigiodd Gruffydd y dylid cylch-
lythyru'r holl awdurdodau lleol trwy Gymru yn galw arnynt i
ymwrthod â dathliadau'r Coroni. Yng ngwres ac angerdd y
foment cytunwyd i dderbyn y cynnig. Y gwir oedd, wrth gwrs,
fod y cyhoedd yn gyffredinol yng Nghymru ymhell iawn o fod
yn aeddfed i ddilyn arweiniad mor ddigyfaddawd â hyn. Ac o
bawb, aelodau'r awdurdodau lleol oedd y rhai lleiaf tebyg o'i
ddilyn. Bu'r effaith yn drychinebus. Bob dydd cyhoeddai'r wasg
adroddiad am ryw gyngor neu'i gilydd yn penderfynu taflu'r
gwahoddiad i'r fasged. Bu'r cyfan yn rhwystr mawr i bob cais
i fanteisio ar y mesur diamheuol o gydymdeimlad a oedd yn y
wlad â'r brotest yn Llŷn.

Ar ôl eu rhyddhau o garchar adferwyd Lewis Valentine a D. J.
Williams i'w swyddi, y naill yn weinidog ar Eglwys y Bedyddwyr
Cymraeg yn Llandudno a'r llall yn athro ysgol dan Awdurdod
Addysg Sir Benfro. Bu Saunders Lewis yn llai ffodus yn ei gyflog-
wyr, Cyngor Coleg y Brifysgol, Abertawe. Yn dechnegol ei

sefyllfa oedd fod ei gytundeb â'r Coleg wedi terfynu y dydd y dedfrydwyd ef i dymor o garchar, ac yn awr yr oedd yn rhaid i'r Coleg benderfynu a oedd am gynnig ei swydd yn ôl iddo ai peidio. Cyfarfu Cyngor y Coleg ar Chwefror 15, 1937, a phenderfynodd roi gwybod i Saunders Lewis trwy lythyr fod ei apwyntiad yn y Coleg wedi dyfod i ben. Penderfynodd hefyd symud ymlaen i lanw'r swydd wag. Ychydig yn ddiweddarach, mewn cyfarfod yng Nghaernarfon, datguddiodd yr Athro W. J. Gruffydd beth gwybodaeth a ddaethai i'w feddiant am y modd y daethpwyd i'r penderfyniadau hyn yn y Cyngor. Yr oedd yr aelodau yn dra rhanedig a buont yn dadlau'r mater am ddwy awr. O'r diwedd, pan gymerwyd pleidlais, cafwyd fod deuddeg o blaid ailapwyntio Saunders Lewis a deuddeg yn erbyn, ac un wedi ymatal rhag pleidleisio. Yna rhoddwyd gwybod i'r Cyngor y byddai cwmni o wneuthurwyr arfau, a gyfrannai'r swm o £7,000 yn flynyddol tuag at gynnal un o gadeiriau'r Coleg, yn atal ei gyfraniad pe penderfynid ailapwyntio. Cyflwynwyd yr wybodaeth hon i'r Cyngor gan Lewis Jones, Syr Lewis wedi hynny, gŵr a fu'n ddiweddarach yn Llywydd y Coleg ac yn aelod seneddol Ceidwadol dros ran o Abertawe. Pleidleisiwyd ar y mater am yr ail dro wedyn, a chafwyd deuddeg fel cynt dros ailapwyntio, ond tri ar ddeg yn erbyn. Mewn achos fel hwn yr oedd mwyafrif o un cystal ag unfrydedd. Yng nghyfarfod Cyngor Tref Abertawe ar Fawrth 17 llwyddodd yr Henadur Percy Morris, a fu wedi hynny yn aelod seneddol Llafur dros ran o Abertawe, i gael gan Gyngor y Dref brotestio yn erbyn polisi'r Coleg. Cafodd gefnogaeth gan holl aelodau Llafur y Cyngor a chan lawer o'r rhai Annibynnol, ond yn ofer.

Ffigur allweddol yn y sefyllfa, yn naturiol, oedd Henry Lewis, Athro'r Gymraeg yng Ngholeg Abertawe. Ni ddymunai ef ailapwyntio Saunders Lewis. Pe cymerasai ef safiad cryf i'r gwrthwyneb gallasai canlyniad yr holl fater fod wedi bod yn wahanol. Erys peth dirgelwch i mi yn agwedd Henry Lewis at ei ddarlithydd ar y pryd. Ar ôl blynyddoedd o gyfeillgarwch rhwng y ddau, yr oedd erbyn 1936 wedi troi'n elyniaethus iawn tuag at Saunders Lewis, ac ni ellais lai na sylwi fod y teimlad hwn wedi parhau ynddo tra bu byw. Mewn blynyddoedd diweddar cymerai Saunders Lewis agwedd faddeugar tuag ato a dywedai mai dyn diniwed ydoedd yn cael ei ddefnyddio gan eraill. Gallaf innau dystio fod ynddo elfen o wladgarwch ddiamheuol, a gâi fynegiant fel rheol mewn perthynas â'r iaith neu â materion o ysgolheictod. Cyfaill mawr i Henry Lewis oedd Ifor Williams, Athro'r Gymraeg ym Mangor, a phorthai'r ddau agwedd ei gilydd tuag at ddiswyddiad Saunders Lewis. Yr oedd Ifor Williams, wrth gwrs, yn ysgolhaig mawr iawn, o fewn terfynau ei feysydd arbennig ei hun, ond nid oedd ganddo unrhyw ddiddordeb yn y math o ysgolheictod llenyddol beirniadol yr ymroddai Saunders Lewis i'w feithrin. Nid yw'n debyg ei fod yn meddwl y byddai'r diswyddiad yn Abertawe yn golygu unrhyw golled fawr i ysgolheictod. Digwyddai fod Ifor Williams yn un o gynrychiolwyr etholedig Urdd y Graddedigion ar Lys Prifysgol Cymru a chyflwynwyd deiseb iddo gan gant o raddedigion yn byw ym Mangor a'r cylch yn gofyn iddo godi mater y diswyddiad yn y cyfarfod nesaf o'r Llys. Nid cenedlaetholwyr o bell ffordd mo holl arwyddwyr y ddeiseb a phwysleisient nad oeddynt o angenrheidrwydd yn cytuno â gweithred Saunders Lewis. Ond honnent fod ei gyfraniad i ddysg Gymraeg yn rhy werthfawr i'w golli o Brifysgol Cymru, a bod Coleg Abertawe yn gweithredu'n anghyfiawn wrth benderfynu parhau i'w erlid wedi i'r penyd a ddodwyd arno gan y wladwriaeth ddyfod i ben. Gofynnent i Ifor Williams fyned i Lys y Brifysgol 'fel arweinydd dysg ac ysgolheictod Cymraeg' i ddadlau dros adfer Saunders Lewis i'w swydd. Derbyniwyd ateb nacaol ganddo yn dweud na chymeradwyai drais mewn bywyd gwleidyddol, fod llosgi'r ysgol fomio yn ei farn ef yn groes i draddodiadau gorau Cymru, ac na ddeallai paham y gofynnid iddo ef yn arbennig godi'r mater hwn.

Ymhlith y rhai a arwyddodd y ddeiseb yr oedd staff adran Ifor Williams yn y Coleg, sef Thomas Parry ac R. Williams-Parry,

ac yr oedd ef yn ddig iawn wrthynt am wneud hynny gan ei fod
eisoes wedi egluro ei farn ar y mater iddynt. Bu llawer o ddiflastod
ym Mangor oblegid y digwyddiad hwn, ond i Williams-Parry
yr oedd holl helynt yr ysgol fomio wedi bod yn brofiad traw-
matig a dirdynnol. Yr hyn a'i clwyfodd ddyfnaf oedd y taeog-
rwydd a'r hunanoldeb a'r rhagrith llwfr a ddangoswyd gan nifer
o ddysgedigion Cymru yn eu triniaeth o Saunders Lewis. Esgor-
odd chwerwder y profiad ar gyfnod newydd yn ei hanes fel bardd.
Cyn hyn yr oedd wedi mynd i'w gragen ac wedi tewi ers blynydd-
oedd, oblegid credu bod cam wedi ei wneud ag ef yn bersonol gan
Goleg Bangor. Pan welodd ei gyfaill Saunders Lewis, er gwaethaf
ei gyfraniad disglair dros gyfnod o bymtheng mlynedd i ddysg
lenyddol Gymraeg heb sôn am ddewrder dihunan yr arweiniad a
roesai i Gymru, yn awr yn wrthodedig gan Brifysgol Cymru ac yn
ysgymun yng ngolwg y rhai a ddylai frysio i'w amddiffyn, daeth
ei fudandod i ben. Mewn cyfres o gerddi rhoes fynegiant i'r
anobaith a enynnid ynddo gan Philistiaeth lethol y dydd. Yn
'Y Gwrthodedig' cyfarchodd ei gyd-genedl:

> Hoff wlad, os gelli hepgor dysg
> Y dysgedicaf yn ein mysg,
> Mae'n rhaid dy fod o bob rhyw wlad
> Y fwyaf dedwydd ei hystad.
>
> Os gelli fforddio diffodd fflam
> A phylu ffydd dy fab di-nam,
> Rhaid fod it lawer awdur gwell
> Na'r awdur segur sy'n ei gell.
>
> Os mynni ei wadu a'i wrthod ef
> Y diniweitiaf dan dy nef,
> Rhaid fod it lawer calon lân
> A waedai trosot ar wahân.
>
> Os mynni lethu â newydd bwn
> Y llwythog a'r blinderog hwn,
> Achub yn awr dy gyfle trist
> Ac na fydd feddal fel dy Grist.

Cerdd dwyllodrus o syml yw hon. Mewn gwirionedd y mae pob
llinell ac ymadrodd ynddi yn llwythog gan awgrymiadau a chynil-
deb ei choegni ysgafnfiniog yn lled-guddio angerdd y digofaint
a'r cywilydd a deimlai Williams-Parry yn ei galon. Yn y gerdd
fwyaf didrugaredd a gyfansoddodd, dan y teitl 'I JSL', daeth
y crafangau'n nes i'r wyneb:

> Disgynnaist i'r grawn ar y buarth clyd o'th nen
>   Gan ddallu â'th liw y cywion oll a'r cywennod;
> A chreaist yn nrysau'r clomendy uwch dy ben
>   Yr hen, hen gyffro a ddigwydd ymhlith colomennod.
> Buost ffôl, O wrthodedig, ffôl; canys gwae
>   Aderyn heb gâr ac enaid digymar heb gefnydd;
> Heb hanfod o'r un cynefin yng nghwr yr un cae—
>   Heb gorff o gyffelyb glai na Duw o'r un defnydd.
> Ninnau barhawn i yfed yn ddoeth, weithiau de
>   Ac weithiau ddysg ym mhrynhawnol hedd ein stafelloedd;
> Ac ar ein clyw clasurol ac ysbryd y lle
>   Ni thrystia na phwmp y llan na haearnbyrth celloedd.
> Gan bwyll y bwytawn, o dafell i dafell betryal,
>   Yr academig dost. Mwynha dithau'r grual.

Yn y dychan creulon hwn rhoes Williams-Parry anfarwoldeb nas
chwenychent i aelodau'r gymdeithas academaidd Gymraeg yng
Ngholeg Bangor. Yr oeddynt yn ddynion da bob un, yn ddynion
a wnaeth swrn da o waith yn eu dydd,—ond yma y mae eu hyd
a'u lled wedi ei fesur am byth.

Yn Eisteddfod 1941 ym Mae Colwyn cynhaliwyd trafodaeth
lenyddol rhwng Saunders Lewis ac R. T. Jenkins, a chymerwyd
y gadair gan Ifor Williams. Yr oedd y neuadd dan ei sang a
chafodd Saunders Lewis dderbyniad tywysogaidd gan y dyrfa.
Ar ôl yr areithiau bu Ifor Williams mor anffodus â diweddu ei
sylwadau o'r gadair â'r geiriau: 'Wn i ddim beth alla'i ei ddweud
ymhellach'. Ar amrantiad, yn foddfa o chwŷs a nerfau, cododd
D. J. Williams ar ei draed yng nghanol y llawr a dywedodd: 'Yr
hyn y gellwch ei ddweud, Athro Ifor Williams, yw eich bod yn
ymdynghedu y byddwch o hyn ymlaen yn rhoddi pob munud
sydd gennych yn sbâr a phob egni sydd gennych yn rhydd i geisio

sicrhau ei swydd yn ôl i Mr. Saunders Lewis ym Mhrifysgol Cymru'. Cymeradwywyd y sylw gan y dyrfa nes bod y lle yn diasbedain. Am y tro yr oedd fel petai nemesis wedi disgyn, ond er mwyn arbed y cadeirydd cododd W. J. Gruffydd i droi'r drafodaeth i gyfeiriad arall. Yr oedd Williams-Parry yn bresennol yn y cyfarfod a thragwyddolodd yr argraff chwerw-felys a gafodd yno yn y gerdd 'Y Dychweledig':

> Trugarog yw y werin,
>   Ystyriol iawn o'i fri,
> Pan ddychwel fel pererin
>   I'w hannwyl Brifwyl hi.
> Rhydd iddo serch, rhydd iddo swydd:
> Rhydd iddo gadair yn ei gŵydd.
>
> Wrth weld ei wyneb gwelw
>   Yn lleddfu llwyfan hon,
> Rhoem bopeth ar ein helw
>   Am weled hwnnw'n llon:
> Popeth yn gyfan ond ein gwaed
> I roi athrylith ar ei thraed.
>
> Wrth wrando'r curo dwylo
>   I'n hen gydymaith dwys,
> Melys y gallem wylo,
>   Pe bai ein hwylo o bwys,
> Oherwydd bedd a rodd y byd
> Weithion i'w fab a aeth yn fud.
>
> O! teilwng yw tystiolaeth
>   Y werin frwd i'w fri
> Pan ddychwel ei ddrychiolaeth
>   I'w hen brifysgol hi,
> A phawb â chalon dan ei fron
> Sy'n 'llawenhau fod lle yn hon'.

Dichon nad yw'r ansoddair 'mud' ar ddiwedd y trydydd pennill yn gwbl briodol. O leiaf, os gorfodwyd mudandod ar Saunders Lewis gan Goleg Abertawe, ni bu'n fud mewn cylchoedd eraill. Am ddeuddeng mlynedd ysgrifennodd golofnau *Cwrs y Byd* i'r *Faner* ac ym 1943 ymladdodd etholiad achlysurol Prifysgol

Cymru fel ymgeisydd dros Blaid Cymru. Gwnaeth beth o'i waith ym myd y ddrama a llawer ym maes beirniadaeth yn y cyfnod hwn. Ym 1952 apwyntiwyd ef i swydd darlithydd yn Adran y Gymraeg, Coleg y Brifysgol, Caerdydd, a gwasanaethodd y Coleg hyd ei ymddeoliad ym 1957.

Dwy Nofel

Fe fu 34 blynedd rhwng cyhoeddi nofel gynta Mr. Saunders Lewis, *Monica*, a'r ail, *Merch Gwern Hywel*. Mae darfod iddo gyhoeddi dim ond dwy nofel fer ynghanol toreth mor fawr o ddramâu, beirniadaeth lenyddol, cerddi ac erthyglau, yn arwyddocaol. Mae'n weddol amlwg nad yw wedi ymhoffi mewn rhyddiaith storïol, ac mi dybiwn i mai o ddyletswydd yn hytrach nag o ddewis y sgrifennodd y ddwy nofel hyn.

Damcaniaethu'r ydw i, wrth gwrs. Ond fe fyddai beirniad o galibr a dysg a synnwyr hanes Mr. Lewis yn gweld mai efrydd fyddai llên cenedl yn ei hiaith frodorol oni allai gerdded yn hyderus ac yn rymus hyd un o briffyrdd cyfoes pob llên, sef priffordd y nofel. Ac ar ôl Daniel Owen (ac eithrio *Gŵr Pen y Bryn* Tegla, efallai) doedd dim arwyddion yn niwedd y dau ddegau fod llenorion Cymraeg yn mynd i'r afael o ddifri â sgrifennu nofelau o werth parhaol. Roedd angen i rywun fentro'n feiddgar, codi mynegbost, taflu her at awduron Cymraeg. Wele *Monica*.

34 blynedd yn ddiweddarach roedd y sefyllfa wedi newid yn fawr. Efallai i her *Monica* fod yn effeithiol. Bid a fo am hynny, roedd Kate Roberts a T. Rowland Hughes a nifer helaeth o nofelwyr is eu statws ond nid llawer llai medrus wedi bod yn yr afael â'r ffurf ryddiaith hir hon, a dwsin neu ragor o nofelau Cymraeg newydd yn ymddangos bron bob blwyddyn, nid un neu ddwy ar dro siawns fel yn nyddiau *Monica*. Bellach, doedd dim galw am i feirniad sgrifennu nofel Gymraeg yn her ac yn esiampl. Bellach, roedd Mr. Lewis yntau wedi ennill ei le'n ddiogel yn brif ddramäydd y Gymraeg. Anodd dweud pam yn union y cyhoeddodd nofel arall. Doedd dim ar y ddaear yn erbyn iddo wneud hynny, bid siŵr. Ond mae sawl peth yn y nofel honno'n

awgrymu i mi mai drama y bwriadwyd iddi fod. A berswadiwyd Mr. Lewis i'w chyhoeddi ar lun nofel, wn i ddim. A farnwyd y byddai gwerthu helaethach a darllen ehangach arni'n nofel nag yn ddrama, wn i ddim. Sut bynnag, wele *Merch Gwern Hywel.*

MONICA

Nid amherthnasol fydd cyfeirio eto at gyflwr y nofel Gymraeg pan gyhoeddwyd *Monica* gan Wasg Aberystwyth ym 1930. Mae'n wir nad oedd y nofel Gymraeg wedi marw gyda Daniel Owen. Yn hytrach, fe ddilynwyd y Meistr gan amryw ddisgyblion iddo. Fe gyhoeddodd T. Gwynn Jones rai rhamantau dan ffug-enw. Fe gyhoeddwyd nofelau gan Gwyneth Vaughan, W. Llyw-elyn Williams ac eraill—i gyd, fwy neu lai, 'yn null' Daniel Owen. Yn nodweddiadol, Tegla oedd y cyntaf i dorri'r confensiwn, pan gyhoeddodd nofel seicolegol fwy uchelgeisiol ym 1923, sef *Gŵr Pen y Bryn* (nofel a gafodd adolygiad llym, gyda llaw, gan Mr. Saunders Lewis pan ail argraffwyd hi ym 1926). Fe ellid dweud bod y nofel Gymraeg yn dal yn fyw, ond lledfyw oedd hi nes i Mr. Lewis roi brechiad poenus iddi â chwistrell *Monica* ym 1930.

Gan y gall '1930' fod yn ddyddiad braidd yn niwlog erbyn hyn, gwell dweud i *Monica* ymddangos bum mlynedd wedi sefydlu Plaid Genedlaethol Cymru, dair blynedd wedi i Mr. Lewis gyhoeddi'i lyfr pwysig *Williams Pantycelyn* a'i cododd yn feirniad o fri mawr yng Nghymru, dair blynedd cyn iddo ymuno ag Eglwys Rufain a chwe blynedd cyn iddo gymryd rhan yn llosgi'r Ysgol Fomio. Yr oedd yn 37 mlwydd oed: yn ddyn gweddol ifanc, ryw bum mlynedd yn iau nag oedd Daniel Owen pan ddechreuodd sgrifennu *Rhys Lewis* ond ddeunaw mlynedd yn hŷn nag oedd Eigra Lewis (Roberts) pan sgrifennodd hi *Brynhyfryd.*

Fel sy'n digwydd yn fynych gyda gwaith a barodd gyffro mawr yn ei ddydd, fe ddaeth *Monica*'n rhan o chwedloniaeth ddiweddar

Cymru. 'O, y nofel honno roddodd sioc i'r piwritaniaid?' gewch chi gan amryw na ddarllenson nhw erioed mo'r llyfr. Wel, chware teg, dydi hi ddim yn hawdd cael gafael ar gopi ohono erbyn hyn, hyd yn oed mewn llyfrgell neu siop lyfrau ail law, ac efallai fod gan yr awdur ei resymau da ei hun dros beidio â chaniatáu'i ail argraffu.

Do, fe roddodd sioc i biwritaniaid 1930. A dyfynnu nodion golygyddol W. J. Gruffydd yn *Y Llenor*, Gwanwyn 1931: 'Y peth digrifaf ers tro yn y wlad hon yw'r sgwrs a glywir ar y strydoedd am nofel Mr. Saunders Lewis, *Monica*.' Sôn y mae, meddai, 'am y "dynion cyffredin" sydd yn darllen llyfrau Cymraeg. Hyn a ddymunwn ei wybod—o ba le y daeth y Biwritaniaeth anfaddeugar sydd wedi gwreiddio mor ddwfn yn eu natur? Ai am eu bod yn grefyddol? Nid yw llawer ohonynt yn myned i lan na chapel, nac yn teimlo dim cynhesrwydd at unrhyw fath o grefydd. Nid am eu bod ychwaith yn arbennig o "bur" eu hunain, oherwydd gall rhai ohonynt adrodd storïau sy'n gwneuthur i *Monica* edrych fel *Llawlyfr y Ferch Ieuanc Oddicartref*.'

Erbyn heddiw fe allwn ninnau ddweud, 'Amen!' Fe adolygwyd y nofel gan Mr. (y pryd hwnnw) Iorwerth Peate yn *Y Tyst*, y Prifathro John Morgan Jones yn *Yr Efrydydd*, ac eraill. Fe fyddai'n rhaid darllen yr holl adolygiadau cyn medru mesur y derbyniad a gafodd y nofel yn iawn—a bwrw bod adolygiadau'n adlewyrchiad dibynnol o ymateb beirniaid a chyhoedd i unrhyw lyfr unrhyw amser. Ond mae hyd yn oed yr adolygiadau ffafriol yn amddiffynnol, bron yn ymddiheurol, fel hwnnw gan J. Hubert Morgan yn y rhifyn o'r *Llenor* y cyfeiriwyd ato'n barod:

> Faint bynnag fydd y beio a'r dirmygu ar y nofel hon a'i hawdur,— ac fe fydd rhagor ar yr awdur nag ar ei waith nes bod traddodiad llên feirniadol Cymru yn fwy urddasol,— ceisiwn gofio bod gan yr awdur fel artist, nid fel artist Cymreig sylwer, berffaith hawl i ymdrin ag actau naturiol a'u canlyniadau.

Yr ymdrin â'r 'actau naturiol a'u canlyniadau' mewn Cymraeg printiedig a barodd y cyffro.

Mater y Nofel

Fe fyddai pregethwyr canol y ganrif ddiwetha, ar ôl codi'u testun, yn dweud: 'Mater (y bregeth): y peth-a'r-peth'. Mae'n well gen innau sôn am 'fater' nofel nag am ei 'phwnc', ei 'thestun' neu'i 'thema'. Mewn nofel o werth fe ellir canfod nifer o gylchau cynghreiddig: ei neges (boed fwriadol neu anfwriadol) yn gnewyllyn, o fewn cylch o 'athroniaeth' neu olygwedd bersonol ar fywyd, a hwnnw o fewn cylch o gymeriadaeth, hwnnw wedyn o fewn cylch yr amgylchedd y mae'r cymeriadau'n ymdroi ynddo, a'r cyfan o fewn cylch o stori. Heb 'stori'—sut bynnag y dehonglir y term—mae nofel yn peidio â bod yn nofel.

Mewn geiriau eraill, mae'r cefndir a'r holl ddeunydd yn rhan integrol o'r 'mater' os ydyn nhw'n cydymdreiddio â'r hyn y mae'r llyfr yn ceisio'i ddweud am fywyd. Mae hynny'n wir am *Monica*.

Astudiaeth o ferch yw'r nofel: merch sy bron â bod 'ar y silff'. Mae hynny'n arswyd iddi, ac mae'n hudo darpar ŵr ei chwaer iau a thlysach ac yn symud gydag o o Gaerdydd i fyw yn un o faestrefi Abertawe. Mae'r briodas yn troi'n fethiant.

A threiddio haen yn ddyfnach, mae'r briodas yn methu oherwydd fod Monica'n nwydus ac yn anghymdeithasol. Nid yw'r un o'r ddwy nodwedd ynddyn eu hunain yn ddigon i ddinistrio priodas. Un rhan o'r trychineb yw fod nwyd, yn nhyb Monica, yn ddigon o gwlwm rhwng gŵr a gwraig, a phan wêl nad yw, does ganddi ddim byd i'w gynnig yn ei le, ac ni all hi dderbyn dim yn ei le. Y rhan arall o'r trychineb yw nad wrth natur y mae hi'n anghymdeithasol ond oherwydd ei gorfodi i fod felly gan fagwraeth glòs, orgysgodol yng Nghaerdydd a byw wedyn mewn maestref newydd ddiwreiddiau yn Abertawe.

Math o Flodeuwedd yw hi, felly, yn gaethferch i chwant ac yn ddigymdeithas mewn dinas a maestref gyfoes ddigymraeg. Cysgod o Leu Llaw Gyffes yw ei gŵr, Bob Maciwan, yn gymharol ddinwyd nes ei ddeffro gan Monica, yn ymwybod â'i ddyletswydd ei hun fel gŵr ac yn disgwyl mwy gan ei wraig nag y gall hi'i roi

iddo, sef cwmnïaeth ddiddorol a thendans rhesymol. Ond gan
ei fod' yntau'n gynnyrch yr un anghymdeithas ddiwreiddiau,
does ganddo ino'r cadernid cymeriad na'r cadernid traddodiad
sy gan Leu neu Lywelyn.

A dychwelyd at y cylchau cynghreiddig. Y neges gnewyllol yw
fod nwyd (neu 'serch' yn ystyr nwyd) yn sylfaen annigonol i
briodas: neges nid anghyfarwydd yng ngweithiau diweddarach
Mr. Lewis. Y cylch o 'athroniaeth' bersonol yw fod ymroi i nwyd
o'r math hwn yn ddihangfa barod—ac anochel, o bosib—mewn
cymuned anghymdeithasol ddiwreiddiau. Y cylch nesaf yw'r
cymeriadau: Monica, ei thad a'i chwaer, ei mam sy'n marw ar
ôl ei chadw'n gaeth gyhyd, a'i gŵr Bob. Mae'r cymeriadau eraill
yn perthyn i'r cylch nesaf allan—yr amgylchedd: rhai o gymer-
iadau 'parchus' y faestref, carwr unnos Monica yng Nghaerdydd,
putain unnos Bob yn Abertawe, a'r lleill. Ac mae i'r nofel ei
chylch allanol, neu'i chragen, o stori.

Mae'n debyg i gyflwyniad y nofel godi miloedd o aeliau (onid
gwrychynnau) ledled Cymru: 'Cyflwyna'r awdur y stori i goffad-
wriaeth Williams Pantycelyn, unig gychwynnydd y dull hwn o
sgrifennu'. Fe ddwedodd J. Hubert Morgan yn ei adolygiad y
byddai 'llawer o amau a brofodd Mr. Lewis ei bwnc yn ddigon
da' i gyfiawnhau'r fath gyflwyniad, gan obeithio 'nad aeth yr
awdur allan o'i ffordd i brofocio'r darllenydd cyffredin na ŵyr
ddim am *Ductor Nuptiarum* Pantycelyn ond sydd, er hynny, yn
gynefin iawn ag emynau'r bardd'.

Faint o 'brofocio' oedd yn y cyflwyniad, mae'n anodd dweud.
Ond mi ddwedwn i'n bendant i Mr. Lewis 'brofi'i bwnc yn
ddigon da', os ydw i wedi iawn ddeall yr hyn a olygodd wrth
'ddull'. Nid 'arddull', mae'n siŵr. Mae rhyddiaith *Ductor Nupt-
iarum neu'r Cyfarwyddwr Priodas* Williams yn llithricach, yn
fwy rhuthmig ac yn fynych yn fwy pẅerus, os yn fwy diofal, na
rhyddiaith fwy hunan-ymwybodol *Monica*. Mae'n debyg mai'r
hyn a olygodd Mr. Lewis oedd mai Williams Pantycelyn oedd y
cyntaf i drafod priodas gnawdol yn gwbl agored.

Yr un 'mater' yn union sydd i *Monica* ag i'r *Ductor Nupt-iarum*. Dialog yw llyfr Pantycelyn rhwng dwy wraig, un o'r ddwy wedi priodi heb gydsyniad ei rhieni na'i chymdeithas grefyddol, a'i phriodas wedi mynd yn yfflon. Fe briododd hi'i gŵr oherwydd 'serch gnawdol (sic) at ei berson, a thymer anllad ei ysbryd; ac i roi cyflawn wledd i'r wŷn uffernol ag oedd ym mêr fy esgyrn, tan feddwl y parhâi honno tros byth; ond hi ddiflannodd fel cudyn o niwl o flaen y gwynt, ac a aeth heibio fel ffagl o dân mewn gwellt, ac felly fe'm siomwyd yn hollol yn holl bleserau cig a gwaed'. Fersiwn gyfoes o 'Martha Pseudogam' Williams yw Monica. Fe gyfeiriodd J. Hubert Morgan—yn amddiffynnol, nid yn feirniadol—at 'rai o'r manylion aflednais' ym *Monica*. Mae'n wir i Mr. Lewis fanylu ar fudreddi cathod Monica a drewdod ei chorff a'i hystafell wely pan oedd y ddynes feichiog wedi gwrthod codi am wythnosau. Ond does yn ei nofel ddim manylion *rhywiol* mwy 'aflednais' nag sy gan Bantycelyn, sy'n dweud yn gain:

> Ni welodd yr haul mohonom ni erioed yn caru; ac yr oeddem yn cadw orau ag allem rhag y lleuad hefyd: tywyllwch dudew'r nos oedd ein noddfa: ar welyau, mewn ysguboriau, a gwactai, gelltydd ac ogofeydd y byddem yn treulio ein hamser wrth ein carwriaeth; lle gallem fod mor gnawdol ag y byddai chwant arnom . . .

Doedd gŵr Martha Pseudogam ddim yn gweld ei wraig mwyach yn 'forwyn . . . addas i'w chadw rhwng bronnau liw nos'; yn hytrach, roedd 'yn edrych ar bob gwraig a merch yn serchocach na mi; ac yn gwibio ei linyn mesur, fel mae teiliwr yw, o gwmpas eu cynffonnau, pan âi allan i weithio iddynt, gyda serchogrwydd anghyffredin: ac nid llai eu pleser hwythau wrth gymryd eu goglais ganddo, yn ofni iddo wneud gormod o frys.' Am fanylion 'aflednais' heb fod yn benodol rywiol, cymharer yr hunan-ddisgrifiad hwn o wraig feichiog gan Bantycelyn:

> . . . ac yna, a minnau a'm bol yn chwyddedig, fy stumog yn glaf, a'm croth wedi bwyta holl gig fy wyneb, nes oeddwn yn ymddangos o'm hanner i fyny fel yr angau, ond o'm hanner i waered fel dâs o ŷd, a'm trwyn yn hanner llonaid fy wyneb, bob dydd yn disgwyl awr fy ngofid . . .

â'r disgrifiad o'r Fonica feichiog gan Mr. Lewis (*Monica*, tud. 76-7):

> Tynnodd ef (ei gŵr) ddillad y gwely oddi amdani. Suddasai'r matras plu yn bwll yn y canol a'r ymylon yn codi'n anghysurus o'i chwmpas. Cronasai briwsion a darnau bwyd yn dew dan ei chluniau a'i thraed. Yr oedd y lliain gwely (y gynfas, mae'n debyg, sy'n fenywaidd yn fy Nghymraeg i—I.Ff.E.) a'r gobennydd yn llwyd, ac ambell rwyg ynddynt. Arnynt ill dau ac ar ei choban gwelid marciau saim. Yr oedd olion cyfog ar y blancedi ac ar yr huling wrth droed y gwely. Yr oedd ei choesau hi yn dywyll ac wedi chwyddo, a lleiniau chwyslyd dan ei gên ac ar ei gwddf a'i dwyfron. Gorweddai Monica yn drom a disymud yng nghanol y drewdod.

Atgyfodi realaeth ddidostur Pantycelyn a wnaeth Mr. Lewis, nid rhoi cychwyn i realaeth newydd sbon. Fe 'brofodd ei bwnc yn ddigon da'. Bid siŵr, nid Pantycelyn oedd unig gychwynnydd y disgrifio manwl dreiddgar hwn ar wrthrychau a sefyllfaoedd—anhyfryd ac fel arall. Fel y mae gan Mr. Lewis, a nodi dim ond un enghraifft, gymeriad 'a gwerth tyddyn o grwyn gwiwerod am ei hysgwydd' (cymh: 'ac wrth ei chlustiau werth tyddyn da o berlau' Ellis Wynne), mae'n ddigon amlwg fod Pantycelyn yn gyfarwydd iawn â rhyddiaith Ellis Wynne a'i ficer, Theophilus Evans, ac wedi dysgu'n fedrus oddi wrthyn nhw.

Yn *Gwŷr Llên* (Llundain, 1948) mae'r Dr. J. Gwyn Griffiths yn dweud yn bendant, 'Ar y *Ductor Nuptiarum neu Gyfarwyddwr Priodas* Pantycelyn y seiliwyd *Monica*', gan gyfeirio at honiad Mr. Lewis ei hun yn *Williams Pantycelyn* (Llundain, 1927) tud. 160: 'Y peth tra gwerthfawr yn yr hanes hwn (rhan o'r *Cyfarwyddwr*) a hefyd yn hanes caru Theomemphus a Philomela yw mai ynddynt y ceir am y tro cyntaf mewn llenyddiaeth nid portread yn unig eithr dadansoddiad beirniadol a deffiniad o serch rhamantus'. Ymhellach, fe ddywed Mr. Lewis am y ddau waith hyn gan Bantycelyn: 'Ni sgrifennwyd erioed mewn Cymraeg ddim mor chwerw onest â hwy.' Does a wnelof i ddim â dyfarniadau Mr. Lewis, sy'n fynych yn huperbolaidd, fel y gwyddon ni: mae nodi'i farn yn berthnasol yma, ac yn allweddol i gynnwys *Monica* a'i ymdriniaeth â'r cynnwys hwnnw.

Yn ei erthygl yn *Gwŷr Llên* hefyd mae'r Dr. J. Gwyn Griffiths
yn dweud: 'Bu'r Athro Mansell Jones mor hyf â chymharu'r
nofel â *Madame Bovary*'. Mae Dr. Griffiths yntau'n cytuno fod
tebygrwydd ym mater y ddwy nofel, ond fod yng ngwaith
Flaubert 'ddeunydd a hanfod trasiedi', fod ynddo 'ymdeimlad
o gwymp moesol, o fynediad gwraig rinweddol o oleuni i dywyll-
wch'. O gymharu, mae'n cael *Monica* 'yn dywyllwch i gyd, o'r
cyd-eistedd mewn sinema yng Nghaerdydd i ystafell y clefydau
gwenerol yn Abertawe. Nid felly, ys dywed Aristotlys, y cyn-
hyrchir na dychryn na thosturi'.
A bod yn deg, fe ddylid dweud dau beth yma. Nid yn yr un
maes nac yn yr un ffordd yr oedd Flaubert ac y mae Mr. Lewis
yn fawr. At hynny, fe fyddai nofel Ffrangeg bum can tudalen o
raid yn wahanol iawn i nofel Gymraeg lai na chwarter ei maint,
nid yn unig o ran hyd ond mewn adeiladwaith, naws ac ymdrin-
iaeth. Ac yntau'n nofelydd wrth reddf, fe ddadrowliodd Flaubert
ei stori fawr yn bwyllog afaelgar, heb golli dim o'i gynildeb, gan
ennyn ein tosturi at Emma Bovary er gwaetha'i gwendid (blys
eto) nes peri inni ddymuno y caiff hi rywfaint o ymwared drwy
unrhyw garwriaeth newydd. Mae Charles Bovary, gŵr Emma,
yn anrhamantus, yn anniddorol i gyd-fyw ag o, ac yn anfedrus
ym 'mrodwaith [y] dychymyg . . . o gwmpas gwaith syml y
cnawd', ys dywedodd Mr. Lewis yn gofiadwy ym *Monica* (tud.
78). Hyn, yn anad dim, a'i gyrrodd hi i ymserchu yn y clerc Léon
ac yn y sgweier Rudolf Boulanger bob yn ail.
Mae cymaint â hynyna o debygrwydd rhwng stori Monica
a stori Emma Bovary. Ac mae sawl tebygrwydd arall. Yn ogystal
â dirywio'n gynyddol gnawdol, mae Emma Bovary hithau'n ddi-
wreiddiau: wedi'i haddysgu mewn lleiandy ac yna'n perswadio'i
gŵr druan i fudo o le i le, heb berthyn i unman yn iawn. Mae
hithau'n cael mân drefi taleithiol Ffrainc mor ddiflas ag yw Caer-
dydd ac yn arbennig 'Y Drenewydd' ger Abertawe i Monica.
Mae'i gŵr yn mynd mor anniddorol ac yn y man mor annioddefol
iddi ag yw Bob i Monica. Ond prin yw'r tebygrwydd rhwng y

ddwy nofel ar ôl dweud hynyna. Mae meithder y nofel Ffrangeg wedi caniatáu—yn wir, wedi gorfodi—amrywiaeth naws ac awyrgylch er mwyn cynnal y diddordeb; i'r gwrthwyneb, yr hyn a wêl y Dr. J. Gwyn Griffiths yn 'dywyllwch i gyd' yn y nofel Gymraeg yw unffurfiaeth naws stori fer y gellid ei gyfiawnhau mewn nofel mor fyr. Fe ellir synhwyro tosturi Flaubert at Emma Bovary; gwrthrychedd oer sydd ym *Monica*.

Y cyflyrwr pennaf ar *Monica*, heb os, oedd nid Gustave Flaubert ond Williams Pantycelyn.

Cynllun

P'un a gynlluniodd Mr. Lewis *Monica* mor fwriadus fanwl ag y cynlluniodd ei ddramâu ai peidio, wn i ddim. Ond mae wedi'i saernïo'n gelfydd dynn.

Pum pennod sydd i'r nofel. Yn hytrach na dechrau'r stori yn y dechrau (os oes, yn wir, y fath beth â dechrau i stori) a'i hadrodd o'i chwr, fe ddefnyddiodd Mr. Lewis ddyfais y daethon ni'n fwy cyfarwydd â hi yn y stori fer, sef gwneud i Monica, am ddwy bennod gyfan, ôl-adrodd ei hanes hyd at bwynt neilltuol yn ei stori wrth gymdoges glaf yn y faestref, ac yn ystod y tair pennod arall fe adroddir gweddill y stori gan yr awdur ei hun hyd at y diweddglo. Er mai Monica sy'n dweud ei hanes ei hun yn y ddwy bennod gynta, mae tipyn o newid ffocws yma ac acw rhwng ei meddwl hi a meddwl Alis Evans (y gymdoges). Nod-wedd ddiddorol yn y ddyfais yw mai gydag Alis a'i chwaer Lisi y mae'r nofel yn agor, a Monica'n cerdded i mewn bedair tudalen yn ddiweddarach fel cymeriad pwysicach mewn drama. Yn ystod yr ymgom hir mae Monica, yn briodol ddigon, yn cadw rhai o'i hatgofion a'i meddyliau iddi'i hun. Gweld cyfle i 'fwrw'i bol' wrth Alis y mae hi. Am y tro cynta 'rioed fe synhwyrodd fod yma un a fyddai'n fodlon gwrando ar gronicl ei helbulon. Mae hi mor amddifad o gymdeithas a chyfeillgarwch â hynny.

Pan welwn ni hi gynta mae hi'n feichiog, yn gweu dillad babi 'â bysedd breision, anystywallt', ac yn benderfynol o farw. Mae'n chwilfrydedd ni wedi'i ennyn. Fesul tudalen fe gawn ei stori: ei magu'n glòs uwchben y siop yng Nghaerdydd, siop ei thad, Mr. Sheriff, i nyrsio'i mam feddiannus sy'n dihoeni gan y darfodedigaeth, a'i heiddigedd at ei chwaer iau a thlysach Hannah sy'n rhydd i fynd a dod fel y mynn. Wedi profiad anghynnes gyda charwr sydyn yn y ddinas (er ei bod hi'n gwrthod ei chorff iddo), a'i chaethiwed wedi ennyn ffanstasïau erotig yn ei dychymyg, mae'i chwant wedi'i ddeffro. Mae'n denu darpar ŵr ei chwaer, Bob Maciwan, yn gariad iddi'i hun ac yn ei briodi. Gyda siec am ddau ganpunt a gorchymyn i beidio â chroesi trothwy'r cartre mwy, mae'r pâr priod yn symud i'r 'Drenewydd', y faestref bum milltir o Abertawe.

Yno, a Bob wedi cael gwaith yn y dre, mae'r ddau'n mwynhau'u priodas gnawdol 'ar y gwely mawr' nes i Monica ddarganfod ei bod yn feichiog (neu 'dan ei gofal', ys dywed Mr. Lewis, gan ddefnyddio ymadrodd Sir Gâr). Mae'r darganfod yn newid Monica a bywyd y ddau. Mae beichiogrwydd yn cipio oddi arni brif bleser ei bywyd, sef caru blysig, ac mae'n digio wrth y plentyn yn ei chroth ac yn gwneud bywyd Bob druan mor anodd ag y gall. Mae hi'n suddo i'r fath iselder nes penderfynu marw, a'r ffordd i wneud hynny yw gorwedd yn llonydd yn ei haflendid, yn sicr y bydd i'r baban o'i mewn ei ddifa'i hun a hithau.

Mewn diflastod ac anobaith, mae Bob yn treulio noson gyda phutain ac yn dychwelyd adre yn oriau mân y bore. Mae'r dychryn o gael ei gadael ei hunan am noson (er na ŵyr hi ddim p'le y bu'i gŵr) yn peri i Monica ymysgwyd ac ymddwyn yn fwy serchus at Bob. Mae'n parhau'n benderfynol o farw, ond yn bodloni i Bob alw'r meddyg ati. Dyfarniad y meddyg yw fod yn rhaid ei chael i ysbyty ar unwaith. Mae'r awgrym y gall hi farw'n fuan, nid ymhen deufis pan enir y baban, yn fraw i Monica. Ond mae braw arall yn ei haros. Wedi llwyddo i agor drôr sy dan glo mae'n darganfod eli a moddion. Does dim amheuaeth am eu hamcan. Mae clefyd gwenerol ar Bob.

Un peth sy ar ei meddwl wedi hynny: cael gwybod gyda phwy y bu'i gŵr yn anffyddlon iddi. Er nad yw'n ffit i deithio, mae'n cymryd bws i'r dre ac yn dechrau holi yn nhai meddygon, heb gael na help na goleuni. Mae'n cwympo mewn llewyg wrth lidiart un o'r tai. Daw'r meddyg i'r drws, a Bob ei hunan gydag o. O weld y wraig ar lawr mae'r meddyg yn galw'n anfeddygol: 'Hai, help, help . . .' Fe'n gadewir i ddychmygu'r gweddill, gan wybod yn unig fod Bob yno, ac y bydd yn adnabod Monica—neu'i chorff.

Mae saernïaeth drasiedïol y nofel yn ysgytiol. Trwy'r stori fe red y ddeuair anysgrifenedig, 'Rhy hwyr!' Pan yw'n llwyddo i ennill gŵr, mae eisoes yn rhy hwyr i ferch fel Monica wneud hynny. A hithau'n tynnu am ei deugain oed mae'n analluog, gorff a meddwl, i ymgyfaddasu'n 'ymgeledd gymwys'. Erbyn iddi fowldio Bob yn ŵr nwydus ar ei llun a'i delw'i hun, mae'n rhy hwyr: mae'n feichiog ac yn methu'i fwynhau. Wedi iddi hi edifarhau am orwedd yn aflan a diserch am wythnosau ac i Bob edifarhau am ei noson wyllt ddialgar gyda phutain ac i'r ddau gymodi, mae'n rhy hwyr: mae Bob wedi cael clwy gwenerol. Yna, pan yw Monica'n bustachu ar fws ac ar draed ar drywydd anffyddlondeb ei gŵr, mae'n rhy hwyr: mae'i chyflwr enbyd yn ei llorio, ac mae'i bywyd dinistriol ar ben.

Dro ar ôl tro, mae digwyddiad yn esgor ar ymateb, a'r ymateb ar fwriad, a'r bwriad ar weithred, ond erbyn i'r weithred esgor ar ganlyniadau mae'r bwriad gwreiddiol wedi edwino. Wedi i Monica gael Bob yn gyfangwbl iddi'i hun does arni mo'i eisiau. Wedi iddi lwyddo i'w frifo does arni ddim eisiau'i frifo yn y ffordd yna. Erbyn i Bob ddianc oddi wrthi does arno ddim eisiau dianc. Ac wedi i Monica gyrraedd tai'r meddygon i geisio dial ar ei gŵr mae hi wedi colli'r chwant am ddial. Fel yna o hyd mae'r bwriad, wedi chwythu'i blwc, yn gorfod gwylio'r weithred yr esgorodd arni'n peri dinistr, heb allu'i rhwystro.

Roedd J. Hubert Morgan yn methu wrth ddweud yn ei adolyg-
iad nad oes yn y nofel 'nodweddion plot sy'n myned ymlaen yn
llwyddiannus ac yn ei ddatod ei hun cyn y diwedd'. Bid siŵr,
does dim diweddglo hapus i'r nofel, ac am nad yw'r dweud yn
ddiollwng afaelgar na hynt yr un o'r cymeriadau'n plycio tannau'r
galon mae'n ddiau i'r adolygydd golli golwg ar gamp y cynllun.
Ond mae'r plot yn un clos a chymhleth. Fe fyddai'n dda gen i
petai mwy o nofelau Cymraeg wedi'u cynllunio mor gelfydd ag
y lluniwyd *Monica.*

Cymeriadaeth

Fedra i ddim cytuno â'r beirniaid sy'n dweud mai nod amgen
nofel dda yw cymeriadau credadwy a chofiadwy, a hynny'n unig.
Wrth gwrs, po fwya byw yw'r cymeriadau, mwya byw yw'r nofel.
Ond mae hynny'r un mor wir am fywgraffiad neu gofiant. Dydi
cofiannydd ddim yn creu cymeriadau, ond mae'n rhaid iddo'u
hail greu os ydyn nhw i fod mor fyw ar bapur ag y buon nhw
mewn cnawd.

Camp fawr Daniel Owen, yn siŵr, oedd creu'r cymeriadau
mwya cofiadwy mewn nofel Gymraeg. Ond os dyna'i unig gamp,
petai'r cymeriadau hynny'n llawer llai cofiadwy fyddai dim llawer
ar ôl yn ei nofelau i'w gwneud yn werth eu darllen. Ac fe fyddai
hynny'n gryn gondemniad arnyn nhw.

I mi, swyddogaeth nofel dda, fel pob celfyddydwaith da, yw
rhoi 'profiad ar y pryd', profiad na châi darllenydd mohono,
efallai, mewn unrhyw ffordd arall, profiad unigryw, profiad cof-
iadwy: profiad o fyw mewn byd, o adnabod pobl, o fynd drwy
sefyllfaoedd, mewn amser cymharol fyr, a fyddai efallai wedi
cymryd oes o fywyd pob dydd. Po ddyfnaf y mae'r darllenydd
yn ymgolli yn y byd y mae'r nofelydd wedi'i dynnu iddo, mwya
cofiadwy fydd y byd hwnnw iddo; mwyaf annileadwy fydd y
profiad.

Mae gan nofel dda fywyd o'i heiddo'i hun. Os nad yw'r 'bywyd' hwnnw ynddi fe all hi fod yn ddiflas hyd at fod yn annarllenadwy. Mae'r bywyd i fod yn y cylchau cynghreiddig y cyfeiriwyd atyn nhw'n barod: yn y stori—rhaid i honno fod o leia'n ddiddorol; yn yr amgylchedd neu 'fyd' y stori—rhaid i hwnnw ddod mor ddiriaethol yn nychymyg y darllenydd ag yr oedd yn nychymyg yr awdur; yn y cymeriadau, wrth gwrs—rhaid i'r rheini fod yn bobl y mae'u hynt a'u helynt o bwys i'r darllenydd, pa mor gred-adwy bynnag ydyn nhw, pa mor 'grwn' bynnag; yn y cylch nesaf i mewn o 'athroniaeth' neu sylwadaeth—rhaid i hwnnw fod wedi'i fynegi â deheurwydd llenyddol sy'n ei godi uwchlaw propaganda pedestrig; ac o gael bywyd yn dirgrynu drwy'r cylchau yna fe fydd y 'neges' gnewyllol yn siŵr o gydio neu frathu.

Dydi cymeriadau *Monica* ddim yn gyffrous, yn arbennig o ddiddorol nac yn arbennig o gofiadwy. Ni fwriadwyd iddyn nhw fod. Bwriad Mr. Lewis, yn bur debyg, oedd creu nifer bach o unigolion bychain wedi'u gwneud yn llai fyth gan eu hamgylch-edd gormesol. Ond maen nhw'n gredadwy bob un. A dyna gamp na all pob nofelydd mo'i chyflawni.

Fel mewn trasiedi go-iawn, mae pob cymeriad ar drugaredd ei dynged. Os nofel neu ddrama dynged a sgrifennir fe all y dynged fod yn rym yn nwylo'r duwiau (fel yn y ddrama Roeg-aidd) neu yn llaw'r diafol (fel yn *Job* neu *Ffawst*), neu'n rym amhersonol (fel yng ngwaith Hardy) neu yn natur y cymeriadau'u hunain. Yr olaf yw hi ym *Monica*. Ni all Monica'i hun ond bod yn gaethferch ddall i'w chwant, Hannah i'w balchder, Bob i'w wendid gwlanennaidd. Rhaid i bob un gario croes ei natur i'r diwedd chwerw. Fe allesid eu hachub, efallai, gan amgylchedd iachach, gan ymwybod â thraddodiad a pherthyn a phwrpas. Ond mae'r rheini ar goll. Does dim ar gael i'w helpu nac i'w newid.

Mae *Monica* felly'n llwyddo i raddau helaeth er gwaetha'i chymeriadau bychain, gwan a digon anniddorol. Yng nghynllun-waith ei stori ddi-droi'n-ôl, yng nghamp ei darlun o gymdeithas anghymdeithasol, ormesol, yn ei gweledigaeth glir o fywyd fel y gellir peidio â'i fyw, mae iddi werth parhaol, er nad yw'n cyfarfod â safon y beirniaid sy'n mynnu mai pennaf rhinwedd nofel yw cymeriadau unigol cofiadwy.

Arddull

Yn Saesneg y cyhoeddwyd dau o gyfanweithiau cynta Mr. Lewis: *The Eve of St. John* ym 1920 ac *A School of Welsh Augustans* ym 1924. Gan mai'n weddol fuan wedyn y cyhoeddwyd *Monica* fe fyddai'n naturiol tybio nad oedd ei hawdur eto wedi llwyr feistroli'r Gymraeg yn gyfrwng llenyddol ac mai dyna pam y mae arddull y nofel weithiau'n afrosgo.

Ond ni thâl yr eglurhad yna ddim. Roedd ei erthygl ar John Morgan yn rhifyn cynta'r *Llenor* (1922) mewn Cymraeg digon da. Roedd ei erthyglau cynharaf yn *Y Ddraig Goch o* 1926 ymlaen (fe gyhoeddwyd detholiad ohonyn nhw yn *Canlyn Arthur,* Aberystwyth, 1938) wedi'u sgrifennu'n afaelgar ddarllenadwy er maint eu sylwedd, ac mae *Williams Pantycelyn* (1927) ar y cyfan yn rhyddiaith loyw iawn.

Rhaid mai'r eglurhad ar ryddiaith lai addas *Monica*—ac eithrio rhai darnau disglair—yw nad oedd Mr. Lewis wrth ei fodd yn adrodd stori mewn rhyddiaith, nad oedd yn cael cymaint o flas ar wneud hynny ag a gâi ar sgrifennu'n feirniadol, yn ysgolheigaidd neu'n wleidyddol. Efallai hefyd fod rhannau o *Monica* wedi'u sgrifennu'n gynharach, pan oedd Mr. Lewis yn wir wrthi'n meistroli'r Gymraeg yn gyfrwng llenydda. Nid arddull storïol sydd yn y brawddegau hyn:

> A allai hi ddianc yn ei hôl? Ond tra neidiai'r syniad i'w hymwybod, eisoes yn ei syfrdandod caeasai'r drws. (Tud. 28).

Nac yn y paragraff hwn:

> Daeth arno awydd angerddol am gosbi Monica. Cymaint ag a ddioddefasai hi hyd yn hyn, trwy ei sarugrwydd ei hun y bu. Ni byddai ei marw ychwaith yn iawn digonol am y sarhad a roesai hi arno. Os byddai farw heb iddo ef unwaith dalu'r pwyth iddi, byddai hyd yn oed ei hangau yn ystum olaf o ddiystyrwch. Ei ffoled ef yn bod mor dyner ohoni. (Tud. 81).

O degwch â'r awdur, rhaid dweud nad anfedrusrwydd prentis, nad diffyg dawn y cyfarwydd, sydd i'w weld yn y mynegi afrwydd hwn yn gymaint â chrebwyll mawr wedi'i drwytho mewn clasuroldeb yn cywasgu syniadau trwchus ac ymatebion cymhleth i ry ychydig o eiriau, ac efallai'n ceisio patrymu Cymraeg stori ar lun a delw ddieithr iddi. Mae cywreinder cryno cywyddau beirdd yr uchelwyr yn amlycach yn null traethu *Monica* nag ystwythder llithrig ond nid llai cynnil y *Pedair Cainc.*

Mae efelychu eglur yn arddull rhannau o'r nofel. Roedd Kate Roberts wedi cyhoeddi amryw o'i storïau cyn 1930; roedd *O Gors y Bryniau* a *Rhigolau Bywyd* wedi ymddangos. Roedd Saunders Lewis yn edmygydd mawr o'i gwaith. Ystyriwch y darn paragraff hwn o *Monica,* tdd. 48-9 : ·

> Deg ar gloch ydoedd. Mewn hanner awr galwai'r bachgen llefrith. Wedyn deuai'r car llysiau heibio iddi a'r car pysgod ar ei ôl. Câi ddefnyddiau felly i wneud bwyd iddi ei hun ganol dydd. Dylai fynd i'r pentref i brynu cig erbyn y dychwelai Bob i ginio chwech ar gloch. Yr oedd yn hwyr glas iddi sgubo'r parlwr. Byddai ganddi ddigon o waith i lenwi ei bore a gallai ymolchi wedyn a newid a galw ar Mrs. North i fynd gyda hi am brynhawn i'r dre . . .

Oni bai 'mod i'n gwybod pwy a sgrifennodd y darn, mi ddwedwn 'Kate Roberts' ar ei ben. Y catalog, mewn brawddegau byrion, moelion, o ddigwyddiadau beunyddiol a gorchwylion benywaidd sy'n ymgrynhoi'n ddarlun arwyddocaol o fore undonog gwraig tŷ. Wedyn, dyna'r paragraff ar 'ddistawrwydd' (tdd. 98-9) lle mae Monica'n gwrando ar sŵn car y meddyg a fu'n ymweld â hi (yn rhy hwyr) yn tewi yn y pellter. Rydw i'n credu i Mr. Lewis ei hun ddweud iddo sgrifennu'r paragraff hwn yn efelychiad bwriadol, yn ymarfer rhyddiaith. Fe fydd un frawddeg yn ddigon i ddangos gwaith pwy yw'r patrwm :

> Ar ambell awr angerddol mewn bywyd y mae'r glust ddynol mor denau fel y clyw hi ryw un sŵn arbennig sy'n bwysig ganddi yn hir wedi iddo droi'n ddistawrwydd, ac wedyn fe glyw ddistawrwydd y sŵn hwnnw yn elfen neilltuol, anghymysg yn y distawrwydd cyffredinol yr ymgyll ef ynddo, a bydd yn hir cyn yr elo'r ddau ddistawrwydd yn un tawelwch crwn.'

Ac eithrio, efallai, yr 'ymgyll' gorgryno, mae'r efelychu hwn wedi dal yn llwyddiannus naws *Ysgrifau* T. H. Parry-Williams, a oedd wedi'u cyhoeddi'n gyfrol ddwy flynedd ynghynt ac wedi bod yn ymddangos fesul un oddi ar gyhoeddi 'KC 16' yn rhifyn cynta'r *Llenor* ym 1922. Dyna'r eirfa, y rhuthmau, yr ymgais gain i draethu'r anhraethadwy. Am ei fawr edmygedd o ryddiaith T. H. Parry-Williams gweler 'Braslun Radio' Mr. Lewis yn *Cyfrol Deyrnged Syr Thomas Parry-Williams* (Llys yr Eisteddfod Genedlaethol, 1967).

Am yr eirfa, fe welir ambell air Cymraeg brodorol ond anghyfarwydd megis 'huling' (rwg), 'tarth' (persawr, sent) yn gymysg â llawer o eiriau benthyg yr oedd geiriau brodorol digon cyfarwydd amdanyn nhw, hyd yn oed ym 1930: 'doctor', 'stesion', 'cownt' (banc), 'fflapio', 'dragio'. Fi fyddai'r olaf i gollfarnu arfer geiriau o'r fath, gan fod artist geiriau'n dewis y gair sy'n swnio fwyaf addas iddo ef yn ei gyd-destun, gan nad o ble y daw'r gair hwnnw. Mwy chwithig, hwyrach, yw darganfod ymadroddion megis 'i'w syndod', 'siarad wrth', 'Cadwodd hi i wisgo du' (o dafodiaith Ddeheuol, o bosib, ond fe fyddai 'Parhaodd' neu 'Daliodd ati' yn well), 'i'w min' (at ei cheg?), 'yn gau' (*hollow*, yn lle 'ynghau') a rhai eraill. Y rhyfeddaf yw 'diffyg dygiad', a rhyfeddach fyth yw gweld 'dygiad i fyny' ym *Merch Gwern Hywel* a hyd yn oed yng ngwaith cyhoeddedig diweddaraf Mr. Lewis, *Dwy Briodas Ann* (Taliesin, Rhagfyr 1973). Mae 'magwraeth' yn air digon byw a chyfarwydd hyd yn oed yn awr argyfwng eithaf y Gymraeg. Mae 'Disgyn hyd y grisiau' yn ddigon cywir (o'r *descendere* Lladin; Ffr. *descendre;* Saes. *descend*), ond ysywaeth, ar lafar gwlad, fe ddaeth yn gyfystyr â syrthio/cwympo.

O gofio cymaint edmygedd Mr. Lewis o waith Kate Roberts, rhyfedd gweld dialog *Monica* mor llenyddol, a dialog Miss Roberts (fel yr oedd hi y pryd hwnnw) mor dafodieithol fyw. Yn wir, roedd erthygl rymus gan Kate Roberts ar 'Dafodiaith Mewn Storïau' yn y rhifyn o'r *Llenor* yr adolygwyd *Monica* ynddo, y rhifyn y traethodd y golygydd ynddo ar yr ymateb ffilistaidd i'r

nofel. Yn ogystal â'r '-t' a'r '-f' derfynol ar ddiwedd berfau ac
arddodiaid—'atynt', 'ohonynt', 'tra byddaf i', 'mi allaf fynd'—
mae llawer o'r ddialog yn llyfraidd mewn ffyrdd eraill, e.e.:

Ie, deued yn gynnar. Yr wyf i'n well o ddigon heddiw.

A welsoch chi ef?

Oni ddylem ni alw'r doctor?

Yr ydwyf i'n iawn.

Ond yn ogystal ag 'yr wyf' ac 'yr ydwyf' fe geir hefyd 'yr ydw'
i'. Fe welir hefyd ffurfiau llafar megis "Alla' i ddim', "Cheisiais
i mono'.

Oni bai am y ffurfiau llafar hyn ar dro, fe ellid dadlau bod
Mr. Lewis yn ceisio rhoi urddas ar Gymraeg ymgom drwy'i
chlosio at yr iaith lenyddol. Fe ellid dadlau hefyd mai cyfleu
sgwrsio cymeriadau digymraeg yr oedd, ac y gellir, wrth gyfleu
sgwrsio mewn iaith estron yn Gymraeg, ddefnyddio'r un math
o iaith yn y sgwrs ag yn y traethu. Ond gan iddo roi cynnig ar
ffurfiau llafar yn awr ac eilwaith prin y gellir cynnig y naill gyf-
iawnhad na'r llall.

Fynnwn i ddim ar unrhyw gyfri roi'r argraff fod arddull
Monica yn gwbl ddi-rin. Mae rhan helaeth o'r paragraff hir (tdd.
101-3) lle mae Monica, wedi clywed dedfryd y meddyg y gall
ei hangau fod yn agos, a'r awdur yn cymharu'i sefyllfa â sefyllfa
llofrudd wedi'i gondemnio i'w grogi, cystal â rhyddiaith orau Mr.
Lewis ar unrhyw adeg o'i oes. Yr unig feirniadaeth y gellid ei
chynnig ar y darn hwn (a beirniadaeth ar dechneg fyddai honno,
nid ar iaith) yw fod yr awdur yn sefyll yn hollol y tu allan i'w
nofel ac yn mynegi syniadau rhy gymhleth seicolegol i feddwl
mor fas ag un Monica. Fe ellid yr un feirniadaeth, a hynny'n
fwy llym, ar gyffes Monica'i hun mewn dialog (tdd. 95-6) lle y
mae'n egluro i Bob ei hymddygiad yn ystod y misoedd blaenorol.
Mae'r darn hwn eto'n rhyddiaith dda—ond yn rhy dda i ddod o
enau merch fel Monica, y byddai'i chorff yn huotlach na'i geiriau.

Mae'n annhebyg iawn y medrai hogan fel hi areithio'n llyfn ddi-
rwystr, ac yn gaboledig, am ddau dudalen a hanner. Efallai y
gellid derbyn y rheidrwydd mewn drama, lle nad oes ond dialog
ac ystum i fynegi meddyliau ac ymatebion y cymeriadau, ond
mae gan nofelydd ddyfeisiau eraill at ei alwad.

Darn graffig yw'r disgrifiad o freuddwyd Monica (tdd. 62-3),
sy'n braw y gallai Mr. Lewis sgrifennu náratif effeithiol petai
wedi ymroi i hynny. Ar ddiwedd y breuddwyd hwn, lle mae
Monica'n ei gweld ei hun yn offeiriades Eifftaidd, mae'n trywanu
carcharor a lusgwyd ati yn ei gadwynau. Fe gedwir yr arwyddocâd
seicolegol yn gelfydd tan y diwedd: 'a phan syrthiodd (y
carcharor) datguddiwyd ei wyneb, a gwelodd Monica mai Bob
Maciwan ydoedd'. Ond o ble y daethai cefndir lliwgar y breudd-
wyd? Wel, y bore hwnnw roedd Monica wedi bod yn darllen yn
ei phapur newydd bennod o nofel 'am anturiaethau ym medd-
rodau Lwcsor ac o amgylch piramidiau'r Aifft'. Ond fe fu'r
awdur yn ddigon cynnil i beidio â chysylltu'r breuddwyd â'i
achos nac â'i gefndir: fe adawodd hynny i'n dychymyg ni.

Mae'r bardd i'w weld yma'n fynych. (Fi sy'n italeiddio'r geir-
iau yn y brawddegau a ganlyn). 'Buasai serch llai gormesol yn
dygymod yn aml â *chlai* cyffredin Bob, er na ddysgodd ef erioed
fod yn ddihitio dan gyffyrddiad Monica.' 'Ymddangosai Abertawe
gyda'i strydoedd trafferthus, anninesig, *fel nyth morgrug anferth
a chwyldrowyd gan drawiad rhaw.*' '. . . pob coban a siwt firagl-
aidd yn llathru a *chanu* ar hyd ei chorff hi.' Yn y fynwent, ar Sul
y Blodau, roedd Monica wedi gweld y cannoedd yn dod i osod
blodau ar feddrodau'r tadau ac i fwynhau'r olygfa, ac fe sylwa'r
awdur: 'er nad oes odid wefus bellach ar brynhawn Sul y Blodau
yn sibrwd y *memento etiam Domine,* (italeiddio priodol Mr.
Lewis y tro hwn) eto fe symuda'r dwylo yn dyner ac offeiriadol
wrth eu gorchwyl, gan awgrymu eu bod hwy o leiaf yn cofio ac yn
ymbil.' Sgrifennu rhiniol. Ac Eglwys Rufain eisoes yn galw ar
y sgrifennwr.

Sylwadaeth Gymdeithasol

Efallai y caniateir troi unwaith yn rhagor at adolygiad J. Hubert Morgan, gan ei fod gyda'r ymateb mwya deallus i'r nofel a gyhoeddwyd wedi iddi ymddangos. Rhaid cytuno â'r adolygiad ar un pwynt, ond anghytuno'n bendant ar un arall.

Mae'n dweud, 'Nid oes a fynnwyf i â damcaniaethau meddylegol twt mewn nofel', gan ddyfynnu rhai, megis 'Peidio â blysio yw dechrau marwolaeth' (tud. 66)—er mai Monica sy o'r farn honno, yn isymwybodol, a hynny'n cyfiawnhau gosodiad o'r fath yn y nofel. 'Y mae'r dyn a dosturio wrtho'i hunan yn addfed (sic) i ymgreuloni at eraill . . .' (tud. 80-81). Rhaid cytuno â'r farn hon, nad yw'n briodol i awdur gyhoeddi dyfarniadau mewn ffuglen, er i minnau fod yn euog o'r un peth, a bod traddodiad hir i'r arfer. Ac ym *Monica* mae'r awdur yn aml yn sefyll yn llwyr y tu allan neu uwchlaw i'w stori a'i byd a'i phobl ac yn athronyddu. Ond, wedi'r cyfan, mae'r 'awdur hollwybodol' sy'n camu ar dro ymhell oddi wrth ei greadigaeth i edrych arni'n wrthrychol, fel paentiwr yn syllu ar ei gynfas o bell cyn dychwelyd ato â'i frws, yn hen gonfensiwn yn y nofel, a hyd heddiw dydi pob nofelydd da ddim yn colli'i lais ei hun yn llwyr yn lleisiau'i gymeriadau nac yn ymwadu'n gyfangwbl â sylwadaeth ar y digwydd, fwy na chorws y ddrama Roegaidd gynt.

Mae'r athronyddu 'oddi allan' hwn, p'un bynnag, yn un o nodweddion gorau'r llyfr. Praw arall fod Mr. Lewis—y pryd hwnnw, beth bynnag—yn consurio gwell rhyddiaith pan yw'n trafod neu'n dadlau neu'n dyfarnu na phan yw'n adrodd stori. (Rhaid eithrio'i ddramâu rhyddiaith, bid siŵr: camp a feistrolodd yn ddiweddarach, gan fynegi popeth drwy eneuau'i gymeriadau).

Ond roedd J. Hubert Morgan yn methu, yn fy nhyb i, yn y paragraff lle'r oedd yn canmol Daniel Owen am greu cymeriadau 'hollol Gymreig'. Fe ddwedodd y gallai Monica a'r cymeriadau eraill 'fod yn byw lawn cystal yn Harrogate neu Wiesbaden,' gan ofyn 'paham yr ymdraffertha Mr. Lewis . . . i ysgrifennu yn Gymraeg am fywyd sydd mor gyffredin ym mhob tref?' Ac yna:

> Onid oes rhyw arbenigrwydd yn perthyn i genedl y Cymry . . . ni allaf ddirnad paham yr abertha'r awdur, fel prif swyddog y Blaid Genedlaethol, gymaint o'i egni a'i ddoniau dros hawliau cenedl nad yw'n namyn cysgod gwan o genhedloedd gwâr eraill . . .

Dyna gamddeall yn ddifrifol athroniaeth *Monica*. Dweud y mae hi, bid siŵr, fod serch cnawdol yn gwlwm annigonol mewn priodas: dyna'i neges gnewyllol. Dweud y mae hi ymhellach y gall serch cnawdol fod yn ddihangfa barod ac yn ddrylliwr bywydau mewn cymdeithas ddiwreiddiau a diamcan: dyna'r athroniaeth bersonol o gylch y neges. Ond ergyd ofnadwy'r nofel yw fod y gymdeithas ddiwreiddiau a diamcan hon *yng Nghymru;* cynnyrch eithaf Deddf Uno 1536 yw'r boblach hyn, sy'n ddigymraeg yng Nghymru, heb un syniad am na hanes na thraddodiadau'u cenedl, heb ddelfryd, heb grefydd, heb nod gwerth ymgyrchu ato nac achos i hawlio'u teyrngarwch. Ac enwau estron i Gymru yw enwau'r mwyafrif o'r cymeriadau: Sheriff, Maciwan, North, Briand, Nesbit, Clarens (cymreigiad llyfr o 'Clarence', yn bur debyg). Mae'n fwy na thebyg fod Ned Rhosser a'i wraig yn ddigymraeg. Efallai fod y ddwy Miss Evans sy'n amlwg yn nechrau'r nofel a Mrs. Amy Huws sy'n 'raddedig ym Mhrifysgol Cymru' yn medru'r Gymraeg, ond ni ddwedir mo hynny, a does dim i awgrymu eu bod nhw'n Gymry ymwybodol mewn modd yn y byd.

Wrth gwrs y gallai'r bobl hyn 'fod yn byw lawn cystal yn Harrogate'. Ond nid yn Wiesbaden. Iaith trigolion Harrogate y maen nhw'n ei siarad, bywyd trigolion Harrogate y maen nhw'n ei fyw. Roedd Mr. Lewis yn ormod o artist i ddatgan hynny, dim ond ei ddangos i'r neb a fynnai weld. Nid yw'n sôn am y Gymraeg nac am Gymreictod nac am Gymru. Ond mae'u habsenoldeb yn fyddarol. Dyma Gaerdydd. A dyma swbwrbia Abertawe. Ac i'r neb sy ganddo lygaid i weld a chlustiau i wrando, cri enaid

a rhybudd apocaluptig y nofel yw: 'Dyma'r mwyafrif o drigolion
Cymru yn y flwyddyn 1930. Oni newidir y drefn y maen nhw'n
byw dani a chyfeiriad eu bywydau, pobl fel hyn fydd holl drigol-
ion Cymru yn y flwyddyn 2030.' Nofel wleidyddol yw *Monica*,
heb air ynddi am wleidyddiaeth.

Mae'r darlunio ar y swbwrbia ddiwreiddiau'n oer ddidostur.
Ond er mai prin yw hiwmor y nofel, mae'r ambell gipolwg ar
fywyd ffug y faestref yn ogleisiol: camgymeriad Amy Huws yn
ymgyfeillachu â Monica, gwraig i grefftwr, yn lle â'r Mrs. Falmai
Briand o safle uwch; y sgwrsio prwristaidd rhwng Mrs. Clarens
a'r 'baril', sef yr Archddiagon yn ei *gaiters*, a'i dirmyg at Lili
Evans yn sôn am 'dail' gwartheg ar y stryd yn lle am 'weddillion';
defod y 'diwrnod derbyn' pan fyddai gwraig newydd-ddyfod yn
gwahodd ei chymdogion i de; sgandal Ned Rhosser a'r forwyn yn
ffaglu drwy'r stryd fel fflam mewn crinwellt. Ac fe ddeil y port-
read o fywyd swbwrbia ar dudalen 50 yn werth ei ddarllen tra
phery'r fath beth â swbwrbia:

> Peth ar ei ben ei hun yw stryd mewn maestref o'r dosbarth canol.
> Ffurfir ei chymeriad a rheolir ei bywyd cymdeithasol yn llwyr gan
> ferched . . .

Yr awdur oddi allan, wrth gwrs. Fel yn y brathiad hwn eto:

> Dysgodd Monica ymhellach fod Mrs. Huws yn raddedig ym Mhrif-
> ysgol Cymru, a chan fod Monica yn ddiniwed credodd fod hynny yn
> arwydd o ddiwylliant.

Fe fyddai'r nofel yn dlotach o gryn dipyn heb ei sylwadaeth
a'i dychan.

I grynhoi. Mae'n resyn nad yw *Monica* mewn print heddiw.
Mae'n fwy o resyn ei bod wedi'i chladdu, yn gynta gan ragfarnau
anghydffurfiol ac yna gan lugoerni beirniaid llenyddol. Petai hi
ddwywaith neu deirgwaith ei hyd, yn llithricach ei mynegiant
drwyddi ac yn fwy amrywiol ei naws, mae'n ddiau y byddai llawer
mwy o sôn amdani ac y byddai mwy o alw amdani heddiw o'r
herwydd. (Ni fyddai'n ormod o dasg 'diweddaru' ac ystwytho

tipyn arni, a'i golygu fel y gwnaed â nofelau Daniel Owen—
heb ei thorri, bid siŵr). Fel y mae, er gwaetha'i gwendidau (a
pha nofel sy heb y rheini?) fe fyddwn i'n ei gosod yn ddiogel
ymysg 'deg uchaf' nofelau Cymraeg yn rhinwedd ei hadeilad-
waith celfydd, ei meddylwaith cyfoethog, treiddgarwch ei phortre-
adu a'i sylwadaeth gymdeithasol a rhin ei rhyddiaith lle mae
honno'n deilwng o Saunders Lewis.

MERCH GWERN HYWEL

Charwn i ddim ceisio cymharu dwy nofel Mr. Lewis o ran eu
gwerth llenyddol. Nid yw erioed wedi honni bod yn nofelydd
nac wedi ymroi i nofelydda o ddifri, ac ofer fyddai dweud ei fod
wedi 'tyfu' neu 'ddirywio' fel nofelydd ac yntau heb gyhoeddi
ond dwy nofel mewn 34 blynedd. Un peth yn unig y mynnwn ei
ddweud yn y cyswllt hwn: ni ddaeth dim byd ffwrdd-â-hi o
ddwylo Saunders Lewis erioed, dim byd a fyddai'n 'gwneud y
tro' a hynny'n unig. Fe'n hysbyswyd ni gan Samuel Butler II:
'Genius . . . has been defined as a supreme capacity for taking
trouble . . .' Does dim amheuaeth na chymerodd Saunders Lewis
y drafferth eitha gyda phopeth a gyhoeddodd.

Mae Merch Gwern Hywel yn fyrrach hyd yn oed na Monica:
rhyw gwta chwe mil ar hugain o eiriau o gymharu â thua naw mil
ar hugain y nofel gynta. Mae'n gynilach fyth, ond heb fod yn
llai darllenadwy oherwydd hynny. Does ynddi odid ddim dis-
grifio ar amylchedd—ar olygfa, beth bynnag—nac odid ddim
sylwadaeth sy'n annibynnol ar y stori. Fe ddywedir popeth drwy
eiriau neu feddyliau'r cymeriadau. Mae'r awdur wedi'i ddileu'i
hun fel sylwedydd yn llwyr.

Os oedd Monica'n sioc i buryddion moesol 1930, roedd Merch
Gwern Hywel yn dipyn o sioc i edmygwyr Saunders Lewis pan
gyhoeddwyd hithau ym 1964. Annisgwyl, yn ddiau, oedd cael
nofel ym 1930 am y berthynas rywiol rhwng gŵr a gwraig gan

fab mans Presbyteraidd—er ei fod, wrth gwrs, wedi gadael y mans yn llythrennol ac yn ffigurol; llawn mor annisgwyl ym 1964 oedd cael nofel gan Babydd am gychwyn Cyfundeb y Methodistiaid Calfinaidd a honno heb ynddi fawr o sôn am ryw na llawer o 'fanylion aflednais'.

'Rhamant Hanesiol' y galwodd Mr. Lewis *Merch Gwern Hywel*. Does dim gwaith egluro ar yr 'hanesiol'. Fe osodwyd y stori yn y blynyddoedd 1816-18, ac mae'r prif gymeriadau i gyd yn bersonau a droediodd ddaear Cymru. Dydi'r disgrifiad 'rhamant' ddim mor hawdd ei egluro. Gobeithio bod Mr. Lewis yn golygu 'nofel' ac iddo ddefnyddio'r ffurf Gymraeg ar y Ffrangeg *roman*. Ond tebycach iddo ddefnyddio'r term am 'stori garu' syml ac iddi ddiweddglo 'hapus-er-gwaetha-popeth', nad oes o'i chwmpas baraffernalia seicdreiddiol cymhleth y 'nofel-go-iawn'—a geir ym *Monica*, o ran hynny. Gobeithio nad gorwyleidd-dra a barodd iddo alw'r llyfr yn 'rhamant' ac nid yn 'nofel': mae'n nofel fach ry dda wrth unrhyw safon i'w dibrisio felly.

Does dim angen chwilio a chwalu am 'ddylanwadau' ar y nofel fer hon. Mae broliant Mr. Aneirin Talfan Davies ar y siaced lwch yn dweud y cyfan sy'n rhaid ei wybod.

> Nid oes neb balchach o'i dras na Saunders Lewis, ac ni ellir deall ei weithiau'n llawn heb gofio'r tras hwnnw, ac yn arbennig ei dad, y Parchedig Lodwig Lewis, ac Owen Thomas, Lerpwl (ei daid), un o arweinwyr disgleiriaf y Methodistiaid Calfinaidd.

Dyna ni. Wedi consurio llên o wreiddiau'i genedl—o'i chwedloniaeth yn *Blodeuwedd* a *Gan Bwyll* ac o'i hanes yn *Siwan*—ac o'r ffrwyth a dyfodd o wreiddiau Ewrop yn *Brad* a *'Gymerwch Chi Sigaret?* fe drodd Mr. Lewis o'r diwedd at ei wreiddiau personol ef ei hun, at y grym crefyddol yng Nghymru'r bedwaredd ganrif ar bymtheg a fowldiodd ei daid a'i dad a'r aelwyd y magwyd o arni. Gwir iddo ymhel â'r un grym fel y cychwynnodd bron ganrif ynghynt yn ei astudiaeth gynnar, *Williams Pantycelyn,* ond roedd Methodistiaeth John Elias a Thomas Jones o Ddinbych yn agosach ato a'i dylanwad yn drymach ar ei fore oes ef ei hun.

Dyfalu'r ydw i unwaith eto, ond mi dybiwn i fod amlder blynyddoedd—ac unigrwydd proffwyd gwrthodedig, efallai— wedi gyrru Mr. Lewis i ymddiddori fwyfwy yn ei gefndir personol. Mae'n amlwg iddo ddod i bori'n helaethach yn hanes Methodistiaeth y ganrif ddiwetha, gan iddo erbyn hyn gynhyrchu dau waith yn ail greu'r cyfnod cyffrous hwnnw: ei nofel *Merch Gwern Hywel* ac yn awr ei ddrama deledu *Dwy Briodas Ann*. Mae'r ymryson rhwng capel ac eglwys a dadfeiliad yr hen bendefigaeth a chychwyn y dosbarth canol Cymreig newydd yn y naill a'r llall, a John Elias yn ffigur pendefigaidd yn y ddwy.

Mae hynny'n arwyddocaol. Mi glywais Mr. Lewis yn sôn mewn dosbarth nos flynyddoedd lawer yn ôl am weinidogion mawr yr Ymneilltuwyr yn wir bendefigion Cymru'r ganrif ddiwethaf a dechrau hon. Chwedl y llanc Henry Rees ym *Merch Gwern Hywel* (tud. 61) am y weinidogaeth: 'Mae hi'n bendefigaeth newydd, anfydol.' Fe fu pendefigaeth yn bwysig yng ngolwg Mr. Lewis bob amser. Ac ni wnaeth inni wynebu ffeithiau ddim. Mae'n amlwg fod pob math ar gymdeithas yn mynnu codi pendefigion iddi'i hun yn hwyr neu'n hwyrach. Canlyniad buan i lofruddio *'aristos'* Ffrainc yn niwedd y ddeunawfed ganrif fu gorseddu'r Ymherodr Napoleon I. Beth ond pendefigion yw Mao Tse Twng ac aelodau'r Praesidiwm Sofietaidd a'r Arlywydd Castro, ac enwi dim ond ychydig? Faint bynnag a freuddwydiwn ni am gymdeithas gwbl gydradd (ac fe freuddwydiodd Mr. Lewis ei hun am Gymru'n werin o bendefigion) profiad dyn ar ei hirdaith hyd yma, gydag eithriadau prin, yw mai pendefigion doeth yw conglfeini pob cymdeithas sefydlog, a phan ddiorseddwyd un set o bendefigion fe godwyd yn fuan un arall yn ei lle.

Fe all y bendefigaeth fod yn bendefigaeth deitlog, freiniol, yn bendefigaeth tir a mesur da o gyfoeth, yn bendefigaeth ddiwylliannol neu'n bendefigaeth ysbrydol. Mae dosbarth o arweinwyr a all hawlio teyrngarwch gwlad yn gadernid i barhad y wlad honno a'i bywyd unigryw. Fe glywodd Mr. Lewis ddigon, yn siŵr, am gardinaliaid yn 'Dywysogion yr Eglwys' i fedru gweld John Elias a'i debyg yn cyflawni'r un swyddogaeth mewn Cymru Ymneilltuol.

Mater y Nofel

Bron na ddwedwn i mai dau wyneb yr un geiniog yw *Monica* a *Merch Gwern Hywel*. Mae'r gyntaf am bobl ddiwreiddiau, ddiamcan a diddelfryd, heb draddodiad a heb unrhyw chwithdod o'i golli. Mae'r ail am bobl wedi'u gwreiddio'n gadarn yn eu tir ac mewn hen gymdeithas, yn amrywiol eu hamcanion a'u credoau ond yn llwyr dan reolaeth y rheini, yn ymwybod ac yn ymdeimlo i'r byw â thraddodiad.

Nofel am ferch yw hon eto, er nad yw Sarah Jones, Gwern Hywel, yn llywodraethu'r nofel hon mor llwyr ag y mae Monica'n llywodraethu'r llall. Gwir, mae sawl tebygrwydd rhwng Sarah a Monica. Mae Sarah hithau bron â bod 'ar y silff'; mae hithau'n gaethferch i'w mam awdurdodol, ac mae hithau'n torri dros y tresi teuluol drwy ddianc i briodi'i chariad. Y gwahaniaeth mawr yw nad yw ei magwraeth glòs a'i chaethiwed hi ddim wedi ennyn blys cnawdol yn ei chorff na ffantasïau erotig yn ei meddwl (o leia, ni ddywedir hynny); yn hytrach, mae hi—drwy ras, efallai —yn medru ymostwng a derbyn ei ffawd heb chwerwi fel Monica, nes i'r pregethwr ifanc o Fôn ei chyfareddu a mynnu'i chael yn wraig. A'r dyn yw'r meistr y tro hwn. Monica a gynllwyniodd ei phriodas ei hun; William Roberts a drefnodd ei briodas â merch Gwern Hywel.

Yr un neges gnewyllol sy i'r ddwy nofel, ond bod y naill wedi'i mynegi'n negyddol a'r llall yn gadarnhaol. Dweud y mae *Monica* fod serch cnawdol yn unig yn sylfaen annigonol ac anfoddhaol i briodas; dweud y mae *Merch Gwern Hywel* fod undod ysbryd a meddwl drwy gydymddiddori yn yr un pethau a byw dan lywodraeth yr un delfryd yn sylfaen diogel i briodas lwyddiannus

—er na ellir anwybyddu cyfaddefiad y Parch. John Roberts, Llangwm, ar dud. 50 fod rhyddid newydd Methodistiaeth yn hybu serch rhwng pobl ifainc a'i fod yn cyfiawnhau hynny fel un o ffrwythau'r twf newydd. Mae'n wir mai hanes carwriaeth William a Sarah a gawn ni, nid hanes y cyd-fyw priodasol, ond mae'r bennod olaf, a'r priodfab, newydd briodi, mewn trallod mawr wedi colli llongaid o nwyddau i'w siop a fwriadodd yn anrheg priodas i Sarah, yn addo y bydd y bartneriaeth yn llwyddiant. Mae William Roberts ar ei liniau ar y llofft, yn ddwfn yn ei drallod. Wedi sgwrs annwyl â Mrs. John Elias mae Sarah yn mynd i mewn ato ac, ar ôl ei gyfarch, yn dweud wrtho:

> —Nid un fel yna ydy Duw.
> Troes William Roberts ac edrych ar ei briodferch undydd. Nid oedd un mymryn o liw yn ei hwyneb hi ond nid oedd ychwaith ddeigryn nac arwydd o ddychryn.
> —Mi ddweda i wrthych chi sut un ydy Duw: un sy'n eich caru chi heddiw, heddiw, fwy na 'fi.
> Bu ysbaid. Cododd yntau i'w draed (sic) ac eistedd ar y gwely. Yna dywedodd:
> —Sarah, efallai ei fod o wedi gadael i'r peth yma ddigwydd er mwyn i chi gael dweud hynny wrthyf i. Dyna beth ydy priodas.

Yn yr un modd, mae'r cylch o 'athroniaeth' bersonol o gylch y neges yr un ag ym *Monica*, ond yn gadarnhaol y tro hwn; mewn cymdeithas gadarn ei gwreiddiau a phendant ei safonau, i rywun sy'n ymfodloni mewn cymdeithas o'r fath mae bywyd mor llawn a diddorol fel nad oes llawer o ramant o gylch blys cnawdol nac angen amdano'n ddihangfa rhag diflastod. Ymhellach, mewn cymdeithas o'r fath mae ystyr a phwrpas i bopeth a phopeth yn rhan o drefn, boed honno 'Y Drefn' ddwyfol neu'r drefn gymdeithasol neu dylwythol. Fe ordeiniwyd gwaith pob dydd, moesau cymdogaeth, arferion a chonfensiynau, a phriodas ei hun, i gynnal a hyrwyddo'r drefn. Mae pawb yn ymwybod â'i le a'i ddyletswyddau o fewn y patrwm. Dyma 'wareiddiad' *Merch Gwern Hywel*, a 'gwareiddiad' nifer o ddramâu pwysig Mr. Lewis. Yn y cylch cymeriadaeth mae teulu Gwern Hywel—Sarah,

ei mam, ei chwaer ifanc a'i brawd, y meddyg—y Parchedig John
Roberts, Llangwm, y Parchedig John Elias a'i wraig gyntaf a'i
gyfyrder, William Roberts o Amlwch, sy'n dod yn 'arwr' y nofel
yn yr ystyr dechnegol i'r gair. Yn y nofel hon eto mae nifer o
gymeriadau pwysig a dibwys ar yr ymylon sy'n perthyn i amgylch-
fyd y stori; yn wir, nhw ydi'r amgylchfyd, gan mor brin y disgrifio
ar fan a lle.

Yn ddaearyddol, mae'r amgylchfyd yn llawer ehangach nag un
Monica, ac yn wledig i gyd (gwledig y byddwn i'n galw'r Bala
a Rhuthun, er eu bod yn drefi bychain), ond fe'n harweinir ni
drwy siroedd Dinbych, Meirionnydd, Penfro a Môn. A chan mai
ar aelwydydd neu mewn cynulliadau yr ydyn ni bron drwy gydol
y nofel, pobl yr aelwydydd a'r cynulliadau hynny yw'r 'dodrefn
llwyfan', fel petai.

Mae'r cylch allanol, y stori, yn syml, lân, heb fod mor gym-
hleth gywrain â stori *Monica* ond yn cerdded rhagddi'n drefnus
ac yn anorfod tua diweddglo sy'n bodloni. Oni bai fod yn y nofel
fer hon gymaint o 'stwff' diwinyddiaeth a thrafod cymdeithas a
chyfnewidiadau—wedi'u naddu at yr asgwrn, mae'n wir—a
phetai'r awdur wedi ildio i chwaeth y 'darllenydd cyffredin'
bondigrybwyll a chwyddo'r stori â sefyllfaoedd emosiynol a
golygfeydd dramatig does dim amheuaeth na fyddai hon wedi
bod yn un o nofelau mwya poblogaidd y blynyddoedd diwetha.
Yn nodweddiadol, fe ymwadodd Mr. Lewis â'r demtasiwn.

Er pwysiced yw Sarah a'r hyn sy'n digwydd iddi, ni ellir dweud
mai astudiaeth o ferch, fel *Monica,* yw *Merch Gwern Hywel.*
Mae Sarah yn gymeriad eglur, diddorol ac annwyl, ond ffrâm
yw ei stori hi i brif ddarlun y llyfr: cychwyn Methodistiaeth
Galfinaidd gyfundrefnol yng Nghymru. Mewn darlun o gymuned
ddiwreiddiau mewn cyfnod diddelfrydau roedd yn briodol fod
merch fel Monica, sy'n ysglyfaeth i ddiffeithdra'r fath gymuned
a'r fath gyfnod, yn destun prif astudiaeth nofel. Mae hi'n symbol
o'r seithugrwydd mawr, yn ymgorfforiad ohono. Ond ym *Merch*

Gwern Hywel, cymdeithas cyfnod y ferch a'r hyn oedd yn dig-
wydd i'r gymdeithas honno sy bwysicaf, ac mae'n addas felly nad
yw carwriaeth Sarah ond un ffased o'r bywyd y mae hi'n rhan
ohono.

Cynllun

Mi ddwedais eisoes fod sawl nodwedd ar y nofel yn awgrymu
i mi mai drama y bwriadwyd iddi fod yn wreiddiol. Mae'n fyr,
mae'n gryno, mae'n ddeialog i gyd ar wahân i ambell baragraff
traethu (nad ydyn nhw fawr meithach na chyfarwyddiadau
llwyfan mewn ambell ddrama), rhyw wyth o gymeriadau all-
weddol sy ynddi, ac fe ellid actio'r holl ddigwydd neu adrodd
amdano mewn tair neu bedair act yng Ngwern Hywel ac yng
nghartre John Elias, er y byddid yn colli'r golygfeydd caru byrion,
tyner, ym mynwent Llanycil ac yn eglwys Rhuthun ac ambell
olygfa fer ond dadlennol arall megis y cipolwg ar daith bregethu
William Roberts yn Nyfed a'r ymgom gyda Thomas Jones yn
White Lion Y Bala. Ond o gynhyrchu'r ddrama â thechnegau
llwyfan heddiw fe ellid cyflwyno'r cipolygon hyn yn ddidrafferth
ddigon.

Fodd bynnag, fe fyddai cyfyngu'r nofel i ffurf drama wedi'n
hamddifadu o ambell ddisgrifiad prin a chellweirus fel hwn ar
ddechrau'r bumed bennod:

> Yr oedd Mis Mawrth 1817 yn wyntog ac oer a choed gogledd Môn
> a'u cefnau at y môr yn crymu'n noeth dan chwip y curlaw. Safai Mrs.
> Elisabeth Elias un prynhawn Sadwrn wrth fwrdd ei siop yn Llan-
> fechell; gwraig ganol oed, dal, a thawelwch di-ofn a sirioldeb yn
> ei gwedd. Prin y barnasai neb o'i gweld ei bod hi'n Fethodist. Agor-
> wyd drws y siop ac wele William Roberts a'i wep yn hir fel angladd
> Fethodistaidd. (Tud. 53).

Dialog yw gweddill y bennod ac eithrio dwy frawddeg draethu:

> Chwarddodd William Roberts ac edrychodd Cadwaladr Williams
> fel petai diwedd y byd wedi ei ohirio awr neu ddwy. Dywedodd hithau,
> (Mrs. Elias): (Tud. 59).

Mae'r llyfr yn agor heb unrhyw ddyfais fel yr ôl-adrodd ar ddechrau *Monica.* Fe ddechreuir yn nechrau'r stori:

> Prynhawn Llun oedd hi, yr ail ar bymtheg o Fehefin yn y flwyddyn 1816. Ger ffenestr parlwr Gwern Hywel safai gwraig y tŷ gan edrych ar y glaw yn disgyn. Gyda hi 'roedd y Parchedig John Roberts, Llangwm . .

O'r dechrau yna fe eir ymlaen yn ddi-droi'n-ôl i'r diwedd, 75 tudalen yn ddiweddarach. Fe wëir unrhyw ôl-adrodd (*exposition*), unrhyw egluro ar gefndir, yn gynnil i'r stori wrth fynd ymlaen, ond does dim ymdroi ar y ffordd.

Mae'r llyfr wedi'i rannu'n wyth bennod, pob un dan deitl. Fe ellir crynhoi'r stori'n weddol rwydd.

Ym 1816 fe ddaw William Roberts i Wern Hywel am y tro cynta, yng nghwmni'i gyfyrder John Elias, ill dau'n mynd i dreulio'r nos yno ar eu ffordd i bregethu yn Sasiwn Y Bala. Yn ystod y dadlau trwm ynghylch pwy sy'n wir olynydd Thomas Charles yn arweinydd y Methodistiaid, ai Thomas Jones o Ddinbych ai John Elias, mae Sarah, a'i hamgyffred deallus o'r athrawiaethau a'i hoffter at farddoniaeth a'i hiwmor cynnil, yn gwneud argraff amlwg ar William Roberts, ac yntau arni hithau. Yn hwyrach y noson honno mae John Roberts yn dychwelyd i Langwm ond y meddyg ifanc, mab Gwern Hywel, yn ymuno â'r cwmni. Gan nad yw'n Fethodist, mae tipyn o ddadlau rhyngddo a'r ddau bregethwr o Fôn. Mae William Roberts yn datgelu mai canhwyllwr ydi o wrth ei alwedigaeth, a hynny'n peri i Mrs. Jones 'fygu ebychiad o chwerthin dilornus'. 'Canhwyllwr!' meddai hi. 'Ac yn pregethu yn y Gymdeithasfa?' Canhwyllwr neu beidio, mae William Roberts, ar sail *The Wealth of Nations* Adam Smith, yn cynghori'r meddyg ifanc y câi fusnes mwy proffidiol yn Nhreffynnon boblog nag yng nghefn gwlad. Fore trannoeth, Sarah ei hun sy'n cyrchu caseg William Roberts iddo o'r stabal, gan ddweud:

—Mae'n bosib y gwela i chi yn oedfa Mr. Jones, Dinbych. Ond mi
fyddwch chi gyda'r gweinidogion a'r bobl bwysig.
—Na fyddaf, atebodd yntau bron yn sarrug, 'fedra i ddim diodde
bod yn bwysig.
    Chwarddodd Sarah. Troes y marchogion i'w ffordd. Yn y lôn
dywedodd John Elias wrth ei gydymaith:
—Marciwch chi, William Roberts, mae gan y ferch acw rywbeth a
fynno hi â chi.

Wedi oedfa bore trannoeth yn Y Bala, 'cerddodd hithau (Sarah)
tua'i thynged'. Brawddeg arwyddocaol. Nofel dynged yw hon eto,
felly, ond nad yw'n glir ai natur y cymeriadau ai Rhagluniaeth Fawr
y Nef sy'n pennu'r dynged. Yn annisgwyl, ym mynwent Llanycil,
mae Sarah yn cyfarfod â William Roberts. Wedi cael eu bod ill
dau o'r un farn ar bwnc canolog Yr Iawn, mae William Roberts
yn gofyn yn sydyn i Sarah ar draws bedd Thomas Charles (ar
y creiriau cysegredig, megis) ei briodi. Wedi cusanu'r crair (tyw-
archen y bedd) mae hithau'n cydsynio. (Mae dau wahodd a dau
dderbyn sydyn o'r un math yn *Dwy Briodas Ann*). Wedi pryd o
fwyd yn y *White Lion* meddai Sarah, wrth gychwyn adre:

—Gweddïwch drosof i, William Roberts, heno. Rydw i'n mynd yn ôl
i drybini mawr.

'Trybini', yn wir, yw teitl y bennod nesa. Wedi dwrdio Sarah
yn hallt, mae'i mam yn ei gwahardd rhag gwneud dim mwy â'r
'gwas canhwyllwr' a fu mor hy ar ferch ffarm fawr. Yn Nyfed,
ar ôl oedfa fflat ac mewn llety noson digysur, mae William
Roberts yn sgrifennu at John Roberts, Llangwm; mae wedi
sgrifennu ddwywaith at Sarah heb gael ateb, ac yn gofyn i'r hen
weinidog ymliw ar ei ran â gwraig Gwern Hywel. Mae John
Roberts yn gwneud hynny, ond yn ofer. Ar ei ffordd o'r tŷ, mae'n
cael gwybod bod neges frawychus newydd gyrraedd y buarth:
mae'r mab, y meddyg, wedi marw yn Nhreffynnon. Wedi iddo
gyrraedd Y Bala ar ei daith o'r De, mae llythyr yn disgwyl
William Roberts oddi wrth John Roberts, Llangwm. Mae gwraig
Gwern Hywel yn gwahardd iddo weld ei merch. Mae'r meddyg

ifanc wedi marw yn Nhreffynnon. Ar gyngor William Roberts
yr aethai i le mor afiach. Mae'n ymddangos fod popeth ar ben.

Yn awr mae William Roberts yn mynd i drafod ei drwbl â
gwraig hawddgar a doeth John Elias. Mae hi'n llawn cydym-
deimlad, wedi bod drwy'r un helbul yn union â Sarah i briodi
John Elias. 'Merch Richard Broadhead yn priodi tramp pregeth-
wr!' Ond mae ganddi gynghorion buddiol i'r pregethwr ifanc
digalon. Fe ddylid cyfarfod ag ofnau ac amheuon digon naturiol
gwraig Gwern Hywel. Beth am i William Roberts, yn hytrach na
pharhau'n was i un o'i flaenoriaid, gychwyn ei fusnes ei hun?
Ac mae peth ffodus arall yn digwydd. Mae William Roberts a
phregethwr lleol arall wedi'u cymeradwyo gan Gyfarfod Misol
Môn i'w hordeinio'n weinidogion. Ac yntau'n 'Barchedig' ac yn
fasnachwr, siawns na fyddai wedi codi ddigon yn y byd i fodloni
rhagfarnau Mrs. Jones, Gwern Hywel?

Ar y ffordd adref o'r Sasiwn ordeinio yn Y Bala mae John
Elias yn gadael William Roberts o olwg y tŷ ac yn mynd i Wern
Hywel i roi gwybod i Mrs. Jones am sefyllfa newydd ei gyfyrder
ac i ddweud gair drosto. Ond yn ofer eto. Mae'r wraig wedi oeri
a chwerwi yn ei galar ar ôl colli'i mab, a fynn hi glywed dim am
y gŵr ifanc o Amlwch.

Ond dyma lygedyn o obaith. Llythyr at William Roberts oddi
wrth John Roberts, Llangwm, yn dweud bod Sarah yn wantan ei
hiechyd a'i bod wedi'i hanfon at berthnasau yn Rhuthun am
newid awyr. Mae William Roberts yn cychwyn am Ruthun ar
unwaith. Yno, yn y fynwent, mae'n cyfarfod â Sarah, a chyn i'r
ddau ymadael â'i gilydd mae priodas ddirgel wedi'i threfnu. Ond
mae i'r bennod hon eto 'gyrten' effeithiol. Wedi i Sarah gyrraedd
y tŷ mae'i modryb yn ei dwrdio am fod allan gyhyd, gan ddweud
bod ei mam yn y tŷ ers hanner awr yn aros i'w gweld. 'Syrthiodd
Sarah mewn llewyg i'r llawr'. (Tud. 75).

Mae'r bennod ola'n dechrau: 'Bu ei llewyg yn fantais i Sarah'.
Mae'r meddyg yn gorchymyn rhoi tawelwch iddi, a chaiff hi mo'i
blino gan ei mam. Ymhen y mis, mae William Roberts a'i gaseg

yn Rhuthun yn oriau mân y bore ac yn derbyn Sarah drwy ffenestr ei llofft; priodi yng Nghorwen a dychwelyd i Fôn, at groeso cynnes Mrs. John Elias. Mae teitl y bennod— Y *Marchioness*—yn ennyn chwilfrydedd. Pwy, neu beth, oedd hon? Llong gargo newydd o Lerpwl, a lanwyd â nwyddau i siop William Roberts yn rhodd briodas i'w wraig, ac i siopau eraill. Ond dyma Mrs. Elias yn gorfod torri'r newydd fod storm wedi dryllio'r *Marchioness* ar greigiau Môn a lladron Dulas wedi'i hysbeilio o'i nwyddau. Dydi'r nofel ddim yn gorffen â'r trychineb yna, fodd bynnag. Fe roir cyfle i ferch Gwern Hywel ddangos o ba ddefnydd y gwnaed hi wrth helpu'i gŵr i drechu'i drallod, ac ymhen ychydig wythnosau mae llythyr annisgwyl gellweirus oddi wrth John Elias yn peri i'r pâr ifanc (nid mor ifanc, o ran hynny) chwerthin yn iach ac ymroi i waith byd ac eglwys.

Dydi 'rhamant' ddim yn gamddisgrifiad o stori fel yna. Ond mae'i chymeriadaeth a'i hymdrin treiddgar â phynciau dyrys yn ei gwneud hi'n fwy na rhamant. O gryn dipyn hefyd.

Cymeriadaeth

Mewn nofel wedi'i seilio ar hanes mae prif gymeriadau'r awdur yn fynych ar gael yn barod iddo. Ond, fel cofiannydd neu fywgraffydd, mae'n rhaid iddo'u hail greu, chwythu anadl einioes i'w ffroenau nhw, â help y dystiolaeth sy ganddo.

Amhwysig yw ceisio penderfynu a oedd William Roberts, John Elias a'i wraig gynta, ac eraill, yn union fel y darlunnir nhw yn y nofel. Beirniadaeth hanesyddol, nid beirniadaeth lenyddol, fyddai hynny. Yr unig gwestiwn sy'n bwysig mewn ymdriniaeth fel hon yw: a ydyn nhw'n gredadwy yma? A ydyn nhw'n fyw, yn ddiddorol, yn cyflawni'u swyddogaeth yn effeithiol yng nghefndir ac yn natblygiad y gwaith? Bid siŵr, petai'r portread o Thomas Jones o Ddinbych neu John Elias yn rhyfygus groes i bob tystiolaeth sy ar gael am wŷr o'u bath, fe ellid protestio. Ond mae gan Mr. Lewis ormod o barch i hanes i ystumio unrhyw gymeriad y tu hwnt i'r hyn a wyddis amdano.

Y cymeriad cyntaf yn nhrefn ymddangos yw Mrs. Jones, Gwern Hywel: gwraig weddw, yn amlwg, ac fel llawer gweddw gefnog yn ffarmio yn y dyddiau gynt, wedi magu awdurdod na fynn mo'i groesi. Mae'n wir iddi ddilyn Sarah a Jane i gorlan y Methodistiaid, ond, yn ôl ei mab, mae'n honni nad yw erioed wedi gadael yr Eglwys Wladol, fel yr oedd honno bryd hynny. Does dim arwydd, beth bynnag, iddi gael ei thanio gan 'enthiwsiastiaeth' y Methodistiaid cynnar, a rhaid casglu mai parch at gedyrn fel Thomas Charles a John Elias a John Roberts, Llangwm, a barodd yn bennaf ei bod hi'n Fethodist. Fu'i throedigaeth hi ddim yn ddwfn; mae John Elias, o bawb, yn methu'i chysuro wedi iddi golli'i mab. Meddai hi:

> I mi, mae'r cynghorion duwiol i blygu i'r Drefn yn eiriau rhy hawdd a pharod ar dafodau rhy iach. Trallod piau fy meddwl i. (Tud. 67).

Nid ymateb Methodistaidd, yn sicr. Nid ymateb crefyddol mewn ystyr ehangach chwaith. Fe nodwyd eisoes mai agwedd gyn-Fethodistaidd sy ganddi at briodas. Iddi hi, contract cymdeithasol yw priodas rhwng teuluoedd o'r un 'stad', heb fod gan y ddeuddyn sydd i'w priodi lawer o lais ynddo a heb fod i serch rhyngddyn nhw le ynddo. O'r tri phlentyn, dim ond ei mab sy'n cael rhyddid i fynd, yn groes i'w dymuniad, i ardal arall i fod yn feddyg. Ond mab ydi o, nid merch, a mab wedi ennill ei ryddid drwy raddio'n feddyg.

Cyferbyniad llwyr ac esthetig foddhaol i'w chaledrwydd awdurdodol ond urddasol hi yw lledneisrwydd ac addfwynder ei merch Sarah. Mae urddas a phenderfyniad ei mam ynddi hithau, ond ei bod wedi'i dal mewn deufor-gyfarfod: ufudd-dod traddodiadol merch i'w mam ar y naill law ac annibyniaeth newydd merch y seiat i ddewis ei llwybr ei hun ar y llall. Mae'n eironig fod John Elias, nad oedd yn credu mewn 'rhyddid ewyllys', yn dadlau ym mharlwr Gwern Hywel dros ryddid Sarah. Ac eto, o edrych yn

ôl ar 'holl droeon' gyrfa Sarah, fe fyddai'n debyg o weld ei 'thyn-
ged' hi yn rhan o'r Arfaeth Ddwyfol wedi'r cyfan. Creadigaeth
annwyl yw Sarah: merch a all boeni'n gydwybodol hyd at wael-
edd am ei hamod i'w chariad, ond sy hefyd yn berchen synnwyr
direidi ac yn medru cellwair yn ffraeth. Wrth amodi â William
Roberts ym mynwent Llanycil, meddai hi ar dud. 37:

> —Sarah ydy f'enw i. Mae o'n odli efo cara, para, ara!

Ymron ddwy flynedd yn ddiweddarach, pan yw hi'n eistedd
gyda William Roberts i adennill ei hanadl ym mhorth eglwys
Rhuthun, mae o'n dweud:

> —Miss Jones?
> Atebodd hi rhwng dau anadliad:
> —Mae o'n odli efo ara.

Mae hi'n wybodus ac yn ddeallus, ac nid ar chwarae bach y
gall William Roberts ei pherswadio nad pechu y byddai'r ddau
wrth briodi'n ddirgel, beth bynnag fyddai'r canlyniadau. Ond
wedi penderfynu, mae'r dewrder ynddi i weithredu. Mae Mrs.
Elias yn dweud wrth William Roberts yn ei ddigalondid mai felly,
yn ddiau, y bydd pethau:

> —William Roberts annwyl, mae mwy o galon mewn merched nag a
> ddychmygwch chi. (Tud. 55).

Cymeriad llawn, cytbwys, yw Mrs. Elias hithau. Wedi'i magu'n
ferch i Richard Broadhead, 'gŵr bonheddig' yn ystyr y byd i'r
ymadrodd, fe aeth hithau drwy'r un trybini â Sarah i briodi
John Elias. Hi, yn ddiamau, a ddysgodd i'w gŵr duwiol gellwair.
Mae hi'n ddigon ymarferol i fod yn wraig fusnes dda, yn un o
'groseresau'r Methodistiaid', chwedl hithau. Meddai Cadwaladr
Williams amdani:

> —Wyddoch chi, frawd, 'chyll John Elias mo'r ffordd tra bydd y
> wraig acw wrth ei ochor o. (Tud. 60).

Am John Elias ei hun, mae'n dra thebyg mai'i bendefigrwydd a wnaeth argraff ar Mr. Lewis, y pendefigrwydd a welir eto yn *Dwy Briodas Ann.* Fe gawn ddarlun cryno ond cwbl glir o'r olwg arno:

> Edrychodd Mrs. Jones ar ei gwestai enwog, ei gnwd o wallt du, bwâu heirdd ei aeliau a'i wefusau lluniaidd. Eisteddai ef yn ei gadair a'i gefn yn syth fel cleddyf, heb bwyso'n ôl. (Tud. 12).

'—Os gwelais i esgob erioed . . .' meddai hi wedyn yn nes ymlaen. (Tud. 30). 'Wyddoch chi, mae John Elias fel Napoleon yn y pulpud', meddai John Roberts, Llangwm. (Tud. 10). Mae'n siŵr nad yn nhaldra'u cyrff yr oedd y ddau'n debyg, yn nhyb John Roberts, ond yn ngrym eu personoliaeth a'u dawn areithio —a'u hysfeuon unbenaethol, hwyrach. Mae William Roberts yn cydnabod mai Mrs. Elias a ddysgodd 'arferion moes' iddo fo; diau mai hi a'u dysgodd i'w phriod hefyd: sut i estyn llaw, tynnu het, dweud 'Ma'am' wrth wraig o safle, ac ati. Ond nid yr allanolion bethau'n unig welwn ni. Rhaid bod cuddiad cryfder John Elias mewn meddwl pẅerus yn ogystal ag mewn personoliaeth bendefigaidd: meddwl pẅerus—a threfnus. Fo'i hunan sy'n dweud:

> —Rhaid i bob gosodiad fod yn gyson â'i gilydd. Heb un hollt yn yr athrawiaeth . . . Fedra i ddim pregethu pethau anghyson, pethau a eill fod yn groes i'w gilydd . . . Rhaid i'n hefengyl ni fod yn gyfundrefn bendant a chadarn gyson. (Tud. 16).

Ergydio y mae, mewn sgwrs ar aelwyd, at ei gydymgeisydd am olyniaeth Charles o'r Bala, sef Thomas Jones o Ddinbych, gŵr a oedd yn fardd a'i bwyslais yn drwm ar Gariad, a'i feddwl dan lywodraeth awen ac ysbryd yn hytrach na rhesymeg haearnaidd. Er mai cip a welwn ni ar Thomas Jones yn y nofel, mae'r cip hwnnw'n bortread hynod fyw.

> Clywsant sŵn y tu cefn idynt a throi i weld Thomas Jones a'i gorffogrwydd anhylaw a'i gam byr yn ffrwtian frysio ar eu hôl. (Tud. 62).

Ychydig yn nes ymlaen, 'Yn ŵr bonheddig trwm ac araf arwein-
iodd Thomas Jones ei westeion i barlwr y *White Lion*', ac ar
ddiwedd yr ymgom yno 'Gafaelodd William Roberts yn llaw yr
hen wron'. Mae'r geiriau 'yr hen wron' yn dangos cydymdeimlad
yr awdur, yn ogystal ag un o'i gymeriadau, â Thomas Jones. Ac
mae'r ymgom yn y *White Lion* yn llawn o bryder cariadlon y
diwinydd o Ddinbych am undeb y corff Methodistaidd:

> Yr hyn sy o bwys gen i ydy dyfodol y Corff a dyfodol crefydd yng
> Nghymru.

Hynny, nid y difrïo fu arno fo'i hun gan rai o'r uchel-galfiniaid
am ei 'heresi' isel-galfinaidd. Wedi siarad yn weddol faith a gof-
idus am y peryg i'r uchel-galfiniaid (dilynwyr John Elias) yrru
rhwyg rhwng y Methodistiaid yn y De ac yn y Gogledd ac, yn
waeth na hynny, rhwng Methodistiaid y dydd a'r Tadau ('Rhwyg
rhyngon ni a Mr. Williams, Pantycelyn, er enghraifft'), mae'n
crynhoi'i gred fod dysgeidiaeth uniongred yr Eglwys o'i chychwyn
yn emynau Williams mewn un frawddeg farddonol: 'Mae holl
oesoedd Cred y tu cefn i'w miwsig nhw'.

Mae Mr. Lewis, fodd bynnag, yn artistig ddiduedd yn ei
bortreadau o'r ddau gawr. Wrth ddarllen am John Elias rydyn
ni'n parchu'i ddynoliaeth ac yn edmygu'i berson. Wrth wrando
ar Thomas Jones rydyn ni'n cydofidio ag yntau ac yn teimlo'n
annwyl tuag ato. Mae'r naill a'r llall yn ddynol: John Elias mewn
un lle yn teimlo awydd i regi gwraig Gwern Hywel am ei chalon-
galedwch, Thomas Jones mewn lle arall yn methu credu bod
cariad yng nghalonnau'i wrthwynebwyr uchel-galfinaidd. Ond
does dim hacrwch, dim bychander, yn y naill na'r llall. Fe fu'r
nofelydd yn fawrfrydig tuag at y ddau. Wn i ddim sut y byddai
petaen ni'n eu gweld a'u clywed nhw wyneb yn wyneb, ond fe'n
hamddifedir ni o'r olygfa honno.

Ar ochr Thomas Jones yn y Ddadl Fawr y mae John Roberts,
Llangwm. 'Gŵr byr, cadarn o gorff, cadarn ei ên, yn dair a thri-
gain oed ond heb arwydd o wendid henaint ar na'i gorff na'i

wedd.' (Tud. 9). Fe geir dyfarniad yr awdur o'r tu allan arno fo: 'yr hen graig o gyfaill garw ffyddlon o Langwm'. (Tud. 69). A rhan felly y mae'n ei chwarae'n gyson o ddechrau'r llyfr i'w ddiwedd: yn amddiffyn Thomas Jones yn ddi-dderbyn-wyneb wrth John Elias, yn gysur ac yn gynhaliaeth i Sarah yn ei chaethiwed ac yn ymliw â'i mam drosti hi a'i chariad, yn sgrifennu at William Roberts ddwywaith—y tro cyntaf i ddweud bod y drws ar gau, yr eildro i ddweud ei fod ar gilagor unwaith eto. Does dim crac i'w weld yn John Roberts, ond mae gwybod a gweld ei fod yn 'arw' yn achub y portread ohono rhag bod yn ddelfrydgar.

Dydi'r meddyg, mab Gwern Hywel, ddim yn Fethodist. Mae'n ddadleuwr chwim, medrus, hunan-hyderus, a does arno ddim ofn condemnio Methodistiaeth wrth John Elias a William Roberts yn eu hwynebau am droi Cymru'n 'anialwch'. Ar wahân i'w ddadlau, welwn ni odid ddim arno fel cymeriad. Genau ydi o, ac fe all fod yn enau i'r awdur yn rhai o'i ddadleuon. Fodd bynnag, yma eto mae Mr. Lewis yn deg. Mae John Elias a William Roberts yn cael rhoi ergyd am ergyd, ac Elias, os yr un, sy'n cael y gair olaf.

Camp y portread o William Roberts, 'arwr' y nofel, yw ei wneud yn gymeriad cyflawn, credadwy, dim ond drwy'i eiriau ac ambell ystum a thrwy groniclo'i ymatebion a'i deimladau o dro i dro, a hynny â chynildeb sy'n gyson â chynildeb y nofel drwyddi draw. Yn dawel, ddisylw, y mae'n cerdded i mewn i'r stori, yn dawel y mae'n dechrau siarad, gan ein synnu bod y siarad hwnnw'n amlygu gwybodaeth a diwylliant pur eang. Mae'i ateb cynnar i Sarah, "Fedra i ddim diodde bod yn bwysig', yn ddadlennol ac yn amlwg yn wir. Does arno ddim cywilydd bod yn was i ganhwyllwr; mae'n bwysicach iddo ei fod yn weinidog i'w gyflogwr ei hun, er nad yw hynny'n destun ymffrost iddo. Mae'n diodde'n drwm gan y pruddglwyf o dro i dro, ac mae'n eglur nad oedd hynny ddim yn sarhad ar wŷr cyhoeddus fel y mae heddiw. (Yn wir, o ddarllen am bregethwyr nerthol fel Joseph Jenkins, dyweder, bron na ellid dweud bod y pruddglwyf, y felan—*nervous disorders* ein dydd goleuedig ni—yn arwydd o arbenigrwydd talentog). Mae'n wir fod achosion penodol i bruddglwyf William Roberts (a fyddai'n ei wneud yn wrthrych haws i seiciatryddion heddiw ei ddadansoddi a'i helpu), megis peidio â derbyn llythyrau oddi wrth ei gariad a cholli'r *Marchioness* a'i llwyth. Rhaid ei fod yn bregethwr grymus i gael ei wahodd yn ŵr ifanc i bregethu yng Nghymdeithasfa'r Bala yn nyddiau cewri fel John Elias a Thomas Jones, ond unwaith yn unig y cawn ni gipolwg ar y pregethwr. Wedi oedfa nos Sadwrn druenus yn Nyfed, a sgrifennu llythyr at John Roberts i fwrw'i faich a gofyn help, fe ddaw oedfa bore Sul:

> A'r bore hwnnw yn ei bregeth rhoes William Roberts ei ddeheulaw ar ei glun ac yr oedd y peth fel daeargryn a'r addoldy fel crochan yn berwi. Wedi'r gwasanaeth eisteddodd yntau yn festri'r tŷ capel. Ymwasgai'r bobl tuag ato . . . (Tud. 46).

Dim gair am yr olwg ar y pregethwr, ei lais, ei ddull o draddodi na beth a ddywedodd. Ond sylwch ar lacrwydd—bwriadol, yn ddiamau—y cymal 'ac yr oedd y peth fel daeargryn', ac fe gewch y teimlad fod 'y peth' y tu hwnt i'w ddisgrifio mewn geiriau.

Mae cymeriadaeth *Merch Gwern Hywel* yn fwy diddorol na chymeriadaeth *Monica* am fod y cymeriadau'n fwy diddorol. Fe wisgodd y gwŷr a'r merched hyn gig a gwaed rywdro. Fe allai awdur di-glem fod wedi methu'u hatgyfodi'n gredadwy. Mae Saunders Lewis yn ormod o feistr i fethu. Er mai geneuau'n trafod ac yn dadlau ydyn nhw gan amlaf, ac er mai plisgyn tenau am y cyfan yw stori garu William a Sarah, mae'r trafod a'r dadlau wedi'u gwreiddio mor sicr mewn delfryd ac argyhoeddiad a phryder a'r stori garu mor llwythog o lawenydd a gofid bob yn ail, er cyniled y mynegi, fel na all y dadleuwyr a'r cariadon beidio â gwisgo cnawd unwaith eto gerbron ein llygaid ninnau.

Arddull

Fe ddywedwyd eisoes fod *Merch Gwern Hywel* yn ddialog bron i gyd, gyda dim ond yr ychydig lleiaf o draethu a disgrifio a

llythyr neu ddau. A phrin iawn yn y ddialog yw cymalau megis
'ebr Mrs. Jones', 'torrodd John Elias ar ei draws' ac 'atebodd
William Roberts'.

Y peth cynta sy'n taro dyn yw fod Mr. Lewis wedi hepgor
dyfynnodau yn ei ddialog ac wedi mabwysiadu'r dull Ffrengig
diweddar o ddodi llinell fer (—) o flaen pob brawddeg neu bara-
graff a leferir. Mae'n siŵr i'r ddyfais hon fod yn gymaint o fen-
dith i'r cysodydd ag o dramgwydd i lawer darllenydd ceidwadol.

Mae'r mynegiant yn llithricach, er nad yn llai cryno, yma nag
ym *Monica*, a Mr. Lewis wedi mabwysiadu ffurfiau llafar yn bur
lwyr yn ei ddialog, e.e.:

—Dydy hynny'n ddim cysur. O ran hynny, 'does dim cysur.

Sylwch fod collnod o flaen 'does' yn y frawddeg uchod ond
nad oes dim un o flaen 'dydy'. Mi fethais i ddarganfod pam nad
oes dim collnodau yn y nofel o flaen 'Rydw', 'Rydach', Rydych',
'Rowch chi', etc., ond bod rhai o flaen ''Chafodd o', ''Fedra i
ddim', ''Wn i ddim' a'r cyffelyb. Ond rhaid credu bod gan gym-
aint o feistr iaith â Saunders Lewis sistem yn ei ddefnydd o goll-
nodau, er bod hynny'n rhan gymharol ddibwys o arddull gwaith.

Nid bychan o gamp yw adrodd stori gyfan bron mewn dialog.
Camp dramäydd yw hi. Ond, a'r awdur wedi meistroli crefft
drama mor llwyr, ddylen ni ddim synnu at gamp dialog *Merch
Gwern Hywel*. Does dim gair ofer, hepgorol, ynddi. Yn wir, fe
ellid dadlau bod ambell gymeriad yn rhy gysact ei feddwl ac yn
llefaru'n rhy goeth, er y gellid cyfiawnhau hynny drwy ddweud
mai pobl ddiwylliedig, agos uniaith Gymraeg, sy'n llefaru, a nifer
ohonyn nhw'n bregethwyr. Lle bo'r ddialog yn gyfrwng trafod,
mae'r trafod yn ddiwastraff ac yn dynn berthnasol. Lle bo'r
ddialog yn cludo'r stori, mae'n gwneud hynny'n ddiymdroi.

Fe fu cyfnod yn hanes y nofel a'r ddrama Gymraeg—a gobeithio
nad yw'r cyfnod hwnnw ar ben—pan fyddai cymeriadau'n siarad
bob un yn ei ddull ei hun, yn goeth neu'n garbwl, yn ddwys neu'n
ddoniol, yn wych neu'n wachul—chwedl Daniel Owen, yn *true*

to nature. Rhaid i mi gyfadde 'mod i'n hoffi amrywio felly ar lefaru cymeriadau. Mewn geirfa'n bennaf—mewn ambell air—y mae llefaru cymeriadau Mr. Lewis yn amrywio, odid fyth mewn cystrawen neu ruthm. Cymharer y darn hwn ar dud. 50:

> Mi reolaf i fy nhŷ tra bydda i, a chaiff neb merch i mi roi ei bryd ar wrryw (sic), llawer llai meddwl am ei briodi, heb iddo fo'n gyntaf peth ddwad ataf i a gosod ei holl amgylchiadau a holl hanes ei dylwyth o 'mlaen i, a gadael y ddedfryd yn gyfan yn fy llaw i. Dyna fel y cefais i fy nwyn i fyny.

Brawddeg gymhleth yw'r gyntaf o'r ddwy, wedi'i hadeiladu'n gelfydd â'r 'llawer llai' a'r 'heb'. Brawddeg hyfryd i'r llygad, hyfryd ar y tafod. Ond ei chynnwys yn unig sy'n dweud mai gwraig Gwern Hywel sy'n siarad. Fyddai cystrawen brawddeg gan John Elias neu William Roberts ddim o anghenraid yn wahanol.

Ond fe all Mr. Lewis amrywio hyd brawddegau ymgom yn gelfydd, nid yn ôl y sawl sy'n siarad ond yn ôl galw'r sefyllfa: carlam o atebion a gwrthatebion cwta, cyflym mewn ffrae, brawddegau mwy cymhleth hamddenol mewn dadl, trafodaeth neu araith. Mae gan bob llenor lawer i'w ddysgu oddi wrtho.

Sylwadaeth Gymdeithasol

Na thwyller ni gan fyrder a chrynoder *Merch Gwern Hywel.* Mae'i darlun o gyflwr cymdeithasol Cymru yn hanner cynta'r ganrif ddiwetha'n gyfoethog.

Yn ogystal â chrynodeb o'r dadleuon mawr ymysg y Methodistiaid Calfinaidd a oedd yn prysur dyfu'n enwad ymneilltuol cryfa Cymru—y dadleuon ynghylch terfynoldeb Yr Iawn, etholedigaeth, y priodoldeb o lunio cyffes ffydd i'r 'Corff' a'i berthynas â'r Eglwys Wladol—mae yma gipolygon treiddgar ar y cyfnewidiadau yr oedd Methodistiaeth eisoes yn eu peri yng ngwead y bywyd cymdeithasol.

Fe soniwyd yn barod am y newid yn yr agwedd at briodas: Methodistiaeth, a'i hamod na ddylai aelod o seiat briodi un 'digred', yn gwneud Methodistiaid ifainc yn annibynnol ar rieni bydol ac yn porthi ymserchu rhyngddyn nhw a'i gilydd. Hyn, wrth gwrs, yn cythruddo gwraig Gwern Hywel, a oedd yn dilyn y gwersyll Methodistaidd ond yn glynu wrth yr hen syniad am briodas ac yn gweld y mudiad newydd yn caniatáu 'serch' yn sylfaen iddi.

Gwraig John Elias, oherwydd ei magwraeth hi ei hun, sy'n medru egluro orau ddilema gwraig Gwern Hywel i William Roberts, yn medru esbonio'i hofnau petai'i merch yn priodi'n is na'i 'stad':

> —Ystyriwch sefyllfa Mrs. Jones. Nid brifo'i balchder hi'n unig a wnâi'r peth ond efalle wanhau disgyblaeth y ffarm a'r tŷ a'i gwneud hi'n anos iddi hi gyflogi'r gweision gorau. Oblegid mae gweision ffermydd yn barnu pobol yn ôl eu gradd . . . Mi fyddai holl waith y ffarm yn diodde. (Tud. 57).

Yn ystod yr un ymgom mae Mrs. Elias yn rhoi enghraifft o'r ffordd yr osgôdd ffarmwr cefnog ym Môn yr un sefyllfa, gan roi cipolwg hagr wrth fynd heibio ar fwystfileiddiwch bywyd cefn gwlad. Roedd merch y ffarmwr yn feichiog, a nai i dirfeddiannwr o Sir Amwythig oedd yn gyfrifol.

> Mi gadwodd y ffarmwr a'i wraig eu merch yn gaeth yn y tŷ hyd at yr esgor. 'Welodd neb moni ond y forwyn. Pan anwyd y plentyn fe'i bwydwyd o i'r hwch cyn pen deng munud. Mae pethau erchyll yn digwydd yn nhawelwch ein bywyd gwledig ni. Peidiwch â gweld bai enbyd ar wraig Gwern Hywel am ei gofal. (*ibid.*)

Ond, yn ôl John Elias, roedd caru yn y gwely a'i ganlyniad anochel yn gyffredin cyn dyfod Methodistiaeth, a doedd Methodistiaeth ddim eto wedi dechrau'i garthu o'r ffordd Gymreig o fyw. Meddai wrth y meddyg, mab Gwern Hywel:

> Rydych chi'n ddoctor; does dim rhaid dweud wrthych chi mai eithriad ydy hi i ferch ifanc o Gymraes yng Ngogledd Cymru fynd at yr allor heb blentyn yn ei chroth. Hyd yn oed ymhlith y Methodistiaid ym Môn mi gefais i 'ngwatwar am bregethu diweirdeb a phurdeb. Mae Cymru'n ffau o aflendid. (Tud. 26).

Dadlau y mae'r meddyg ifanc fod y Fethodistiaeth newydd yn dinistrio'r ffordd Gymreig o fyw: hynny yw, iddo fo, cymdeithas benrhydd y ddeunawfed ganrif. 'Rydych chi'n lladd hen arferion a hen ddefodau'r wlad, yn llwydo'n bywyd ni,' meddai, gan edliw'r difa ar y noson lawen, y dawnsio gwerin, yr ŵyl fabsant, y ffair gyflogi, y briodas wa'dd, yr anterliwt. Anodd credu na chafodd yr awdur flas ar roi'r frawddeg hon yng ngenau'r meddyg ifanc:

> —Mi welais i ddegau yn dwad adre ganol nos o orfoleddu yn y Bala ac yn caru yn y cloddiau ac ar yr eithin, ie dan ganu emynau. (Tud. 26).

A'r paragraff hwn ar yr un tudalen:

> —Rydw i'n gweld y Methodistiaid yn diffodd y tanau ar holl aelwyd-ydd Cymru, Mr. Elias, ac yn troi Cymru'n genedl heb iddi hanes, heb ganddi gof, heb orffennol.

Ond annheg iawn fyddai dweud mai Mr. Lewis ei hun sy'n siarad yn y cyhuddiad yna. Fe ŵyr o, fel y gŵyr pob un ohonon ni â doethineb trannoeth, fod llawer iawn rhagor ohonon ni, ar ôl canrif a hanner o Fethodistiaeth gyfundrefnol, yn gwybod llawer mwy am hanes a llên gynnar ein cenedl nag a wyddai neb ond dyrnaid o wŷr goleuedig ddechrau'r ganrif ddiwethaf a'r ganrif o'i blaen. Y treiddgarwch a welir ym mhrotest y meddyg ifanc yw'r ofn oesol yng nghalon pob deallus fod pob newid er gwaeth. Efallai'n wir nad Methodistiaeth a'n hail gydiodd ni wrth ein gorffennol. Yn sicr, doedd hynny ddim yn un o'i ham-canion hi. Ond hi a ddysgodd i'n hen deidiau ni ddarllen, ac mae gwerin ddarllengar yn rym ffrwydrol. O'r werin ddarllengar hon y cododd O. M. Edwards a haneswyr eraill ac ysgolheigion llên—gan gynnwys Mr. Lewis ei hun—i roi'n ôl iddi mewn cyfrol a chyfnodolyn ei hen ogoniant gynt.

Gwir nad y genedl ydyn ni heddiw a fwriadodd y tadau Methodistaidd. Yn y nofel hon mae John Roberts, Llangwm, yn bwrw'i lach ar ganu 'aflan a llygredig' Dafydd ap Gwilym—nas darllenodd, yn bur debyg. Mae'n arwyddocaol fod y meddyg ifanc yn teimlo dan orfod i amddiffyn *Drych y Prif Oesoedd* yn erbyn hanes Israel y mae'r Methodistiaid yn bygwth ei roi'n 'hanes i Gymru' (a llwyddo, wrth gwrs, am ran helaeth o'r ganrif ddiwetha). Braidd yn annisgwyl, er hynny, yw canfod meddyg ifanc gwrth-Fethodistaidd ym 1816 yn medru darllen Cymraeg hyd at fedru ymhyfrydu yn y *Drych*, os nad oedd wedi mynychu un o ysgolion Sul Thomas Charles.

Fe grynhoir yr athroniaeth Fethodistaidd am 'y genedl', fodd bynnag, yn ateb John Elias i'r meddyg:

> . . . rhywogaeth etholedig, cenedl sanctaidd,—dyna'n Cymru ni, cenedl y mae'r Arglwydd yn Dduw iddi. Creu'r genedl honno ydy nod y Methodistiaid, a pha ots wedyn mai dieithriaid a phererinion ydyn-ni yn y byd byr hwn. (Tud. 27).

Bid siŵr, doedd y safbwynt hwn ddim yn rhwystr i John Elias fod yn Dori ac yn Brydeiniwr selog, fel y bu Howel Harris a Phantycelyn yn Whigiaid ac yn Brydeinwyr selog o'i flaen a Brynsiencyn a'i gydarweinwyr Methodistaidd yn Rhyddfrydwyr ac yn Brydeinwyr selog ar ei ôl. Eironig yw fod yr Hen Gorff— yr unig enwad a dyfodd o ddaear Cymru—ar hyd ei yrfa wedi bod mor wleidyddol Brydeinig ac mor anwleidyddol Gymreig. Fe fu diogelwch a gogoniant y wladwriaeth Brydeinig o'r pwys mwyaf iddo; doedd Cymru, ar y llaw arall, i fod yn ddim ond 'cenedl sanctaidd' heb iddi hawliau daearol, yn ddim ond casgliad o 'ddieithriaid a phererinion' heb iddyn nhw 'ddinas barhaus'. Mae'r genedl Gymreig wrth ail ddeffro heddiw yn colli diddordeb yn y 'Corff' a fu mor ofalus am ei henaid hi ac mor ddifater ynghylch ei hawliau. Dydi *Merch Gwern Hywel* ddim yn darogan hynny, ond mae'r ddadl rhwng John Elias a mab Gwern Hywel yn rhybudd yr un mor eglur â swbwrbia ddiwreiddiau a di-gymraeg *Monica*.

Fe ellir cymharu a chyferbynnu *Monica* a *Merch Gwern Hywel* mewn llawer dull a modd. Fe ellir gresynu am na fyddai'r naill a'r llall yn hwy, yn llawnach, yn llithricach, yn fwy darllenadwy i

fwy o ddarllenwyr. Ond dyma'r math o nofelau y byddai Mr.
Saunders Lewis yn eu sgrifennu: rhai byrion, cryno, heb ynddyn
nhw un gair wâst nac un frawddeg amherthnasol, amhwysig. Ni
all Mr. Lewis sgrifennu dim amhwysig. Dyna un o nodweddion
ei athrylith.

Monica: Gwasg Aberystwyth, 1930.
Merch Gwern Hywel: Llyfrau'r Dryw; Christopher Davies (Cyhoeddwyr)
    Cyf., Llandybïe, 1964.

Cerddi Saunders Lewis

Cawsom gip ar brofiad Saunders Lewis y bardd yn ei ysgrif
'The Poet' a gyhoeddwyd ym 1958 yn rhan o symposiwm a
olygwyd gan John M. Todd, *The Arts, Artists and Thinkers,* ond
nas gwelais i cyn agor y gyfrol *Presenting Saunders Lewis* y
llynedd (1973). Mae'n sicr fod cryn lawer a ddywedir ganddo
yn wir am bob bardd os yw'n fwy gwir am feirdd da nag
am feirdd gwael. Dywed yn hollol gywir nad yw'r bardd
yn dechrau gyda cherdd yn ei feddwl (heb ei llunio mewn geir-
iau a llinellau a rhythmau) ac wedyn yn mynd ati i'w *llunio* hi.
Nid cael profiad yn gyntaf y mae'r bardd ac wedyn ei fynegi.
Nid 'atgofio' nac 'ailgreu' profiad hyd yn oed a wna'r bardd
('the poem does not recollect or recreate an experience'). Nid
rhagweld na rhagsynied a wna ac wedyn cwblhau'r peth a rag-
ganfyddir trwy gynhyrchu cerdd i fod yn 'gynhwysydd' iddo
('the poem is not the completion of anything foreseen or pre-
conceived'). 'The poem is the experience'. Ac yn y profiad
hwnnw, y profiad o wneud cerdd, y mae tair elfen, yr ysgogiad
dechreuol (a rhyw linell, efallai, neu ryw syniad wedi cydio ym
meddwl y bardd); ac wedyn yr adeiladu, gan dynnu atgofion a
chysylltebau o'r blaenymwybod a derbyn delweddau ac awgrym-
iadau addas yn ôl yr angen ar y pryd a chan elwa trwy'r cyfan ar
gynorthwyon y cymwynaswr mawr, techneg ('the poet's major
ally'), sydd yn peri i'r gerdd newid a datblygu ac aeddfedu;
a thrwy hyn oll y beirniadu—mesur, pwyso, profi, derbyn,
gwrthod, newid a chyfnewid ('watching, rejecting, selecting,
moving the pieces about, building the chosen into a satisfactory
unit, testing them on your ear, speaking them in different tones,
scrutinizing them on the paper'). 'Making poems, like making a

168

picture, is applied criticism.' Cyfetyb y cyfan yma i ing a gorfol-
edd pob awenydd. Mae'n debyg y byddai Lewis yn cytuno â
mi fod gennym ni ddigon o feirdd annigonol yng Nghymru sydd
yn adeiladu'n llawer rhy rwydd ac yn methu (neu'n gwrthod)
beirniadu bron o gwbl. Dichon na fyddai mor barod i gytuno â
mi fod gennym rywrai a organmolir am gywreinrwydd a hunan-
ymwybyddiaeth eu techneg ac am ryw fanylder beirniadol a all
golli golwg ar bennaf diben y gerdd. Mae pob bardd ymglywgar
yn ymdeimlo fel Islwyn â'r tyndra rhwng gormes y patrwm ac
angenrheidrwydd y patrwm, rhwng yr 'ymaith, reol!' a'r angen
am 'ufuddhau' i reol. Dangosir y tyndra yn Saunders Lewis yn
arbennig yn ei sylwadau ar y *vers libre,* ei ddysgeidiaeth y dylai'r
wers rydd ymwreiddio megis yn y mesurau caeth traddodiadol.

Cafwyd ambell farnedigaeth gan Saunders Lewis gynt i'r
perwyl nad allan o syniadau ond allan o eiriau y llunnir bardd-
oniaeth. Mae'n debyg fod ei fyfyrion yn 'The Poet' yn lleisio ei
farn aeddfed fod angen y ddau. Dywed y gall 'syniad'— 'in spite
of Mallarmé'—fod yn fan cychwyn i gerdd. Ac eto er gwaethaf
hyn deil Lewis i wahaniaethu'n llym rhwng y 'personol' a'r 'am-
hersonol' mewn prydyddu. 'A good poem', mentry gyda'i unoch-
edd pendant, 'is an impersonal thing; whereas bad verse is per-
sonal'. Wele Lewis ar gefn ei geffyl beirniadol, a'r march brenhinol
hwnnw wedi ei gludo oddi ar y llwybr y bu'n tuthian ar hyd-
ddo ychydig ynghynt. Canys y mae newydd ddweud, wrth godi'r
pwnc mewn cysylltiad â'i waith ei hun, 'I do not offer that as a
dogmatic statement about all poetry'. Dywed, yn gywir, y gall
fod daioni a gwirionedd mewn cerdd nas ceir yn gyfan yn y bardd
nac yn ei ddull o fyw. Ond nid yw cerdd, mwy na gweddi, yn
peidio â bod yn bersonol trwy lwyddo i fod yn bur. Gall pechadur
weddïo mewn ysbryd a gwirionedd heb fod ei weddi'n 'amher-
sonol'. Beth sydd yn fwy 'personol' nag 'O Dduw, bydd drugarog
wrthyf bechadur'? Ac eto y mae'n llefaru drosom oll. Y gwir yw
mai'r gwrth-ramantydd yn Lewis sy'n gyfrifol am y gwahaniaethu
ceryddgar yma rhwng y 'personol' a'r 'amhersonol'. Er ei fod yn

yr ysgrif Saesneg hon yn osgoi'r geiriau 'classical' a 'romantic' nid yw'n hollol ddiogel rhag syrthio i'r hen bolemeg. A hyn sy'n peri iddo ddiarddel y term 'poetic vision'. Dywed mai'r ansodd-air sy'n peri anhawster iddo. Da hyn. Eddyf fod 'gweledigaeth' yn bosibl i ddyn. Ond ni all dderbyn *bardd* yn weledydd. 'The poet is a craftsman who has learnt to trust technique.' Purion. Ond ai dyna i gyd? Lle ni byddo gweledigaeth, methu a wna yr awen. Onid oes weledigaeth, a honno'n farddol yn yr ystyr uchaf i'r gair, yn soned fawr Saunders Lewis, 'Y Dewis', beth yn y byd mawr sydd ynddi hi?

Diddorol yw gweld Gwyn Thomas, Bangor, yn yr un gyfrol, *Presenting Saunders Lewis*, yn gweld digon o'r 'personol' yng ngherddi Lewis ei hun! Ond tybed a yw'n defnyddio'r gair 'personol' yn yr un ystyr? Hwyrach nad yw cerdd a sgrifennir yn y person cyntaf o angenrheidrwydd yn 'bersonol' yn yr ystyr a ddyry Lewis i'r gair. Y peth sicr yw fod Lewis, bron bob tro y defnyddia'r person cyntaf, yn osgoi cyffes neu fewnchwiliad personol ac yn traethu fel cynrychiolydd y ddynol ryw—yn enwedig wyneb yn wyneb ag angau a'r dirgelwch y mae angau'n borth iddo, ffwrneisiau'r puro yn y soned 'Rhag y Purdan', yr ymgwrdd rhwng y mud a'r mud yn ei gân ddiweddar 'Gweddi'r Terfyn'. Mae'n sicr nad ystyria Lewis lenyddiaeth yn bennaf fel cyfrwng i hunanddatguddiad. Am hynny, ni cheir ganddo'r math o delyneg na'r math o ysgrif sy'n galw sylw at ddonioldeb neu ddagreuoldeb yr awdur. Ond nid yw ei gynhyrchion o'r herwydd yn 'amhersonol'. I'r gwrthwyneb, ni ellir darllen ei waith heb yr anghysur hwnnw sy'n tarddu o bresenoldeb un herfeiddiol o anghyffredin.

Oherwydd yr arbenigrwydd hwn nid hawdd olrhain y dylan-wadau uniongyrchol ar y cerddi, ar wahân, wrth reswm, i ddyl-anwad meistri fel Dafydd Nanmor a Thudur Aled ar rai o'r darnau mawl, dylanwad y traddodiad 'clasurol' hwnnw ym mar-ddoniaeth Cymru y gwnaeth Lewis gymaint i'w egluro a'i ddyrch-afu. O ran syniadaeth nid oes dianc, wrth gwrs, rhag cyfraniadau

Barrès a Claudel ac Emrys ap Iwan ac eraill y bu'n ddyledus iddynt. Gwyddom hefyd iddo ochri'n ddamcaniaethol gyda'r mudiad neo-clasurol yn Ewrop, a digon tebyg i syniadau Pound a'r Eliot cynnar am beryglon cosmopolitaniaeth ac arianfasnachu roi min ar dueddiadau cynhenid Lewis ei hun. Mae ganddo un sylw dadlennol yn yr ysgrif 'The Poet', fod bardd ifanc yn cael ei gyffroi'n arbennig gan ei gyfoeswyr sydd ychydig yn hŷn nag ef. Nid gwir hyn am bawb, trwy drugaredd; ond gellir derbyn mai dyna oedd profiad Saunders Lewis ei hun, ac y mae'n bur debyg mai hyn sy'n cyfrif fod ei 'glasuriaeth' ef (fel clasuriaeth Eliot ond yn wahanol i glasuriaeth John Morris Jones) wedi ei hieuo ag arbrofiaeth 'fodernaidd' yn ei lenyddiaeth greadigol. Arweiniwyd Lewis i ymarfer â dulliau cyfeiriadgar, sgyrslyd, eironig o farddoni. Yr oedd cynseiliau iddynt yng ngwaith Eliot a Pound ond y tu ôl i'r rhain yr oedd hefyd y math o farddoniaeth y buasai Laforgue ac eraill wedi rhoi cychwyn iddo yn Ffrainc; ac ni ddylem anghofio fod Lewis ei hunan yn rhoi teyrnged i Thomas Parry-Williams am ei waith arloesi i'r cyfeiriad hwn cyn i gerddi cynnar Eliot ddod yn ddylanwad. Daeth Williams Parry yntau i ymgartrefu fwyfwy yn y dull anaruchel o lefaru'n farddonol. Yn Saunders Lewis fe'i ceir ochr yn ochr â darnau mwy dyrchafedig eu naws.

Mae'r arddull ymgomiol bob-dydd ledgellweirus yn ymlwybro'n naturiol tuag at ddychan ac fe'i clywir mewn darnau dychanol yn y beirdd a enwyd. Ond y mae dychan Saunders Lewis yn llawer mwy difaol na dim sydd gan y lleill. Nid oes dim byd mwyn na chymedrol na hynaws-uwchraddol ynddynt. Ni phetrusa Lewis ddychanu personau ar dro, a dyma'r pethau agosaf sydd gennym yn y Gymraeg at y goganu personol dileadol a geir yn Saesneg gan Pope. Mae'r ergyd a loriodd yr Hybarch J. D. Jones, Bournemouth, wedi i'r bwrdeisyn Saisaddolgar hwnnw fwrw sen ar y mudiad cenedlgarol yng Nghymru, yn fy atgoffa am y driniaeth a gafodd 'Sporus', y Barwn Hervey, yn yr *Epistle to Arbuthnot*. Cafodd Syr Emrys Evans gosfa debyg, a'i gymharu â llyffant ar gelain Cymru. 'Yet let me flap this bug', sgrifennodd Pope. Ac eto y mae digofaint Saunders Lewis yn foesol uwch. Mae'n dial nid ar ei elynion ei hun ond ar elynion Cymru, gelynion Cymru am eu bod yn sebonwyr y Sais. Pan dry Lewis at y cywydd mae ei arddull ddychanol yn pontio rhwng yr ugeinfed a'r bymthegfed ganrif (pryd yr oedd gan Gymru ei harddull gellweirus ei hun):

> 'senedd fel dy Deml Heddwch
> i rawt cachaduriaid trwch
> Cymru boluglot flotai,
> nasiwn ben ôl Ness, neb a *Nye*.'

Prin y mae angen pwysleisio ffaith y gall pobun neis-neis ei wynto —nad yw Lewiş yn ofni sôn am yr ysgarthion pan fo hyn yn berthnasol—a phle yn ein Cymru ni nad yw'n berthnasol? Gwna hyn yn bur lethol yn 'Golygfa mewn Caffe', ei gerdd surrealistig sumbolig am dranc Cymru. Megis mewn rhai o'i ddatganiadau rhyddiaith ymdrecha i'n hysgwyd ni o'n cysgadrwydd trwy ormodiaith frawychus, heb sylwi dim ar unrhyw weddau cysurlon ar ein sefyllfa. 'Y Diluw 1939' yw'r gerdd nodedig lle y crynhoir ei ofid am Gymru ac Ewrop a'r ddynol ryw yn y flwyddyn flin honno, wedi blynyddoedd lawer o ddirywiad yng Nghymru a rhagrith ac ymelwa a pharlys ysbrydol ym Masle a Genefa a'r datgyfareddiad trwy'r byd wrth weld methiant ein gwareiddiad a chlywed y paratoi at ddinistr. Nid yw'r darn yn brin o sorod a saim a phoer nac o wawdiaith ar draul aelodau seneddol Cymru, a dewiniaid byd arian a byd grym a thwyll, a gwerinos lygredig yr adloniant pwdr. Tosturir wrth Bruening, ymgroesir rhag y ffroenau Hebreig, trugarheir wrth drueiniaid y dôl, chwydir allan y demos dimai—ac felly adlewyrchir yn y gerdd holl ddryswch yr amseroedd yn enaid un gŵr ffyddlon ond ffaeledig.

Adlewyrchir yng ngwaith Saunders Lewis y didoliad yn yr Oesoedd Canol Cymreig rhwng dychan a mawl; ond amrywia ei gerddi mawl gryn dipyn. Mae ambell un, er mor gain a phwrpasol fyddo, yn cyfranogi o natur y sbloet a natur y jôc, o'r *tour de force* a'r *jeu d'esprit*. Nid Lewis yn troi'r cloc yn ôl i'r Oesoedd Canol a geir yn y moliant i R. O. F. Wynne, ond Dafydd Nanmor *redivivus* yn amneidio'n ddireidus i gyfeiriad ein dirwestwyr a'n capelyddion ni yng Nghymru heddiw. Gall yr arddull laswen-grechwen gyfoes oresgyn hyd yn oed awdl foliant eithaf difrif, sef yr awdl honno i Archesgob Caerdydd, gyda min eironi:

> 'Duw mewn bara, ha-ha, ho!'

> 'Ac allor a dôr, ti a'u dyry,—dwyn
>   Daioni i Gymru,
> Dan bang clep a sang stop-tap, su
> Dwndwr y waltz, dondio a rhu.'

Ac wrth gwrs daw'r baw a ffieidd-dra'r cnawd drylliedig i ogon-eddu'r Croeshoeliedig yn y gorchestwaith dilychwin 'I'r Lleidr Da' lle y gwelir y Crist yn teyrnasu o'r groes, ynghrog fel bwgan brain, a'r lladron o bobtu iddo,

> 'Gwŷr llys i goeg frenin mewn ing'.

Ond mawl sydd yma, ac y mae'r cyferbynnu rhwng y gwarth a'r gogoniant yn teilyngu ei osod gyda gwrthddywediadau mwyaf aruthrol Ann Griffiths.

Math arall o fawl a geir ym 'Marwnad Syr John Edward Lloyd', teyrnged dywysogaidd i'r hanesydd a hudodd y Lewis ifanc ac a ddadlennodd iddo ddrama hanes Cymru. Gwelir yma ddylanwad arall, clasuron hen fyd Groeg a Rhufain, un o ffynonellau pwysicaf diwylliant Ewrop. Fel yr arweiniwyd Eneas gan y Sybil i fro'r cysgodion i weld hen wroniaid Caerdroea, felly, medd Lewis, y cafodd yntau ei arwain gan 'hen ddewin Bangor' i weld arwyr yr hen Gymru—i ddeall treftadaeth Rufeinig a Christnogol ei wlad, i dosturio wrth ei bobl yn eu caethiwed Sisyphaidd, i ryfeddu at orchestion a cholledion hil Cunedda. Gadewir Lewis ar y diwedd heb ei hebryngydd i ystyried y cwestiwn argyfyngus: a gedwir yr iaith? Mae'r gerdd mor 'amhersonol' ag *Inferno* Dante.

Ymhlith y cerddi hyfrytaf y mae'r rhai sy'n sôn yn llawen addolgar am ffydd a defosiwn 'Catholig' Lewis. O'r rhain y mae un, 'I'r Sagrafen Fendigaid', yn cyfleu'r chwithdod a gwyd o'r tristwch na all gyda'r ewyllys orau rannu cyflawnder ei brofiad â chyfeillion sydd heb fod ymhlith gwŷr y Pab er ei fod yn dyheu am gael rhannu'r gogoniannau eithaf â hwy. Y mae eraill a gyflwyna hiraeth neu hyfrydwch y mae modd inni gyfranogi ohono bron yn ddi-rwystr, megis y gerdd am Ddewi Sant a'i eiriau olaf (canys er bod Lewis yn cyplysu ffydd y sant yn y geiriau hyn â ffordd Teresa a Bernadette ni theimlaf y'm gwaherddir rhag ychwanegu enw Ann Griffiths) a'r gerdd sy'n galw ar Fihangel i gofio Cymru ynghanol ysgelerderau a dychrynderau'r rhyfel. Gyda'r rhain y mae'r darnau sy'n canu ysblander ceinion y byd naturiol—yn gweld y ddaear mewn gwirionedd yn sagrafen o'r nef. Hyn a geir yn 'Y Pîn' ac yn 'Difiau Dyrchafael.' Tebyg y byddai Saunders Lewis am wahaniaethu yn llymach o lawer na mi rhwng y math yma o natur-gymundeb a phansacramentaliaeth llawer o'r beirdd rhamantus mwyaf crefyddus. Gall yr olaf o'r ddau ogwyddo at bantheistiaeth megis yn Wordsworth neu'r Shelley diweddar neu'r Islwyn cynnar ond ni ddigwydd hyn o anghenraid; gall y cyntaf lawenhau calon ambell un fel Dafydd ap Gwilym sydd ymhell o barchu pob agwedd ar draddodiad yr Eglwys swyddogol ac sydd yn beryclach o chwareus na Lewis ei hun. A pha fath o sagrafenoliaeth-natur a geir yn y gân adnabyddus gan Joseph Plunkett, 'I see his blood upon the rose'? Ac yng ngwaith Saunders Lewis ei hun ni ddylid tynnu llinell ry drom rhwng y delweddu cysegredig yn 'Y Pîn' a'r delweddu— neu'r dyfalu—a geir yn 'Llygad y Dydd yn Ebrill', lle y gwelir y blodau ar y maes fel y sêr yn yr wybren. A yw cân Afallen yr Hesperides gymaint â hynny'n llai sanctaidd nag offeren fore Mai y fedwen a'r gog yn y gerdd fendigaid 'Difiau Dyrchafael'? A yw Saunders Lewis wedi dod i ddyfarniad terfynol ar y berthynas rhwng y profiadau a groniclir yn 'Lavernock' a 'Nodiadau mis Awst, 1953' a'i brofiadau o fwynder ac aruthredd Crist?

Yn wyneb y ffydd orawenus a glywir mewn nifer o gerddi godidocaf Saunders Lewis, beth a ddywedwn am yr 'anobaith' y geilw Gwyn Thomas ein sylw ato ac a drafodwyd yn ddiweddar gan y rhai a geisiodd (gyda dryswch Cristnogol neu foddhad anffyddiol) ddehongli'r gân 'Gweddi'r Terfyn' a gyhoeddwyd yn *Nhraethodydd* Hydref 1973? Gwêl Gwyn Thomas anobaith yn 'Golygfa mewn Caffe', 'Mair Fadlen', 'Y Diluw 1939' ac mewn ambell fan arall, ond o edrych ar y pethau hyn fe welwn nad yr un anobaith a leisir ganddynt. Rhaid gwahaniaethu rhwng anobeithio am ddyn (a'i egwyddorion hunanfoddhaus a'i orchestion hunandwyllodrus a'i ddelfrydau bondigrybwyll) ac anobeithio yn Nuw. Ni ddangosodd Lewis erioed lawer o obaith yng nghyraeddiadau dyn. Dywedodd fwy nag unwaith y dylid ymdrechu o lwyrfryd calon i ennill rhyddid i Gymru nid oblegid bod ein hymdrechion yn debyg o lwyddo ond oblegid bod yr achos yn gyfiawn. Ymddangosai ei draethiadau yng 'Nghwrs y Byd' yn y *Faner* i lawer yn dra phesimistaidd ond maentumiai y dylid ystyried cyflwr gwareiddiad dyn nid gydag ewfforia hedegog ond mewn 'realistiaeth Gristnogol', gyda pharodrwydd i chwilio ac i wynebu'r gwaethaf. Gall y 'realistiaeth' onest hon swnio'n bur debyg i anobaith, ac yn wir rhyw fath o anobaith ydyw. Ond nid dyma'r anobaith terfynol, nid dyma'r anobaith a ddaw trwy golli pob golwg ar Dduw. Yn 'Y Diluw 1939' mae'r cyd-destun yn ei gwneud yn sicr mai anobaith am yr eilun, Dyn, a geir, nid anobaith am Dduw. Ambell waith, anobaith amodol a draethir, ac unwaith eto nid yr anobaith terfynol mohono. Traetha Jona yn yr Hen Destament ddinistr ar Ninefe, ond amodol yw'r broffwydoliaeth: trwy edifeirwch a newid buchedd achubir y ddinas a'r bobl a'r gwartheg. Siomir Jona a'i chwerwi'n fawr, ac y mae angen ei gymell yntau i edifeirwch; ond argyhoeddiad dwfn awdur y llyfr yw mai pwrpas Duw yw achub Ninefe a holl bobloedd y ddaear ac mai cwbl amodol yw pob proffwydoliaeth. Gall y proffwydo swnio'n derfynol ddiobaith, ond ni ddileir yr amod na'r cyfamod. Fel hyn y dylid deall rhai o draethiadau digalonnog

Saunders Lewis—megis ei ddarlith ar 'Dynged yr Iaith' (lle y mae'r ffaith mai amodol yw ei rybudd yn ddigon amlwg) a'i gerdd 'Golygfa mewn Caffe' (lle y mae Cymru wedi marw). A hefyd, wrth gwrs, gall Lewis, fel pob meidrolyn arall, deimlo a mynegi'r fath ddiflastod nes peri i rywrai feddwl nad oes fymryn o obaith ar ôl. Yn y gân fach—hollol 'bersonol', hyd yn oed yn ystyr Saunders Lewis i'r gair—lle y sonia am y cariad mawr a brofai yn ei ieuenctid, y cariad a lanwai ei fryd ac a guddiai bopeth arall rhagddo, ac am yr anobaith a ddaeth bellach i'w ran, digon hawdd yw methu â gweld dim byd ond 'nihiliaeth', a dyna a wna Gwyn Thomas. Ond y mae Dafydd Glyn Jones yn clywed y gân yn dweud wrtho ef fod cnul yr anobaith presennol yn boddi'r holl seiniau eraill fel y buasai goleuni llachar y cariad ieuanc yn gyrru pob golau arall ar ffo; a dywed fod yr awgrym yma yn y gerdd. Os felly, unwaith eto nid oes dim anobaith terfynol.

Beth am 'Weddi'r Terfyn'? Ai 'plwc o'r "Felan Fawr" ' sydd yma, hola L. Haydn Lewis yn ei ateb prydyddol, ai traethu 'gwacter arall' neu—

> 'ryw "air" dros ben
> i lwyr-derfysgu'r Saint
> ("pabyddol"
> neu o arall ryw'?)

Dywed James Nicholas mai Cristion sy'n traethu yn y 'Weddi'; i Dewi Z. Phillips, 'Cristion dryslyd' ydyw; i Aneirin Talfan Davies—mae'n siŵr fod y brodyr caredig hyn i gyd am achub Saunders Lewis—'ymateb bardd i athroniaeth athronydd dynol' yw'r gerdd. Gan amlaf cysylltir y gân â 'Dychwelyd' Parry-Williams ac 'Argyfwng Gwacter Ystyr' J. R. Jones. Yr un mor gynorthwyol fyddai cyfeirio at 'Y Bedd' T. Gwynn Jones, lle y petrus awgrymir mai yn yr angau

> 'Y daw ar ddyn freuddwyd nad edrydd iaith'.

Ond i ddeall Saunders Lewis y mae'r Beibl yntau'n gymorth nid bychan. Dywed mor annigonol yw holl eiriau dyn wrth wynebu'r

dirgelion eithaf. Wyneb yn wyneb â'r angau dwyseir yr ym-
deimlad â'u hannigonedd. Digri yn wir yw 'datganiadau goruchaf
ein ffydd'. Ac o'n hamgylch y mae'r mudandod a'r diddymdra.

> 'Ni all ein geiriau gyrraedd ymylon mudandod
> Na dweud Duw gydag ystyr.
> Un weddi sy'n aros i bawb, mynd yn fud at y mud.'

'Byr a bachog yr ateb milain' yw sylw Dewi Z. Phillips. Ond y
mae'r weddi'n llawn gobaith. Un yn mynd at un arall sydd yma,
nid un yn darfod. Byth er pan glywais Franz Hildebrandt yn
pregethu ar Fudandod sofran Crist ger bron Pilat a cher bron
holl fileindra'r ddynol ryw ni allaf weld ym Mudandod yr holl-
fyd ond cariad ac atgyfodiad. 'Ac fel oen ger bron ei gneifiwr yn
fud, felly nid agorodd efe ei enau.'

ATODIAD

Wedi imi lunio'r uchod y daeth ateb Saunders Lewis ei hun i
feirniaid y gerdd 'Gweddi'r Terfyn'. Er nad yw'r ateb yn sôn am
gefndir ysgrythurol y gair 'mud' dengys na fu dim pall ar y 'ffydd'
y mae ein datganiadau ohoni mor ddigrif o annigonol. Daliaf i
gredu na ellir deall y gerdd yn iawn heb gofio mudandod yr oen
hyd yn oed os tybir nad oedd y cyfeiriad ym meddwl ymwybodol
y bardd.

Agweddau ar Ethos y Dramâu

I

Ar glawr argraffiad 1922 o *Gwaed yr Uchelwyr* (yr unig argraffiad a fu ohoni, hyd y gwn i) fe hysbysir y cyhoedd mai 'awdur "The Eve of St. John" ' yw'r gŵr a'i piau. Nid amhriodol yr eglurhad, oherwydd yn y ddrama fach Saesneg honno, a gyhoeddwyd ryw flwyddyn cyn i'w hawdur fwrw'i goelbren gyda'r Gymraeg, fe sefydlir yn glir rai pethau sydd i ddod yn nodweddion cyson ar fyd dramâu Saunders Lewis. Ym mherson Megan Morris, cwrddwn am y tro cyntaf â'r ferch ifanc fywiog, ryfygus, falch, benderfynol sydd i feddiannu canol y llwyfan mewn sawl drama arall o'i eiddo. Cawn ein cip cyntaf ar rai o'r pynciau a'r diddordebau sylfaenol y bydd yn dychwelyd atynt eto, dro ar ôl tro: gwahanol syniadau am sail priodas, a gwrthryfel serch rhamantus yn erbyn rhwymau cymdeithas a theulu; y dewis a wthir ar ddyn gan y rheidrwydd i gadw wyneb; yr ysfa hapchwarae, mewn cyferbyniad â'r reddf ynom sy'n ceisio diogelwch; yr awgrym cryf mai mewn parodrwydd i fargeinio a chymryd siawns y mae egni bywyd yn ei amlygu ei hun orau. Ar wynebddalen yr unig argraffiad o *The Eve of Saint John* gosodwyd, yn arwyddair, gwpled enwog Gruffudd Grug:

> Beth a dâl anwadalu
> Wedi'r hen fargen a fu?

Ni ellid gwell crynodeb o fater canolog Saunders Lewis y dramodydd. Gallai fod yn arwyddair ar unrhyw un o'i ddramâu neu ar y cyfan ohonynt.

Eto i gyd, y mae *Gwaed yr Uchelwyr* yn ychwanegu dimensiwn. Yr un peth sydd yn groyw-eglur ac yn allweddol bwysig ynddi

178

hi, ac sydd i lywodraethu theatr Saunders Lewis o hyn ymlaen (ac nad oedd ag unrhyw ran weithredol yn *The Eve of St. John,* hyd y gallaf i ganfod) yw rhagdybiaeth arbennig ynghylch cymdeithas a chyfiawnder ac unoliaeth dyn—ynghylch y cwestiwn a yw dynion yn gydradd ai peidio. Darlunir yma ferch ifanc yn gwneud dewis eofn, herfeiddiol, costus. Ar ddiwedd y chwarae mae hi bron methu â derbyn ei bod hi wedi gwneud y fath beth; ni ddaw iddi unrhyw foddhad rhwydd, cysurlon o wybod iddi 'wneud y peth iawn'; y mae'n wylo gan y loes i'r galon. Ond y mae'n rhy hwyr. Y mae'r dewis wedi ei wneud. Ei thad piau egluro iddi pam y gwnaeth hi yr hyn a wnaeth, pam y deffrowyd yr adnoddau yn ei natur a wnaeth y fath weithred yn bosibl, pam na allasai ddigwydd fel arall:

> Gwaed yr uchelwyr sydd ynot ti, fy merch . . .

Yr ydym i ddeall, felly, ddau beth. Yn gyntaf, nad yw pawb cystal â'i gilydd. Yn ail, mai gwaedoliaeth dyn yw allwedd y gwahaniaeth. Ar ryw ystyr, gwaedoliaeth dyn yw ei dynged, gan mai dyna sy'n pennu sut y bydd yn ymateb dan bwysau argyfwng. Y mae rhai dynion yn well esiamplau na'i gilydd o'r hyn sy'n nodweddu'r hil ddynol yn arbennig; maent yn fwy medrus na'i gilydd yng nghelfyddyd byw, sef y gelfyddyd o ddewis, o adnabod a defnyddio'u rhyddid. Ymhellach, y mae'r rhagoriaeth hon yn fwy tebyg o berthyn i bersonau y mae eu hynafiad o'u blaenau wedi arfer ei meithrin ers cenedlaethau. Diamau bod llenwi safle o gyfrifoldeb mewn cymdeithas yn gymorth i'w meithrin, ond ni chollir y rhagoriaeth o golli'r safle. Nid yw hyn oll yn gyfystyr â dweud nad yw pob dyn yn gyfwerth yng ngolwg Duw. Nid yw'n golygu ychwaith nad yw dynoliaeth, fel pob rhywogaeth arall, yn un yn ei natur. Ond pa fath ddyn sydd fwyaf effro i ffaith ein dynoliaeth gyffredin, a'i hawl arno ef, dyna'r cwestiwn y mae'n rhaid ei wynebu. Ateb diamwys y ddrama yw nad y dyn cyffredin mohono. Braint a thasg uchelwr yw cadw rhwymau teulu dyn.

Penderfynodd hyn holl egwyddorion cyfansoddi'r ddrama.

Eglura, er enghraifft, pam y mae rhai o olygfeydd yr ail act mor wahanol eu gwneuthuriad a'u naws i weddill y ddrama. Pwrpas yr act hon yw dwyn allan y gwahaniaeth rhwng ffordd nodweddiadol bonedd a ffordd nodweddiadol dynion cyffredin o ymateb i'r un argyfwng. Fe'i lluniwyd hi yn unol â'r ffordd draddodiadol o ddarlunio pobl o radd is. Yn fwy manwl, *pastiche* cydwybodol ar ddull Molière yw'r darlun hwn o'r ffermwyr meddw, gyda'u hymffrost benwan, eu tor-addewid a'u hannheyrngarwch i'w giiydd. Fwy nag unwaith fe ddyfynnodd Saunders Lewis y geiriau hyn, a roed gan Molière yng ngenau un o'i gymeriadau:

> Y beiau hyn sy'n eich cythruddo chwi, gwelaf innau hwynt fel drygau hanfodol i'r natur ddynol. Nid yw gweld dyn yn fradwr, yn anghyfiawn, yn hunanol, yn fy mrifo i fwy nag a wnâi gweld fwlturiaid yn chwennych celanedd, neu fyncwn yn gas, neu fleiddiaid yn rheibus.

Codais y trosiad hwn o ysgrif sydd gan Mr. Lewis yn y *Faner* ym 1939: adolygu cyfrol o gerddi ysgeifn y mae, a gresynu braidd am y modd y mae moesegu wedi andwyo'r awen ddychanol Gymraeg. 'Pobl anghraff a di-feirniadaeth yw moesoldebwyr gan amlaf', awgryma. Yn arbennig ddiddorol i'n pwrpas ni, dyma union fyrdwn ei feirniadaeth, yn rhai o ysgrifau pwysig y cyfnod 1919-22, ar rai o ddramâu Cymraeg poblogaidd y dydd. Ac o'r holl 'foesoldebwyr' sydd dan ei lach yn y cyfnod hwn, W. J. Gruffydd sy'n ei chael hi waethaf o neb. 'Only the blindness of his zeal and hate can explain the tawdry melodrama of *Beddau'r Proffwydi*, its crudity of structure and characterization', meddai yn y *Cambria Daily Leader* (Hydref yr ail, 1919). Ac yn y *Welsh Outlook* y flwyddyn ddilynol deil yn anedifeiriol yn ei gollfarn: 'A play of social life he could never write well; his outlook is too religious; he scans the divinity in human nature too intently— he lacks vulgarity and mirth and human compromise'. Gall Saunders Lewis y gwleidydd a'r beirniad ar gymdeithas, disgybl Emrys ap Iwan, fod mor gignoeth-ddiarbed â neb tuag at daeogion o bob math; ond y mae'r dramodydd ynddo, edmygwr Molière, yn mynnu eu trin yn faddeugar, gan ystyried eu ffolineb yn rhodd i'r dychanwr. Yn *Eisteddfod Bodran,* yn *Excelsior,* yn *Problemau Prifysgol,* cedwir yn gyson at y rheol hon.

Yn fuan wedi iddi ddod o'r wasg, adolygwyd *Gwaed yr Uchelwyr* yn *Y Llenor* gan W. J. Gruffydd. Ni ellir amau na wnaeth ei orau i ddeall y ddrama a bod yn deg â hi, ond yr oedd un neu ddau o bethau yn ei chylch na allai wneud rhych na rhawn ohonynt. Un, yn arwyddocaol iawn, oedd swyddogaeth yr ail act. Methai â gweld ei bod 'yn codi o weithrediad y ddrama', nac yn datblygu dim arni. Magwyd Gruffydd, fel rhyddfrydwyr eraill ei genhedlaeth, ar y syniad nad cyffredin mo'r dyn cyffredin. O wynebu, fel yr oedd raid gwneud erbyn 1913, y flwyddyn yr ymddangosodd *Beddau'r Proffwydi,* fod y ddemocratiaeth Gymraeg wedi trosglwyddo awenau ei bywyd i griw o ddynion digon sâl, cynddaredd siom yw ei ymateb. Nid anodd deall ei benbleth wyneb yn wyneb â drama sy'n trin cyffredinedd yn null traddodiadol comedi.

Un enghraifft yw beirniadaeth Gruffydd o'r modd y parai *Gwaed yr Uchelwyr* benbleth nid bychan, a pheth tramgwydd, i ryddfrydwyr 1922. Ond y gwir yw nad newydd o gwbl mo'r rhagdyb sydd ynddi: bod rhagoriaeth rhai pobl ar eraill i'w holrhain, nid i unrhyw foesoldeb y penderfynasant ei mabwysiadu trostynt eu hunain, ond i'w tras a'u llinach. O'i gweld ar gefndir meddwl a llenyddiaeth Ewrop o'u cychwyniadau hyd at y ddeunawfed ganrif, ymddengys yn rhagdyb hynod o normal. Yng nghyswllt y ddrama fodern yn unig yr ymddengys yn ddiarth. Cangen o gyff rhamantiaeth yw'r ddrama a grewyd gan Henrik Ibsen yn ystod deng mlynedd ar hugain olaf y bedwaredd ganrif ar bymtheg. Ni ellir ei deall ar wahân i'r gred yng ngallu dyn i ymberffeithio drwy ei ymdrech ei hun. Nid ei bod hi'n lleisio'r gred honno'n ddiamwys; yn amlach na pheidio mae'n lleisio amheuaeth ddofn ynghylch ei dilysrwydd. Ond wrth fwrw amheuaeth ar futhos Cynnydd nid yw'n barod i gofleidio'r un arall yn ei le. Drama wrthryfelgar, negyddol, ddinistriol ydyw. Nid oes ganddi ddim amynedd â dim byd. Ni all ymddiried mewn na

chymdeithas na theulu, na chrefydd na moesoldeb, na gwerth-
oedd traddodiadol na chonfensiwn. Er maint ei dadrith ynghylch
y gwerthoedd bwrdais, ni fyn ychwaith ddychwelyd at y gwerth-
oedd aristocrataidd. Ac ar gwestiwn tras a gwaedoliaeth mae ei
hagwedd yn arbennig ddiddorol. Mae Ibsen, Strindberg a
Tsechof fel ei gilydd yn ymddiddori'n ddwfn iawn yn y pethau
hyn, ond yn eu gweld bob gafael fel pethau sy'n cyfyngu a
chaethiwo. Dyma'r lle y mae *Gwaed yr Uchelwyr* yn gwrth-
ryfela yn erbyn gwrthryfel y ddrama fodern: nid yw am wadu
bod llinach, gwreiddiau a thraddodiad yn bethau sy'n cyfyngu
ar ddewis dyn, drwy ei rwymo i ateb her tynged; ond awgryma
ar yr un pryd mai dyma'r union bethau a all ei ryddhau o gaeth-
iwed daear a hual amgylchiadau.

Ond, fel yr awgrymwyd, y mae gan *Gwaed yr Uchelwyr*
ei newyddwch, nid yn unig yng nghyswllt eang y ddrama
Ewropeaidd, ond hefyd yng nghyswllt mwy cyfyngedig y
ddrama Gymraeg fel yr oedd ym 1922. Un dylanwad ymhlith
eraill oedd Ibsen, neu'r chwyldro a gychwynnodd ef, ar ddrama
Gymraeg chwarter cyntaf y ganrif hon. Bu amgylchiadau arben-
nig cymdeithas a gwleidyddiaeth yng Nghymru â rhan fawr
mewn pennu ei natur, a lliniaru llawer ar ddylanwad rhai fel
Ibsen neu Shaw arni. Ni ddilynodd Ibsen i eithafion ei wrth-
ryfel. Deil i gredu yn y teulu ac yn y capel ac yng ngwerthoedd
democratiaeth ryddfrydig. Er gwaethaf y sbasmau o siom a chyn-
ddaredd, deil yn blentyn gweddol ufudd i futhos Cynnydd. Pe
ceisiem egluro'n iawn pam na roes y muthos hwnnw erioed fod
i lenyddiaeth o bwys, golygai dreiddio'n ddyfnach nag a allwn
ni yma i natur a hanfod llenyddiaeth; ond erys y ffaith.

Un peth sy'n wrthnaws i futhos Cynnydd yw trasiedi. *Gwaed
yr Uchelwyr* yw'r drasiedi gyntaf yn hanes y ddrama Gymraeg
ddiweddar, a'r drasiedi gyntaf, ar unrhyw ffurf, mewn llenydd-
iaeth Gymraeg ers hir, hir amser. Mae iddi ddiwedd clasurol o
groes i ddiwedd rhamant a chomedi. Yn ogystal â gwrthod yr
hyn a fyddai'n llesu ei chymdeithas yn uniongyrchol, y mae

Luned yn gwrthod pob addewid am yfory. Fel y dywed Arthur wrthi'n gyhuddgar siomedig, y mae'n lladd y plant a allai fod iddi. Yn ffigurol, y mae'n marw. Y mae'n dewis hynny, yn ei dderbyn fel peth nad oes mo'i osgoi. Oherwydd pe derbyniai hi gynnig Arthur, i ddod gyda hi i'w halltudiaeth, a chychwyn gyda hi fywyd newydd mewn gwlad newydd, byddai'n rhoi'r argraff y gwnai rhywbeth arall y tro ganddi yn lle Isallt. Fel y bydd byw Isallt, rhaid gadael iddo fynd. Trwy'r 'marw' hwn yr adfywheir Isallt, Cymru a thraddodiad teulu Gruffydd ap Rolant, hynafiaid Luned, y gorfu arnynt wynebu'r un dewis o'i blaen. Dim ond bod yn driw i'r gorffennol, fe ofala'r dyfodol amdano'i hun: ar yr egwyddor honno, a llw yn eu dal lle gallai ffydd ballu, y gweithreda Amlyn ac Iris hwythau, wrth ladd eu plant yn enw cysegredigrwydd y cyd-ymrwymo a fu.

Wrth ladd plant, eu 'gweld' am y tro cyntaf; wrth dorri traddodiad a disgyblaeth oes, profi eu hystyr a'u nerth fel nas profwyd erioed o'r blaen; wrth ffoi o Wern Hywel dan gysgod nos, sicrhau y bydd Gwern Hywel yn para'n rym mewn oes ac amgylchiadau newydd. Tebyg yw cwrs y digwydd yn yr holl achosion hyn, crefyddol a seciwlar fel ei gilydd. A'r hyn sy'n hynod yw y gall arddel peth, drwy aberth cariad ar ei ran, neu ynteu ei wrthod drwy ffoi oddi wrtho neu wrthryfela yn ei erbyn, ill dau fod yn un yn eu canlyniad. Colli er mwyn cael yw'r patrwm bob tro. Nid oes unrhyw reol yn dweud na all y patrwm hwn berthyn i gomedi yn ogystal ag i drasiedi; dim ond bod gan drasiedi amrywiol ffyrdd o ganolbwyntio ar y colli yn hytrach nag ar y cael. Y mae pob trasiedi, o raid, yn osodiad o blaid trasiedi.

Mesur o ba mor anodd i'w dderbyn oedd hyn ym myd y ddrama Gymraeg ym 1922 yw adolygiad D. T. Davies, yn y *Welsh Outlook*, ar *Gwaed yr Uchelwyr*. O'r holl ddramodwyr Cymraeg a oedd wrthi ar y pryd, D. T. Davies oedd yr un yr oedd gan Saunders Lewis fwyaf o edmygedd ohono. Fwy nag unwaith yng nghwrs y blynyddoedd bu'n ddibrin ei glod i'r ddrama *Ephraim Harris,* ac nid anodd deall pam. Er ei bod hi, yn y diwedd, yn osgoi arwriaeth ac yn darganfod ffordd allan o'r cyfwng, mae'n ddrama ac ynddi resymeg a llymder meddwl. Y mae urddas, *pietas* teuluol a ffyddlondeb yn bethau byw ynddi. Cymer olwg graff ar y tyndra rhwng y preifat a'r cyhoeddus ym muchedd yr un dyn. Er mai i'r un gwersyll â W. J. Gruffydd, Gwynfor ac R. G. Berry y perthyn D. T. Davies yntau o ran hanfodion ei athroniaeth, o ran anianawd y mae'n nes na neb arall ohonynt at Saunders Lewis. Ond y mae clo *Gwaed yr Uchelwyr* yn ddryswch glân iddo yntau. 'There is no reason under sun, moon or stars why Luned should reject Arthur', yw ei ddyfarniad. Dengys yr adolygiad hwn cystal â dim leted y gagendor syniadol a wahanai Saunders Lewis oddi wrth bob dramodydd Cymraeg arall.

II

Er y gellir dal, yn ddamcaniaethol o leiaf, bod unrhyw waith llenyddol llwyddiannus yn ei egluro'i hun, ac y dylai fod yn bosib ymateb iddo heb wybod dim am ei ddyledion na'i fenthyciadau, nac unrhyw ddylanwadau arno, eto ni ellir amau nad yw gwybod rhywbeth am y traddodiad y mae ei awdur yn dewis gweithio o'i fewn yn gallu bod o gymorth. Felly y mae, yn sicr, pan geisiwn ddilyn y rhesymeg sy'n arwain at benderfyniad Luned. Os cyfrifwn bopeth y mae gennym dystiolaeth eu bod yn cyffroi edmygedd Saunders Lewis ar y pryd, gallem restru amryw byd o 'ddylanwadau' ar *Gwaed yr Uchelwyr*. Tystia nifer o'i ysgrifau yn y *Welsh Outlook* ddechrau'r dau-ddegau iddo dderbyn llawer o ysbrydoliaeth oddi wrth Yeats, a rhai dramodwyr Eingl-Geltaidd eraill, llai adnabyddus, fel Daniel Corkery a Gordon Bottomley. Mewn ysgrif bwysig yn y *Faner,* ar achlysur marwolaeth Maurice Barrès ym 1924, dywed yn blwmp ac yn blaen mai ymgais yw *Gwaed yr Uchelwyr* i ddramaeiddio nofel Barrès,

Colette Baudoche, a'i gosod mewn cefndir Cymreig. Ymhen blynyddoedd eto, sef ym 1950, yn un o ysgrifau 'Cwrs y Byd' yn y *Faner,* cawn ganddo'r datganiad oll-bwysig hwn:

> O bryd i'w gilydd yr wyf innau wedi byw flynyddoedd gyda dramâu Corneille ac wedi ceisio trosglwyddo fwy nag unwaith broblem Gorneilaidd i amgylchiadau neu gefndir Cymreig. Problem yn null Corneille, sef gwrthdrawiad rhwng serch a ffyddlondeb teuluaidd, y ceisiais i ei gosod yn fy nrama gyntaf [*sic*] 'Gwaed yr Uchelwyr', ac fe geir sefyllfa debyg eto yn 'Amlyn ac Amig'. Soffocles, Corneille a Racine, hwy yw fy meistri i yn y ddrama, er mor eiddil fy ychydig weithiau prentis. Diau mai dyna'r pam y mae fy nramâu i mor hen ffasiwn.

Hen ffasiwn? Ydynt, yn yr ytyr eu bod yn bwriadol fwrw'n ôl at werthoedd ac at resymeg a berthynai i ddwy bennod fawr gyntaf y ddrama Ewropeaidd, ac yn ymwrthod â rhagdybiadau'r drydedd bennod, yr un y gellir ei galw yn 'bennod Ibsen'. Mae Saunders Lewis yn cymryd, mae'n amlwg, fod Soffocles ar y naill law, a Corneille a Racine ar y llaw arall, yn rhannu rhyw etifeddiaeth sylfaenol gyffredin, er bod dros ddwy fil o flynyddoedd yn gwahanu'r Groegwr oddi wrth y ddau Ffrancwr. Pe ceisiem ddiffinio'n llawn beth yw'r etifeddiaeth honno, a diffinio hefyd pa bethau a barodd neilltuo Soffocles, yn arbennig, o blith tri meistr trasiedi Roeg, i'w gysylltu â dau gampwr canrif fawr Ffrainc, megis mewn un olyniaeth, golygai draethu'n helaeth iawn. A phe dilynem yn drylwyr holl ymhlygiadau'r datganiad pwysig hwn, golygai esbonio hefyd beth yw'r gwahaniaethau, o ran meddwl a chelfyddyd, rhwng y ddau Ffrancwr a'i gilydd, a pham mai Corneille o'r ddau yw'r un y teimla Saunders Lewis fwyaf dyledus iddo. Gan fynd o'r tu arall heibio i nifer o gwestiynau anodd fel y rhain, mentrwn gyffredinoli rhyw ychydig. Un peth o'r pwys mwyaf sy'n gyffredin i Soffocles, Corneille a Racine yw nad oes arnynt ofn arwriaeth. Ni wad yr un ohonynt nad yw hi'n anorfod glwm wrth drychineb, ond na hidier am hynny. Ni waeth beth fo'i ganlyniad nac â pha achos y cysylltir

ef, mae'r gwrhydri hwnnw sydd mewn dilyn egwyddor i'r pen-
draw yn beth teilwng o glod ynddo'i hun: nid pob math dichon-
adwy o glod, mae'n wir, ond y math o glod y mae trasiedi'n
arbenigo ynddo. Mae awydd dyn i fod yn arwr, ei barodrwydd i
dalu'r pris, hynny ynddo'i hun, yn tystio i fawredd ysbryd y
ddynol ryw. Ac o holl drasiedïwyr theatr Ewrop, Corneille, yn
ddiamau, oedd y mwyaf pendant ei feddwl ar y mater hwn. Unir
yn ei ddramâu weddill cryf o ddelfryd sifalri'r Oesoedd Canol, a
welodd, yn Ffrainc yr ail ganrif ar bymtheg, ryw awr anterth
cyn ei enciliad o flaen gwerthoedd tra gwahanol; a hefyd beth
o ddraddodiad stoiciaeth hen arwyr Rhufain y rhoed arno fri
newydd gan ddarganfyddiadau ysgolheigion y Dadeni Dysg. O
gymathu'r ddau ddraddodiad hyn creodd Corneille gwlt manwl
a phendant sy'n gogoneddu buddugoliaeth ddrud ewyllys, balch-
der a dyletswydd. Am fod uchelwr o waed yn teimlo'r cymhellion
hyn yn gryfach nag y gwna dynion cyffredin, ei fraint ef yw eu
harddangos megis ar ran yr hil ddynol. Methu yn ei genhadaeth
fyddai ymddiheuro dros ei arwriaeth, neu fradychu unrhyw
amheuon ynghylch ei gwerth.

Nid diffyg diddordeb mewn arwriaeth fel y cyfryw sy'n peri
bod Ibsen yn wahanol ei safbwynt. Bu safiad y gwrthryfelwr, y
proffwyd a'r sant yn bwnc myfyrdod ganddo yntau gydol ei yrfa;
sawl tro fe ddarluniodd ddyn yn herio teulu, cymdeithas a chon-
fensiwn yn enw'i weledigaeth ei hun o'r hyn sy'n iawn. Ond yr
oedd y cyfan fel petai wedi ei amodi ymlaen llaw gan ei ddrama
Brand, a ymddangosodd ym 1866, y ddrama gyntaf o waith Ibsen
i'w ddwyn i amlygrwydd led-led Ewrop. Meddylir am *Brand* fel
y ddrama, yn anad yr un, sy'n taflu amheuaeth ar yr holl
egwyddor o ddilyn egwyddor i'r pen. Taflu amheuaeth y mae hi,
dim mwy. Efallai bod Bernard Shaw yn mynd yn rhy bell wrth
ei gweld yn gondemniad diamwys ar y dyn sy'n fodlon aberthu
popeth er mwyn argyhoeddiad—yn foeswers daclus i'n rhybuddio
rhag y perygl o wneud daioni. Y cyfan a wneir ar ddiwedd y
ddrama yw caniatáu codi'r cwestiwn: tybed na bu i Brand, y

proffwyd-offeiriad, yn ei sêl dros achubiaeth cymdeithas a phuredigaeth ei enaid ei hun, ddibrisio'r peth pwysicaf oll, sef cariad at gyd-ddyn? Trwy godi'r cwestiwn yn unig, llwyddodd Ibsen i leisio un o bryderon dyfnaf y gwareiddiad modern. Mae'n amhosib peidio â gweld *Brand* fel dogfen allweddol yn hanes y modd y syniodd Ewrop am yr arwr ac arwriaeth. Os chwilio 'rydym am ddrama sy'n cynrychioli'r pegwn eithaf oddi wrthi, ni chawn yr un well na drama Corneille ar destun merthyrdod Cristnogol, *Polyeucte,* a berfformiwyd gyntaf ym 1643.

Yn lleoliad y datgeliadau y mae allwedd y gwahaniaeth. Ar ôl dangos Brand yn cyflawni sawl gweithred o ddewrder a phenderfyniad, a gostiodd yn ddrud iawn iddo ef ei hun ac i eraill o'i gwmpas, fe godir yr amheuaeth, yn ystod eiliadau olaf y ddrama, tybed nad ffurf ar hunan-falchder fu ei gymhelliad drwy'r adeg. Ni all nad yw'r amheuaeth hon wedi croesi meddwl y gynulleidfa ers meityn, ond dyma'r tro cyntaf i Brand ei hun ddod yn ymwybodol ohoni. Safbwynt awdur *Polyeucte,* ar y llaw arall, yw hyn: wrth gwrs mai hunan-foddhad, o ryw fath neu'i gilydd, yw cymhelliad yr arwr a'r merthyr. Pa beth arall a all fod? Pam y dylid disgwyl iddo fod yn rhywbeth arall? Y mae'r elfen o hunan-falchder ynddi ei hun yn destun ymffrost barhaus. Fe'i cymerir yn rhagdyb gychwynnol, ac fe'i pwysleisir ar bob cyfle posibl drwy gydol y ddrama. Gall hyn fod yr un mor wir am arwriaeth y milwr, yn *Horace,* ag y mae am arwriaeth y sant yn *Polyeucte;* fel rheol llymder ac anhrugarowgrwydd, at hunan ac at eraill, yw'r canlyniad, ond fel y dengys y ddrama *Cinna* gall maddeugarwch ddeillio o'r un cymhelliad. Yn ysbrydoli'r weithred fawr aruchel bob amser, pa beth bynnag a fo hi, y mae awydd dyn am i'r byd ei weld fel y mae ef yn hoffi ei weld ei hun.

Prif newyddwch *Gwaed yr Uchelwyr* ym 1922 oedd ei bod yn ymgais i adfywio'r safbwynt hwn. Llefaru yn y modd y disgwylir i'r arwr Corneilaidd lefaru y mae Rolant pan ddywed:

'Lowri, 'does gennyf i ddim yn y byd ond f'anrhydedd i'm cadw rhag torri fy nghalon. Rhaid imi ymladd dros f'anrhydedd.'

Y mae 'anrhydedd' yn cyfieithu'n ddigon di-drafferth y term *honneur*, sy'n un o eiriau rhiniol byd Corneille. Gydag ef, yn yr un bwndel o ymffrost-eiriau'r arwr, fe berthyn *devoir, raison* a *gloire*. Y mae *devoir* yn ei esbonio'i hun—ymdeimlad o ddyletswydd, a'i roi yn syml iawn. Nid mor hawdd cyfieithu *raison*. Nid rhesymeg, yn ystyr gyffredin y gair, mohono, ond rhywbeth pur wahanol i hynny, rhyw sythwelediad neu chweched synnwyr sy'n galluogi dyn i synhwyro ar drawiad beth y mae ei sefyllfa'n ei hawlio ganddo. Y mae *gloire* yn fwy fyth o broblem: 'bri', 'clod', 'enw'—y maent i gyd rywle o'i chwmpas hi ond dim un fel petai'n taro'r hoelen ar ei phen. Diogel dweud bod *honneur* a *gloire* yn perthyn yn agos i'w gilydd; ambell dro bron na ellir cyfnewid y naill am y llall heb amharu'n ddifrifol ar yr ystyr. Yn gyffredinol, gellir dweud mai *gloire* yw pen-draw'r ymdrech, canlyniad y weithred ddewr, aruchel, neu'r wobr amdani; *honneur* yw'r symbyliad, y peth sy'n hawlio'r weithred. Hyd y gwelaf i, o'r pedwar term hyn, *honneur* yw'r unig un yr arferir term Cymraeg amdano yn theatr Saunders Lewis. Gall y peth fod yno heb ei enwi, wrth gwrs, fel y mae *devoir* a *raison* droeon. *Gloire* sy'n peri'r benbleth eto: nid yn unig y mae'r enw'n absennol, ond y mae'r peth ei hun yn absennol hefyd. Luned, Amlyn, Iris, Hofacker—prin y mae yr un ohonynt, ar derfyn yr ymdrech, yn cael mwynhau yn ei gyflawnder y teimlad gorchestol hwnnw o hunan-foddhad sy'n rhan yr arwr Corneilaidd. Byddai ystyried rhai o gymheiriaid Saunders Lewis yn y theatr fodern—Anouilh, Sartre, Camus—yn tueddu i ategu mai un o ddarganfyddiadau pwysig theatr yr ugeinfed ganrif yw y dichon *honneur* fodoli heb ei gymar *gloire*.

Bu ail-ddarganfod 'anrhydedd' yn un o ffeith*iau mawr hanes y meddwl yn y ganrif hon, a thu ôl iddi rhai bod rhesymau ₒwleidyddol a chymdeithasol dyfnion. 'Roedd yn arwydd, ymhlith pethau eraill, fod democratiaeth seneddol wedi cyrraedd rhyw fath o ben-draw yn ei datblygiad. 'Roedd yn arwydd hefyd o'r pall a ddaeth ar ffydd y traddodiad radicalaidd y gellir dwyn cyfiawnder ar y ddaear trwy siarad. Yn nramâu Saunders Lewis fe ddigwydd y weithred anrhydeddus un ai oherwydd methu o gynllwyn ac o berswâd, fel yn *Brad*, neu ynteu, fel yn *Gymerwch Chi Sigaret?*, ohewydd methu â chredu y gall na pherswâd na chynllwyn weithio o gwbl. Rhywbeth sydd i fod i gymryd lle siarad ydyw bob amser. Fel arwyr Corneille, fe fyn arwyr Saunders Lewis hwythau bod y weithred yn siarad trosti ei hun; bradychu eu hurddas fyddai afradu llawer o eiriau'n ei chyfiawnhau; yn hytrach nag ymostwng i hynny, gwell ganddynt adael i eraill beidio â deall. Weithiau, dyna sy'n digwydd, a rhaid ei dderbyn. Dro arall, mae'r weithred yn gyrru'r ergyd adref yn effeithiol ddigon, a'r arwr, nid drwy ymbil, nid drwy ymresymu hyd yn oed, ond drwy ei safiad trahaus o ddigymrodedd, yn llwyddo i ennill eraill i'w blaid. Fel yna y mae'n gweithio yn aml: y ffordd i ennill neu achub rhywun arall yw gweithredu fel pe na baem yn malio dim beth a ddaw ohono; nid dod i gwrdd ag ef â 'gwên fêl yn gofyn fôt', ond ei wrthod yn drahaus. Ym myd Saunders Lewis, fel ym myd Corneille, ffordd yr arwr o anrhydeddu rhywun arall yw un ai ei ddirmygu neu ei herio i frwydr. Dyma un o baradocsau ethos anrhydedd.

Un arall ohonynt yw hwn: mae *honneur* yn golygu awch i fodloni'r hunan ac awch i wneud argraff ar eraill ar yr un pryd. Y mae o bwys mawr gan yr arwr Corneilaidd beth a feddylia pobl eraill ohono. Ei enw, ei glod, yw diben y cyfan. Ac eto nid dyn sy'n rhuthro i wneud yr hyn sy'n boblogaidd mohono. Yn amlach na pheidio, damcaniaethol yw'r gynulleidfa y mae â'i lygad arni: rhyw gynulleidfa ddychmygol ydyw, o bobl sy'n meddwl yr un fath ag ef ei hun. Gorau oll bob amser os oes ganddo hynafiaid a fu'n driw i'r un pethau ag yntau, neu ryw arwr o'r gorffennol a wnaeth ddewis cyffelyb. Gall y rhain ategu'r llais o'i fewn sy'n ysbrydoli'r weithred, a nerthu ei benderfyniad yn wyneb byd sydd un ai'n ddi-ddeall neu'n elyniaethus. Dyma pam y mae gweithred arwrol yn haws, yn fwy naturiol, i uchelwr nag i ddyn cyffredin.

A rhoi'r un peth mewn ffordd arall, anrhydedd yw'r peth

hwnnw sy'n mynnu bod dyn yn ffyddlon i'w ddiffiniad ei hun ohono'i hun. Yng ngoleuni hyn y deallwn ni, er enghraifft, pam y mae'n rhaid i Luned yn *Gwaed yr Uchelwyr* wrthod Arthur, er na fyn hi wadu am funud ei bod yn ei garu. Dechrau'r drwg yw bod Lowri, ei mam, wedi synio am Luned fel merch sy'n fodlon defnyddio'i chariad yn offeryn bargeinio am ddiogelwch. Ond yr hyn sy'n gwneud y drasiedi'n anochel yw bod Luned yn dod i wybod am hynny. Pe na bai hi'n gwybod, gallesid cloi'r ddrama â chlychau priodas. Bellach, a hithau'n gwybod, byddai priodi Arthur yn gyfystyr â derbyn diffiniad rhywun arall ohoni ei hun. Y mae union leoliad pob gweithred a sylw, ac union amseriad apeliadau, ymrwymiadau a bygythion y naill gymeriad i'r llall, yn ogystal â'u hunion eiriad, yn bethau y mae'n rhaid craffu arnynt yn fanwl. Wrth ail-ddarllen adolygiadau 1922 ar *Gwaed yr Uchelwyr* gallwn weld bod llawer o'u beirniadaeth ar adeiladwaith y ddrama'n codi'n uniongyrchol o ddiffyg deall ei hethos.

III

Problem yw penderfynu pa enw generig y dylem ei roi ar bethau fel *honneur, gloire* a *raison*. Nid egwyddorion moesol mohonynt, ac nid yw 'delfrydau' yn air hollol foddhaol. Pethau ydynt yn hytrach sy'n gorfodi dyn i ymlynu wrth ddelfryd neu egwyddor, beth bynnag yw honno. Ac nid oes raid iddynt, bob amser, fod yn gysylltiedig ag egwyddor foesol: gweithreda anrhydedd, ar y lefel fwyaf elfennol, pan fo dyn yn driw i unrhyw beth y mae ef ei hun wedi ei honni. Ond lle mae dyn yn arddel rhyw egwyddor foesol daw gweithredu anrhydeddus yn brawf a gynigir ganddo i'r byd o ddilysrwydd yr egwyddor.

Ond a oes raid i ni, y gynulleidfa, dderbyn y weithred fel prawf o ddilysrwydd yr egwyddor? Dyna'r cwestiwn y mae'n rhaid inni, wrth geisio dehongli theatr Saunders Lewis, ei ateb y naill ffordd neu'r llall. A'r ateb iddo, yn ddigon pendant, yw nac oes. Nid yw *Gymerwch Chi Sigaret?* yn brawf bod Cristnogaeth yn wir, ac ni fwriadwyd erioed iddi fod yn hynny. Mae'r awdur yn dweud wrthym yn hollol blaen beth y gobeithiai ei ddangos drwy'r ddrama: 'mawredd rhyfedd ac enbyd y natur ddynol'. Enghraifft sydd yma o weithred fawr, aruchel, arswydlon. Fe'i symbylwyd hi gan y gred fod Cristnogaeth yn wir, ond nid awgrymir na allasai cred hollol wahanol, hollol groes hyd yn oed, symbylu gweithred o gyffelyb faintioli. Beth ynteu am y ffaith fod gweithred Iris yn gorfodi Marc i fentro'i fywyd yntau ar yr un gred? Ai ateg o wirionedd y gred yw hynny? A bod yn fanwl, nage yw'r ateb eto. Nid oes raid i ymateb y gynulleidfa i weithred un cymeriad mewn drama fod yr un ag ymateb cymeriad arall iddi.

Yr ydym ar ein pennau yng nghanol cwestiwn ofnadwy o ddyrys: agwedd Saunders Lewis y llenor tuag at foesoli a moesoldeb mewn drama. Gellid dyfynnu digonedd o enghreifftiau ohono'n wfftio at foesoldebu ar y llwyfan. Gellid yr un mor hawdd ddyfynnu tystiolaeth o'i gred yn swyddogaeth foesol, addysgol llenyddiaeth o bob math. Sut y mae cysoni'r ddeubeth? Bu mwy nag un beirniad o'r blaen yn yr afael â'r broblem, ac awgrymwyd cyn heddiw nad yw Saunders Lewis erioed wedi llawn gysoni gwahanol draddodiadau o feddwl sy'n cyfarfod yn ei waith. Nid wyf am honni y gallaf symud ymaith yr anhawster, ond hwyrach y gallaf gynnig rhyw ben llinyn.

Gallwn gydnabod, i ddechrau, mai amwys yw perthynas llenyddiaeth â moesoldeb bob amser. Amwys, yn un peth, am fod llenyddiaeth yn rhwym o ddangos mai peth amwys yw moesoldeb ei hun, mewn byd amherffaith. Ni all ei ddangos fel arall, os yw hi am ddarlunio'n deg fyd ffenomenâu. Dan amodau'r cyfyngiad anorfod hwn y gweithreda dramâu fel *Amlyn ac Amig, Gymerwch Chi Sigaret?, Brad, Esther,* a *Cymru Fydd*: mae pob un ohonynt, yn ei ffordd, yn awgrymu na all yr arwr a'r sant fyth fod â dwylo hollol lân. A dyn a byd yr hyn ydynt, mae'n amhosib anrhydeddu ysbryd y ddeddf foesol heb dorri rhyw gymal ohoni yn rhywle. Dyna, efallai, ran o'r ateb. Ond gellir mynd ymhellach.

Llenor moliant yw Saunders Lewis. Ond, yn cymhlethu pethau

i ni, y mae rhagor nag un math o foliant. Un math yw hwnnw a
geir mewn trasiedi. I roi peirianwaith trasiedi mewn gafael fe
wna gweithred dda neu weithred ddrwg y tro lawn cystal â'i
gilydd. Y mae'r Drefn yn cosbi gweithred dda fel un ddrwg; ac
ar y llaw arall ni waherddir inni edmygu gweithred ddrwg os yw
hi'n tystio i nerth, angerdd a phenderfyniad dyn, neu i unrhyw
wedd ar ryfeddod ei fod. Cydnabu trasiedi erioed y gall y weithred
fwyaf trychinebus fod yn dyst o egni bywyd ar ei uchaf, ac nid
eithriadau mo dramâu'r traddodiad y dewisodd Saunders Lewis
ymgysylltu ag ef. Wrth gyflwyno inni Polyeucte, y merthyr del-
frydol neu Horace, y milwr delfrydol, nid yw Corneille yn gwa-
hardd inni eu gweld ill dau fel ffanaticiaid peryglus, os felly y
dewiswn eu gweld. Yr hyn y mae'n mynnu ein bod yn ei wneud,
ar yr un pryd, yw rhyfeddu'n edmygol at eu dewrder a'u balch-
der a'u rhyfyg. Yn dechnegol, y mae'r arwr yn ôl Corneille neu
Racine yn rhydd i ymroi i dda neu ddrwg. Nid yw'r ochr y
dewisa'i chymryd yn lleihau dim ar ei faintioli fel arwr trasig,
oherwydd nid moesoldeb yw diddordeb cyntaf trasiedi.

Yn dechnegol, y mae gan arwyr Saunders Lewis yr un rhyddid.
Ond ar yr ochr arall i'r darlun, y mae'n rhaid inni ystyried hyn:
nid natur dyn yw unig ddiddordeb Saunders Lewis y llenor; mae
ganddo ddiddordeb ysol hefyd yn y cwestiwn beth sydd orau i
gymdeithas, yng nghwestiwn rhyddid a threfn a thegwch, a sut y
gwireddir y rhain ymhlith dynion. Ac yn ogystal â bod yn awdur
trasiedi, y mae'n ymarddel hefyd â math arall o foliant, sef hwnnw
a gynrychiolir yng Nghymru gan draddodiad Taliesin. Mae diffin-
iad hwn o beth y dylid ei foli yn wahanol i ddiffiniad trasiedi. Y
rhinweddau sy'n cyfannu cymdeithas piau hi yma. Os gwir, a
defnyddio rhaniad enwog Nietzsche, mai Dionusos sydd biau
trasiedi, y mae yr un mor wir bod traddodiad Taliesin yn ddi-
syflyd deyrngar i Apolon. Felly mae Luned, Iris, Hofacker ac
Esther nid yn unig yn arwyr, ond hefyd yn arwyr o blaid gwar-
eiddiad. Am fod gwareiddiad yn mynnu ei wadu ei hun y mae'n

bosibl i'w gweithredoedd hwythau fod yn wrthryfelgar-anarch-aidd, ac yn hynny o beth yn unol ag ysbryd trasiedi. Priodir, gan hynny, ddau fath o foliant: nid oes unrhyw ddeddf yn gwahardd y briodas, er nad yw'n digwydd yn wastad yn hanes trasiedi. Ar y cwestiwn a ddylai'r arwr arddel yr un gwerthoedd ag y mae'r awdur ei hun yn eu mawrhau, nid yw traddodiad trasiedi yn deddfu y naill ffordd na'r llall.

Derbyniwn felly fod cymod rhwng arwriaeth drasig a moesol-deb yn beth posibl, yn beth cyfreithlon, ac yn beth sy'n tueddu i ddigwydd yn amlach na pheidio yn nramâu Saunders Lewis. Ond anodd peidio â theimlo na bu osgoi dibynnu ar foesoldeb yn rhyw nod ganddo o'r cychwyn, er gwaethaf ei weledigaeth eglur ei hun ar beth sydd dda i ddyn a chymdeithas. Yn *The Eve of Saint John*, y fam sy'n iawn, ond mae'n rhaid edmygu Megan hefyd. O'r pryd hynny hyd heddiw, teimlwn bod rhyw ysfa yn gafael ynddo ar dro i ddarlunio arwriaeth nad oes i foesoldeb ran ynddi. Mewn rhyw ddwy o'i ddramâu pwysig y gadawodd i'r ysfa honno gael ei ffordd.

Siwan yw un ohonynt. Fe allasai stori Siwan, Llywelyn a Gwilym Brewys, petai'r awdur wedi dewis ei thrin hi felly, fod yn achos lle gellid gwneud môr a mynydd o'r gwahaniaethau, dyweder, rhwng serch cwrtais a'r serch trasig Trystanaidd ar y naill law, a syniadau Cristnogol am gariad ar y llaw arall. Ond fel 'tae gan wybod bod pawb yn disgwyl iddo wneud hynny, mae Saunders Lewis yn osgoi'r peth fel gwenwyn! Fe allesid yn hawdd iawn drin Gwilym Brewys yn yr un modd ag y triniwyd Gronw Pebr, fel enghraifft o'r modd y gall pechod dyn fod yn gyfrwng i achub ei enaid. Am a wyddom ni, mae'n bosib i hynny ddigwydd gyda Brewys yntau, ond nid yw'r ddrama'n dweud iddo ddigwydd. Gweithreda ethos anrhydedd mor annibynnol ar foesoldeb ag y gall fyth fod. Rhag derbyn y diffiniad y cred hi bod Llywelyn yn ei goleddu ohoni hi y caniatâ Siwan i'w gŵr ei dal ym mreichiau Brewys; rhag derbyn diffiniad y cred ei bod hi'n ei goleddu ohono yntau y myn Llywelyn grogi Brewys.

Craidd y drasiedi, fel y down i weld yn y man, yw bod dyfaliad y naill o beth *yw* diffiniad y llall ohono yn llwyr ar gyfeiliorn.

Yn *Cymru Fydd* gwneir peth gwahanol eto. Drama ddau-arwr yw hon. Y mae un ohonynt, Bet, yn nhraddodiad arwyr normal Saunders Lewis, yn amddiffynydd disgyblaeth a gwerthoedd gwareiddiad. Ond yng nghymeriad Dewi, fe wneir mwy nag ysgaru arwriaeth oddi wrth foesoldeb; fe'i cysylltir ag anfoesoldeb. Fwy nag unwaith yn ei feirniadaeth dadleuodd Saunders Lewis dros yr egwyddor o adael i gymeriad 'gyflawni'r drwg sydd ynddo'; canmolodd Racine, yn arbennig, am ei barodrwydd i wneud hyn, a chollfarnodd rai awduron Cymraeg am beidio â'i wneud. Fe'i gwnaeth ei hun unwaith, yn y nofel *Monica;* ac o'r diwedd, yn *Cymru Fydd,* dyma'i wneud mewn drama. Ni adewir unrhyw amheuaeth nad drwg yw Dewi. Mae'n ymgorfforiad o nihiliaeth weithredol, egnïol. Ond fel person nid yw'n amddifad o rai o'r rhinweddau y disgwylir i arwr trasig eu meddu, nac o briodoleddau arferol arwyr Saunders Lewis—mae ganddo feddwl rhesymegol, penderfyniad, angerdd, beiddgarwch. Ie, rhyw fath o anrhydedd hefyd (wrth ddweud hyn manteisiaf ar y cyfle i gywiro peth a ddywedais amdano unwaith neu ddwy o'r blaen). Fe dyngodd Dewi lw nad âi yn ei ôl i'r carchar, ac fe'i cadwodd, gan roi ei fywyd yn bris. Ac fel rheol, ym myd Saunders Lewis, mae parodrwydd i gadw llw yn rhinwedd mawr iawn. Ei lw, nid ei ffydd, a achubodd Amlyn; 'doedd ganddo ddim ffydd.

Ni allwn lai na meddwl y byddai'n dda i ambell un fel Cris, gwrth-arwr y ddrama *Excelsior,* wrth rywfaint o ysbryd Dewi. 'Roedd gan Cris druan lond trol o ddelfrydau, pryd nad oedd gan Ddewi ddim un. Ond beth a ddâl delfrydau heb yr ymdeimlad hwnnw o rwymedigaeth at hunan sy'n peri bod dyn yn ffyddlon i'w arfaeth beth bynnag a fo honno? Ni all Cris fod yn ddim ond cyff dychan. Mae posib arwr o ddyn sydd ag anrhydedd heb ddelfrydau, ond nid o ddyn sydd â delfrydau heb anrhydedd. O'i dechreuad, glynodd drama'n gyndyn at yr egwyddor hon. Arwyddocaol iawn yw'r hyn a ddywed Dora wrth Bet, yn agos at ddiwedd *Cymru Fydd,* a'r gobaith am allu achub Dewi bellach yn cyflym gilio: 'Beth bynnag ddigwydd rŵan, cadw dy hunan-barch. Heb hynny y mae cariad yn ofer.'

Yr un peth, yn ei hanfod, yw byrdwn *Gwaed yr Uchelwyr.* Er bob ambell ddrama fel *Siwan* a *Cymru Fydd* yn amrywiadau pwysig ar y patrwm nid yw Saunders Lewis byth yn gwadu'n sylfaenol yr ethos a sefydlodd ef yn ei ddrama Gymraeg gyntaf. Archwilio posibiliadau gwahanol sefyllfaoedd, o fewn terfynau'r ethos hwnnw, a wnaeth ym mhob drama newydd o'i law. Gwir ei fod yn gweu ffactorau newydd i mewn o bryd i'w gilydd. Yn *Buchedd Garmon,* er enghraifft, y daw Cristnogaeth i mewn dan ei henw am y tro cyntaf; ac yn yr un ddrama, fel mae'n digwydd, y cwrddwn gyntaf â Hanes, yn yr ystyr ddunamig y deëllir Hanes yn theatr Saunders Lewis—Hanes yn yr ystyr o olrhain amodau ein bywyd ni heddiw i benderfyniad a wnaed gan rywrai yn y gorffennol, pell neu agos. (A hwyrach ei bod yn werth nodi nad oes i'r diddordeb hwn ddim lle o gwbl yn theatr glasurol Ffrainc; ychwanegiad ydyw). Ond nid yw'r un o'r ddau beth hyn, er eu pwysiced, yn newid yn sylfaenol yr ethos a ddiffiniwyd unwaith ac am byth yn *Gwaed yr Uchelwyr.*

Saunders Lewis: Dyn Anorfod

Naturiol yw i Gymru bellach deimlo bod ganddi hawl ar Saunders Lewis, yn union fel yr hawlia gwledydd eraill eu harwyr a'u harweinwyr. Daeth yn eiddo i ni, yn gof cenedl a'i le yn yr olyniaeth cyn sicred â Llywelyn. Fe eill yr hawl fynd yn hy, mynnu busnesa ac ysnachu ar ben tai. Ond feiddiwn i ddim mynd yn hy, na neb arall ychwaith sy'n gwerthfawrogi eu cysylltiad â Mr. Lewis. Nid mater o fradychu cyfrinach ydyw, ond parch at chwaeth sicr sy'n casàu poblogeiddio gor-ganmoliaethus cyhoeddus.

Pan ddaeth y gwahoddiad i gyfrannu at y gyfrol hon fy ngreddf oedd gwrthod. Rwyf yn hen gynefin â chrynu yn fy sodlau rhag ofn ei feirniadaeth. Erys yr ofn, ond gwahanol iawn bellach yw'r rhesymau. Nid wyf ysgolhaig na llenor i wneud cyfiawnder â'r dasg ond fe ŵyr S.L. hynny'n well na neb. Gwn innau na fyddai ddim dicach pe bawn yn gwneud stomp llwyr o ddadansoddiad llenyddol ohono. Methiant academaidd fyddai hynny—peth siomedig mewn hen fyfyriwr ond nid o dragwyddol bwys. Wedi'r cyfan, saif ei weithredoedd. Maent yn ddiogel heb i neb stryffaglio i euro'r lili. Ond yn bersonol y gofynnwyd i mi ysgrifennu. Gwn, o lygad y ffynnon, nad yw ef yn awyddus, bod y syniad yn anghydnaws a chroes i'r graen. Ni fynnwn innau dramgwyddo'r cysylltiad preifat hwnnw, wnaeth pa mor bell a ffurfiol y bo, sydd rhwng disgybl ac athro.

Ni allaf wadu nac osgoi y preifatrwydd; rhyw breifatrwydd sy'n ymestyn o synnwyr cyffredin dyn na chafodd fawr o le i ymddiried yn ei gyd-Gymry, hyd at holl awgrym soned R. Williams Parry i'r Dieithryn a ddaeth i lawr 'o'r nen'. Di-gyfaddawd efallai, ond mae'n rhy onest i roi act arwynebol o hobnobio'n 'hail fellow

196

well met'. Mae'n rhoi gormod o werth ar gysylltiad personol—a hynny sy'n gwneud ysgrifennu amdano yn anodd.

Bûm yn fyfyriwr iddo am dair blynedd. Treuliais oriau ar fy mhen fy hun yn ei gwmni ond nid wyf yn ei adnabod. Ychydig a wn amdano a phrin y bu sgwrs bersonol. Ni theimlais erioed, er hynny, smacht snobyddiaeth uchel ael nac arwahanrwydd elitaidd. Roedd o'n ddyn gwylaidd, distaw ac yn ddyn swil. Y ni'r myfyrwyr oedd yn ei godi ar bedestal yr 'eminence grise', yn synhwyro ei arbenigrwydd ac yn ei ystyried fel 'enaid ar wahân'. A dwyn un o'i eiriau ei hun roedd yna 'aura' o'i gwmpas, y carisma hwnnw sy'n dilyn mawredd. *Doedd* o ddim yr un fath â phawb, addoliaeth hurt adolesens neu beidio. Y profiad yma sy'n gwneud ysgrifennu yn fater o raid.

Nid oedd ganddo ef y ddirnadaeth leiaf o hyn. Byddai'n gwaredu rhag y fath beth, yn ei weld yn enbyd o ddigri ac yn dirmygu'n chwyrn yr un pryd. Yn wir, synnwn i ddim nad yw'n gwbl ddall hyd heddiw. Rhad arnaf, ond gobeithio y caiff agoriad llygaid. Gresyn na fedr gredu fod ei fyfyrwyr yn ei hoffi ac yn meddwl y byd ohono. Nid sgrifennu'n ufudd i anrhydeddu gŵr enwog a wnaf nac ychwaith efelychu'r traddodiad barddol a chlodfori, er prin y medrai wadu na fyddwn yn llygaid fy lle yn gwneud hynny! Ysgrifennu yn hytrach, am fy mod wedi cael y cyfle ar ran ei fyfyrwyr i ddweud 'Diolch'. Yr ydym ni wedi derbyn yn hael. Hoffem gael rhoi am y tro.

Nid yw ysgrifennu fel myfyriwr, yn fanwl gywir ychwaith gan na wyddwn i erioed am fywyd heb Saunders Lewis. Roedd fy rhieni yn y Blaid ac yn ddarllenwyr y *Ddraig Goch* a'r *Faner* ymhell cyn fy ngeni. Ar y deunawfed o Fawrth 1936 'roedd Cyngor Llŷn yn paratoi dŵr i'r Ysgol Fomio—a minnau'n ddiwrnod oed. A fi rwystrodd fy mam rhag canlyn fy nhad, gweinidog parchus gyda'r Methodistiaid Calfinaidd, nid fel y 'gethwrs', a âi 'i'w taith ar fore dydd Llun', ond ar fore Mawrth i'r llys i Gaernarfon. Droeon y clywais yr hanes. 'Deudwch stori'r Tân, Dad'—chwedloniaeth arwrol ddifyr, nid stori gyfoes dynion

cig a gwaed. Cofiaf ddosbarthu'r Tri, bron yr un fath â stori'r
tair arth neu'r tri mochyn bach—un yn fawr, y llall yn fychan a'r
trydydd yn y canol.

Helynt Bethesda, ymddiswyddiad fy nhad o'r weinidogaeth
oherwydd egwyddor, ddaeth â Saunders Lewis yn fwy byw i mi.
Credai 'nhad bod agor drysau Ysgoldy'r Capel i ffoaduriaid rhyfel
Sgotland Road, Lerpwl, yn amgen Cristnogaeth na diogelu adeil-
adau. Cydwybod a chefn iddo yn y frwydr oedd R. Williams
Parry a dyna sut yr ysgrifennwyd pennill olaf 'Ba Ffyliaid' neu'r
'Gwrthodedigion'—y pennill i'r Cyn-Weinidog. Llythrennwyd y
gerdd yn gywrain gan f'ewyrth Robert Huw, i'w fframio ar y silff
ben tân. Dyna gysur a balchder fy nhad. Dyna'r geiriau sydd wedi
eu torri ar ei garreg fedd gyda cherfiad o blant yn chwerthin yn
hapus yn null Lucca della Robbia. Yr un llaw, sef Jonah Jones,
a luniodd y Lôn Goed i Fardd yr Haf. Y'Ffyliaid' eraill oedd
George M. Ll. Davies a Saunders Lewis. Roedd cydymdeimlo yn
beth llythrennol iawn yn ein tŷ ni.

Cyngor y Cyn-Fancer a'm danfonodd i Ysgol Breswyl Seisnig
—erchyll o gamgymeriad ffodus, a siarad yn baradocsaidd. Yno,
oherwydd blas rhywbeth pur debyg i'r Welsh Not, peidiodd
Cymreigrwydd â bod yn chwedlau difyr. Yno hefyd y deuthum
o hyd i lenyddiaeth Gymraeg ar fy liwt fy hun—cael hyd i
Gywydd Hiraeth, Goronwy am Fôn a'i ddarllen mewn mwy
gwewyr na'r bardd ei hun. Ac yno y gwelais ddwy ddrama. Y
gyntaf oedd Jean Louis Barrault a Madeleine Renaud a'u cwmni
yn perfformio *Molière*. Yr ail oedd Garthewin yn llwyfannu
Blodeuwedd. 'Doeddwn i'n deall fawr mwy ar y Gymraeg nag
ar y Ffrangeg ond dyna fy nghyfareddu. Ni allai'r drefn a'm
harweiniai tua Saunders Lewis ddyfeisio gwell priffyrdd. Euthum
yn ôl i Fôn i wneud Cymraeg yn y chweched ac yna, heb amheu-
aeth i Gaerdydd. Nid stori unigolyn ydyw hon yn ei hanfod.
'Roedd S.L. yn fagned, yn tynnu a denu o sawl cyfeiriad. Aeth
lliaws o'i fyfyrwyr ar ei ôl, fel finnau, a'u llygaid yn eu pennau.
Aeth 'necessary man' Emyr Humphreys yn ddyn anorfod.

Prin gyda gwŷr llên bod eu hymddangosiad corfforol rithyn o bwys. Mae hanfod y mwyafrif ohonom wedi ei guddio'n ddiogel ag eithrio dihangfa fwriadol gwefus ac ambell frâd llygaid. Nid felly Saunders Lewis. Nid yn unig am fod ganddo wyneb a phen a wnai i gerflunydd ysu am ei gŷn a'i forthwyl, ond am ei fod yn ei feddiannu ei hun o'i gorun i'w sawdl, a'r cyfan, serennu neu felltennu, yn mynegi. Mae ei ffordd o eistedd a'i ben yn gam, o frysio'n fân ac yn fuan, o blethu ei aelodau'n ddi-esgyrn fel meistr Yoga, yn chwyddo dirgryndonnau'r tyndra sy'n ei amgylchynu. Mae'n ddistaw a byr ei eiriau, ac eto mae metaboleg ei gorff fel pe bai'n llosgi'n llawer cyflymach na'r rhelyw. Dyn ar dân ydi o, rhywbeth yn debyg i'r canol llonydd hwnnw sydd wrth graidd y grym niwcliar.

Meddyliaf amdano o hyd mewn darluniau; eryr mawr, llygaid gweld ymhell, clir, deallus, dan aeliau trwm; trwyn yr un fath yn union â phig, plygiadau'r ŵn golegol yn adenydd, a'r dwylo tyn yn gwasgu fel crafangau. Dro arall, golwg Feffistoffelaidd, un ael i fyny—os nad dieflig, pan ddaw'r tro cellweirus, sarcastig, ffyrnig i'r gwefusau. Tebyg i'r llun hwnnw o Voltaire neu mor syndod o debyg i Haile Selassie, Ymherodr Ethiopia a Llew Jiwda! Weithiau bydd yr wyneb yn welw asetig, y llygaid glas yn addfwyn bell ac wedi pylu, fel y glesni tyner hwnnw sy'n wawn dros lygaid aderyn. Yr 'aderyn diarth' a ddaeth i lawr 'o'r nen', aderyn Drudwy Branwen a 'sanctaidd epistol poen'. Wyneb Eicon a lluniau El Greco. Yn y canol mae wyneb yr artist, synhwyrus, chwerw felys, llawen drist.

Cefais bleser mawr yn darllen 'Presenting Saunders Lewis', ac adnabyddiaeth eraill yn goleuo fy adnabyddiaeth i. Bûm yn pendroni dipyn uwchben dau ddyfyniad gan eu bod yn crybwyll rhywbeth sylfaenol yn fy ymateb i S.L. 'One of the great deficiencies of Welsh Nationalism', medd Dafydd Glyn Jones 'is that it has not had a leader with a distinct streak of madness in him'. Ac meddai Emyr Humphreys am S.L. ei hun—'a definite lack of

Hitlerian hysteria or Lloyd George capacity for rhetorical deception'. Ymwrthod yn bendant â'r fath nodweddion a wnânt. Wrth gwrs! Arwyddocaol er hynny i'r awduron hyn eu hystyried. Droeon wrth ei ddisgrifio a cheisio deall ei afael rhestrais enwau mor anghymharus â Hitler ac Evan Roberts, Svengali a Socrates fel pe bai rhywbeth yn gyffredin iddynt yn rhywle. Efallai mai'r grym arswydus ydyw, grym personoliaeth aruthrol, grym hypnotig i fesmereiddio, i'ch sgubo oddiar eich traed a'ch hoelio i'r llawr. Rhyfedd meddwl beth fyddai wedi digwydd pe bai wedi dewis defnyddio'r arf yma yn arf politicaidd. Rhyfeddach meddwl amdano wedi aros yn nhraddodiad pregethwrol ei deulu. Pa dân yn Llŷn a ymledai wedyn tybed? Y wyrth a'r syndod o fuddugoliaeth yw ei fod wedi ymatal yn haearnaidd a dewis ffordd deall, rheswm a temperantia. Y fath demtasiwn!

Hyn a roi ias i'w ddarlithiau a'u troi'n wefr i gyd. Roedd fel eistedd gyda bom, y munudau'n tician a neb yn gwybod pryd y doi'r danchwa fawr. Ni ddaeth ac ni ddaw. Ond pwy oedd i wybod hynny? Darllenai'r cywyddau weithiau yn angerddol, darllen ei gyffes ffydd heb i 'run gair o bropaganda politicaidd na chrefyddol erioed groesi ei wefusau. Ar y diwedd byddem yn llipa fel grifft. Nid cyweirnod aruchel a gaem ni bob tro. Roedd rhan o'r grym cyn hyned â dawn y cyfarwydd ac yn deillio o'r actor a'r meistr ar theatr.

Prin y gallaf sgrifennu'n gydbwys. Pa siawns â rhai fel R.W.P. yn euog o ormodiaith, a pha angen gan fod eraill i unioni'r fantol. Nid dyn y ffordd ganol mohono. Rhaid bod yn frwd neu yn oer. 'Does yna neb yng Nghymru efo gwell ffrindiau na mileiniach gelynion. Wedi'r cyfan, mae o'n feidrol, yn hiwman, yn medru chwerthin a gwylltio ac anwesu cysuron gymaint â neb. Fel y dywed Shylock—'If you prick us do we not bleed? If you tickle us do we not laugh?' Onibai am hyn ni allai'r myfyrwyr deimlo mor annwyl tuag ato—y cip bach ar goll, a fflach yr hogyn drwg. Roeddem yn glustiau parod i'r holl straeon apocryffa ecsotig amdano ond ein gwir bleser oedd ei weld yn gyrru fel cath i gythraul yn y *Rover* a sgubo i mewn i'r cwad fel ras Fformiwla I. Byddem yn mwynhau ei weld ar ben y byd ar ôl cinio yng ngwesty'r Parc a darlithiau'r prynhawn yn sbarclo'n anarferol. Byddai'n cellwair wrth foesymgrymu a'n bowio i'n seddau fel pe bai bron a marw eisiau chwarae'r clown. Roedd yn ddigon pryfoclyd i gyrraedd dosbarth yn od ac anarferol o gynnar a thaenu papurau ffwlscap—dim ond er mwyn y sbort o weld braw arholiad di-rybudd. Weithiau byddai'n ddi-hwyl, golwg gwael cystuddiol arno a'r rheidrwydd o orfod ein hwynebu yn fwrn.

Afraid rhoi braslun o gynnwys ei ddarlithiau na chrynodeb o'i syniadau llenyddol. Mae'r Braslun a'r gweddill yn bod. Ceisio cyfleu agwedd ac ysbrydoliaeth fynnwn i. Tosturi oedd ymateb y mwyafrif, gan gynnwys Prifysgol Cymru, at y rhai gwirion a ddewisiai'r Gymraeg—prawf digonol eu bod yn rhy dwp i wneud dim byd arall. Dim ond yn Rhydychen yr ystyrid fi'n 'sglaig i allu dilyn y fath bwnc esoterig. Ond ni bûm yn hir gyda S.L. heb fagu balchder. Roedd y Gymraeg gyfwerth â llenyddiaethau mwyaf Ewrop, yn tarddu o'r un dysg a diwylliant, yn agor yr un dorau led y pen, ac yn hawlio ac yn haeddu yr un gallu a meistroliaeth i'w gwerthfawrogi.

Gyda'r balchder daeth y syniad o bleser ac o fwynhau. 'Yr unig beth sy'n bwysig yw cael pleser ynddo', meddai, 'a dyna'r unig ffordd hefyd i sicrhau bod y gwaith yn dda'. Roeddwn yn ansicr ynglŷn â thestun ymchwil un tro a gollyngdod oedd ei glywed yn dweud mai 'tipyn o faich' fyddai i mi 'fagu dawn artist o sgolor'. 'Mae nhw'n dweud bod disgyblaeth yn dda i ddyn', meddai, rhwng difri a chwarae 'ond wn i ddim'. Y peth pwysig yn siŵr i mi, ond iddo yntau hefyd oedd—'Ai dyna eich dawn chwi?', neu o leiaf a fyddwn yn hoffi ei feithrin. Nid esgus i osgoi gwaith caled oedd hyn ond parch at unigolyn a goddefgarwch o amryfal alluoedd a doniau. Roedd rhoi sbardun i fyfyriwr i'w adnabod ei hun, sefyll ar ei draed ei hun, ei annog i fentro a rhoi llam ymlaen yn sylfaenol bwysig iddo. Roedd diddordeb ac astudiaeth yn eang ac amryddawn—beirniadaeth lenyddol yn mynd yn ysgrifennu creadigol, yn wir yn debyg iawn i sgrifennu drama meddai, y naill fel y llall yn gofyn 'rhoi naid i mewn i brofiad rhywun arall'. Gorau oll pe gellid cynnwys pob celfyddyd. Yr un anian a'i gwnaeth yn wybodus am win. Nid snobyddiaeth ond synnwyr cyffredin. Mae'n ei hoffi.

Bûm ag ofn ei feirniadaeth sawl tro—heb angen. A derbyn y byddwn wedi darllen yn gymharol drylwyr ac y byddai'r gwaith yn ddiffuant, cawn ryddid i ddyfalu a chwarae efo syniadau heb fychanu na dilorni. Yn wir, ni fyddai'n *dweud* fawr ddim. Ei wyneb fyddai'n siarad, gŵg, ansicrwydd neu'r wên foddhaus honno pan welai fy mod wedi deall neu geisio dilyn ambell gyfeiriad. Rhyw broses o'i fod o'n deall mod i'n deall ei fod o'n deall, felly. Ond dyma enghraifft o'i feirniadaeth lafar—edrych ar ddau baragraff a dweud, 'Mi rydwi'n synnu bod yr un fedrodd sgrifennu hwn wedi sgrifennu hyn'. Dyna grisialu seicoleg dreiddgar athrylith o athro a wnai i chwi dderbyn beirniadaeth yn llawen ac addunedu gwell. A wnai i chwi hefyd deimlo nad oedd dim yn drech na chwi ac nad ffwlbri yw ymgyrraedd at y ser. Dim ond athro fel hyn a allai awgrymu i chwi ddilyn testun er y byddai ynddo 'mwy lawer o siawns methu'.

Her, sialens, stwff meddwol i ugain oed. Dyna'r Svengali. Cefais ddôs fawr o hollalluowgrwydd a megalomania. Cytuno y dylid gwella fy Lladin; mai da fyddai darllen Ffrangeg, Eidaleg, Almaeneg yn y gwreiddiol; rhyw ddarganfod Pascal a Fyrsil, Mauriac ac Anouilh, Dante a Mozart—ac ymlaen ac ymlaen, y cyfan yn gwbl naturiol a phosibl fel atodiad i'r cwrs Cymraeg. Nid oedd gorchymyn i ddarllen dim. Y cyfeiriadau wrth fynd heibio oedd yn codi blys, yn union fel y bûm yn yr offeren o ran chwilfrydedd ac awydd deall. Yn union fel y bûm anfodlon nes cael gweld Chartres a chrwydro yn Ffrainc a'r Eidal. Nid 'gadael yr Horas a'r Catwlws ar y llawr', a wnaech chwi i fod yn 'feddw fawr' gyda Saunders Lewis. Nid dilyn cwrs gradd ychwaith ond cael cip ar ddyneiddiaeth a ffordd o fyw. Wrth edrych yn ôl rhaid fy mod fel paraseit ac yn sugno fel gelain. Siom erchyll oedd deall bod Mr. Lewis yn ymddeol fel y gorffennwn innau fy ngradd ac na chawn wneud ymchwil o dan ei gyfarwyddyd. Ni allai Rhydychen gynnig gwell na disgleiriach Dyneiddiaeth. Yn sicr nid oeddwn i yn barod i 'nyfnu.

Er hyn i gyd, dydw'i ddim yn meddwl fod y darlithydd yn rhy hoff o ddarlithio, o'r broses fecanyddol o gadw at le ac amser nac ychwaith o glywed ei lais ei hun a brolio ei wybodaeth. Nid gwrth-ddweud ei lwyddiant a wna hyn ond ei egluro. Parch at y pwnc ac nid at gloc nac arholiad oedd yn rheoli. Roedd yn rhaid iddo fedru teimlo bod ganddo rywbeth i'w ddweud a bod yn yr hwyl i'w ddweud o. Wnai cawl ail dwym nodiadau set ddim o'r tro. Ac felly, weithiau, byddai'r llif yn sychu'n swta, y llyfr yn cael ei gau'n glep ac yntau'n troi ar ei sawdl ac allan. Ni fu rhaid dioddef y diflastod o rygnu ymlaen yn ddeddfol at ddiwedd awr. Ac oherwydd hyn byddai darlith ysbrydoledig yn gyforiog ac yn cywasgu defnydd deg. Gellir gweld hyn yn fy nodiadau. Mae rhai yn synhwyrol, brawddegau taclus a minnau'n amlwg yn dilyn y trywydd yn go dda. Dro arall, ysgrifen traed brain a phytiau digyswllt yn sboncio ar draws y dudalen. Cyfyng gyngor adegau felly oedd y dewis rhwng gwrando a cheisio deall, a gamblo y medrwn gofio, neu sgrifennu'n slafaidd yn y gobaith y cawn hyd i'r pen llinyn yn y man. Haenau ystyr oedd y drwg; mynydd rhew o ddarlith, y crib yn glir fel grisial a'r sylwedd yn y dyfnderoedd. Darlithydd personol oedd Saunders Lewis. Dechreuai'n aml—'Neithiwr roeddwn i'n darllen Islwyn', neu Ddafydd ap Gwilym neu bwy bynnag arall. Darlithydd personol hefyd am ei fod yn rhoi ohono'i hun ac ychydig o ddyfrio oedd yna ar y gwin.

Pleser yw cofio arabedd y sylwadau crafog, annisgwyl dros ysgwydd rheini; defnydd chwerthin ac ysgafnhau ar aml bwn academaidd a phroc iach i rigol gonfensiynol saff ein meddyliau. Cymharu Dafydd ap Gwilym efo Noel Coward. Cymharu'r ddau ddisgrifiad o ardd gan Richard Davies a Gruffydd Robert fel hyn:

Dim awgrym o werthfawrogiad synhwyrus gan R.D. Y disgrifiad yn
hynod Gymreig fel disgrifiad dyn dall. Gr. R. yn disgrifio fel Eidalwr.

Ystyr dyneiddiaeth yw meddiannu llenyddiaeth Groeg a Rhufain am
fod eu cynnwys yn perffeithio dyn. Dyna sydd tu cefn i bob Prif-
ysgol, etc., tan ddechrau barbareiddiwch yr ugeinfed ganrif.

A dyma gameo o Sion Dafydd Rhys:

Brodor o Llanfaethlu, Sir Fôn. Treuliodd ran fawr o'i oes yn yr
Eidal. Ysgolbaig mawr. Yn greadur enbyd o ddiddorol. Yn medru
bod yn ddigri. Yn medru rhegi'n ogoneddus. Stôr o iaith i boeri
gwawd ar bobl.

Medrai fod yn hunan bortread!

Braidd gyffwrdd fu ar lenyddiaeth yr ugeinfed ganrif a llai
fyth ar lenyddiaeth gyfoes. Byddai'n cyfeirio'n aml at lenorion ac
ysgolheigion cyfoes a hynny'n garedig bob tro, hyd yn oed y rhai
y buaswn i'n ddisgwyl iddo eu casáu. Nid nad oedd ganddo yntau
'stôr o eiriau i boeri gwawd', na'i fod yn fyr o wneud hynny, ond
nid yng ngwŷdd myfyrwyr oedd y lle na'r amser priodol. Beth
bynnag arall fu'n breifat bu ei feirniadaeth erioed yn eofn o
gyhoeddus. Ond ni welsom y cymeriad cyhoeddus yn ei ymwneud
â ni.

Ni chawsom ychwaith air o drafod ar ei waith ei hun. Cofia
un o'm cyd-fyfyrwyr ef yn dweud ei fod yn 'difaru sgrifennu ar
Bantycelyn am fod eisiau sant i wneud y gwaith yn deilwng.
Cofiaf innau ef yn poeri bron mewn cynddaredd ac yn dweud
'Fedra i ddim dioddef Blodeuwedd'. Dyn a ŵyr pam. Roedd y
cyfan yn tabŵ. Roedd bodolaeth y dramâu, yn enwedig, er
hynny, yn rhoi perspectif a dimensiwn llawnach i'r darlithydd. Yr
oeddem ag awydd eu darllen a'u gweld pe bai ond i adnabod yr
awdur, a siawns nad yn eu 'celwydd oll' y ceir yr unig wir bortread
ohono. Fel Marc yn 'Gymerwch chi Sigaret?', gyda llaw, y
gwelais i ngŵr am y tro cyntaf ond 'does bosib bod rhaid diolch i
S.L. am hynny hefyd. Mae'n fy atgoffa er hynny am ôl-nodiad
bach ffeithiol a ddaeth ryw ddiwrnod ar ddiwedd llythyr swydd-
ogol—'Bore yma, bûm yn siarad gyda Ysgrifennydd Eisteddfod

Glyn Ebwy ar y ffôn—ynglŷn â drama'. Cofio am y cinio byth-gofiadwy hwnnw hefyd yng Nglyn Ebwy, a Hywel Hughes, Bogota yn cyfarfod Saunders Lewis am y tro cyntaf ac yn ei gyfarch fel hyn: 'I am proud to meet a man braver than myself'. Roedd y ddau yn deall ei gilydd i'r dim.

Ychydig a welais ar S.L. ar ôl gadael y Coleg ond deuai llyth-yrau llawn, gofalus gyda throad y post bob tro y gofynnwn ei gyngor. Daeth llythyr pan fu farw nhad—'Bore yma darllenais y newydd yn y Faner'. Eistedd a sgrifennu'r munud hwnnw fel pe bai hynny'r peth pwysicaf oedd ganddo i'w wneud. Clywodd drwy Mair, ei ferch am ein helyntion yn chwilio am dŷ. Aeth yntau ym mis Rhagfyr i chwilio—a chael, a danfon traethawd o lythyr ar feiau a rhinweddau pensaernïol Caerdydd yr un pryd. Prynwyd y tŷ.

Byddaf yn cael ei hanes yn rheolaidd gan Mair a'i theulu ac efallai mai dyna'r cysylltiad gwerthfawr erbyn hyn—bod ei ŵyr ef a mhlant innau yn chwarae ac yn ffrindiau. Nid yw'r plant yn deall yn iawn eto pam mod i'n sgrifennu hanes taid Dyfrig. Ond fe wnânt. Mae'r 'Ffyliaid' o hyd ar y silff ben tân.

STEPHEN J. WILLIAMS

Darlithydd yng Ngholeg y Brifysgol, Abertawe

Efrydydd yng Ngholeg y Brifysgol, Caerdydd, oeddwn i pan welais i Mr. Saunders Lewis gyntaf, pryd y daeth yno i annerch cynulleidfa gymysg ar lenyddiaeth Gymraeg dan lywyddiaeth yr Athro W. J. Gruffydd. Yr oedd hynny beth amser cyn sefydlu'r Adran Gymraeg yng Ngholeg Abertawe, a'r farn ymhlith y Cymry Cymraeg, yn y cyfarfod ar ôl yr anerchiad oedd ei fod yn torri cwys newydd ac annibynnol ym maes beirniadaeth lenyddol yng Nghymru.

Clywais ef droeon wedyn yn siarad ar bynciau gwleidyddol, fel yng Nghynhadledd gyntaf y Blaid Genedlaethol ym Machynlleth (1926). Erbyn hynny cawswn gyfle i ddarllen cryn dipyn o'i waith, sef ei ddrama Gymraeg gyntaf (*Gwaed yr Uchelwyr*), *A School of Welsh Augustans,* ac amryw ysgrifau yn *Y Llenor* a'r *Ddraig Goch.* Felly, pan ymunais i â staff yr Adran Gymraeg yn Abertawe yn 1927, bum mlynedd ar ei ôl ef, gwyddwn rywbeth am ei ddoniau eithriadol ac am yr enwogrwydd a enillasai mewn amser byr iawn.

Yn fuan wedi imi ddod i'r Coleg ymddangosodd *Williams Pantycelyn,* sef y gyfrol a greodd y cyffro mwyaf, efallai, ar adeg ei chyhoeddi o holl lyfrau'r awdur. Cofiaf nad oedd ef yn dangos ei fod yn malio'n fawr am adwaith rhai o'i feirniaid, yn llenorion ac yn ddiwinyddion, ond ei fod yn siomedig am fod cynifer o wallau orgraff yn y gyfrol heb eu cywiro yn y wasg. Ar ei gais ef gwneuthum restr o'r rhain, ac os cofiaf yn iawn fe'i cyhoeddodd yn un o'r papurau wythnosol. Bu hyn yn ddechrau cyfathrach gyfeillgar rhyngom, ac yntau'n barod iawn, fel yr Athro Henry Lewis, i'm helpu a'm cyfarwyddo yn fy ngwaith newydd.

206

S.L. oedd yn gyfrifol am y darlithio ar hanes llenyddiaeth a beirniadaeth lenyddol yn yr Adran, ac nid ymyrrai'r Athro â'i waith o gwbl. 'Roedd trafod testunau llenydol, yn enwedig o'r cyfnod canol, yn rhan o'm dyletswyddau i, ac felly codai achos imi ymgynghori ag ef o dro i dro. Ar wahân i'w waith academaidd, 'roedd ef yn brysur iawn gyda'i waith gwleidyddol—yn golygu'r *Ddraig Goch,* gan gyfrannu'n helaeth iddi, ac yn ymwneud ag amrywiol weithgareddau ynglŷn â'r blaid wleidyddol newydd yr oedd yn ei harwain. Bu hefyd yn cynnal dosbarth allanol yng Nghwmllynfell am flynyddoedd lawer. Bron bob haf ymwelai â gwledydd Ewrob, Ffrainc gan mwyaf, a dyna'r unig seibiant— os seibiant—a gâi.

Canlyniad ei holl brysurdeb oedd na threuliai fwy o amser nag oedd yn rhaid yn y Coleg. Ni fyddai ganddo amser i wneud mwy na bwrw golwg dros rai o'r papurau a'r cylchgronau yn Ystafell Gyffredin y Staff, oni fyddai yno un neu ddau o'i gyfeillion agos i sgwrsio â hwy, megis Thomas Taig o'r Adran Saesneg, neu'r Athro Addysg, F. A. Cavanagh; y naill yn Sgotyn a'r llall yn Wyddel, a'r ddau wedi dysgu Cymraeg. Y cyfeillgarwch hynotaf oedd hwnnw rhwng S.L. a'r Athro Mathemateg, A Richardson. I bob golwg, ni allai fod dim yn gyffredin i'r ddau o ran ymagwedd at fywyd na syniadau na diddordebau. Ond deellais fod Mrs. Lewis a Mrs. Richardson yn ffrindiau er eu dyddiau coleg, ac mai wedi gadael swydd darlithydd Almaeneg yn y Coleg y daeth yr olaf yn wraig i Richardson. 'Roedd hithau wedi dysgu Cymraeg, a'r ddau deulu wedi mynd yn dra chyfeillgar. (Oherwydd gwaeledd ei iechyd bu raid i Richardson ymfudo i Dde Affrica, ac yno y bu farw. Er nad oedd y Sais milwrol, ond tra hoffus, hwn yn derbyn daliadau S.L., hyd y gwn, bu'n gefnogydd cadarn iddo yn yr helynt a barodd iddo golli ei swydd.)

Byddai darlithio i efrydwyr y cyrsiau isaf, ac yn enwedig y gwannaf eu crebwyll, yn dipyn o dreth weithiau ar amynedd S.L. Gallai ei gerydd hefyd fod yn ddoniol o ffraeth, fel y gwelais rywdro pan oedd ef a minnau yn eistedd yn ystafell yr Athro rhwng dwy ddarlith (gan nad oedd gennym unlle i droi iddo) a rhywun yn curo'r drws yn betrusgar. Bachgen o'r Dosbarth Canolradd a welsom yn dod i mewn, ar ryw berwyl neu'i gilydd, a gofynnodd Mr. Lewis beth oedd ei enw, Meddai'r bachgen, 'Mr. Beecham', (canys felly y cyfarchid ef yn y dosbarth yn ôl yr arfer.) Ac meddai Mr. Lewis, gan laswenu, 'Pwy a'ch bedyddiodd chi yn Mr.?'.

Os oedd yn anodd ganddo ddygymod â'r gweiniad, ymroddai'n afieithus i gyfarwyddo'r deallus. Byddai gweld arwyddion o allu ymenyddiol ac aeddfedrwydd barn yn rhywun o'r Dosbarth Clod (y 'D.Anrhydedd' bellach) yn rhoi gwir lawenydd iddo. Dechreuodd ddethol traethodau gan rai o'r dosbarth a gofyn wedyn i'w hawduron eu darllen ar goedd mewn seminâr. Ceid trafodaeth gyffredinol wedyn, ac yntau'n cyfarwyddo a beirniadu. Deuai felly i adnabod aelodau'r dosbarth uchaf yn dda. Nid anghofiaf ei dristwch mawr pan fu farw un o'r disgleiriaf, sef Hilda Hodges o Fforest-fach, merch a chanddi feddwl eithriadol dreiddgar ac ymwybod greddfol â gwerthoedd llenyddol.

Ni fyddai'r ddarlith ganddo bob amser yn para am y 50 munud arferol, ond clywais fod ei wrandawyr yn aml yn diolch am hynny gan fod yr hyn a gyflwynid mor gynhwysfawr, fel na ellid ei wir ddirnad heb astudio manwl a chwilio yn y llyfrgell. Peth a barai i S.L. lawenychu (gan ei brinned yn ei olwg ef, efallai) fyddai gweld arwyddion o foneddigeiddrwydd naturiol yn osgo neu ymddygiad neu barabl ambell efrydydd. Ar yr un pryd, gofidiai weithiau nad oedd ganddo ef ei hun iaith lafar ac iddi gynildeb llyfn tafodiaith ar ci gorau.

Yn y tridegau cynnar 'roedd Cymdeithas Gymraeg y Coleg yn bur llewyrchus ond ni allai ef fynychu'r cyfarfodydd mor aml ag y dymunai. Dechreuodd yr efrydwyr ymddiddori yn y ddrama, a'r ddrama hir a ddewiswyd i'w chwarae yn gyntaf oedd *Gwaed yr Uchelwyr*. Ni allai'r awdur gael amser i gyfarwyddo, ac felly galwyd arnaf fi i wneud hynny. Oherwydd cyfyngiadau'r llwyfan a'r adnoddau barnwyd mai gwell fyddai newid un olygfa, a chyda phob parodrwydd y cytunodd S.L. â'r awgrym. Digwyddai fod ymhlith yr actorion a ddewiswyd ddau neu dri hynod gymwys at y gwaith, a'r Gymraeg yn raenus ar wefusau pob un o'r cwmni. Nid oedd y ddrama wedi ei llwyfannu ond unwaith cyn hynny, sef yng Nghaerdydd, pryd y siomwyd yr awdur yn fawr. Ar ôl y perfformiad yn y Coleg dywedodd ei fod wedi ei fodloni'n fawr. Wedi clywed parablu coeth a naturiol yr actorion ifainc, meddai, yr oedd ei anobaith am werth ei ddrama ar lwyfan wedi diflannu'n llwyr.

O bryd i'w gilydd byddai ef yn awgrymu rhyw orchwyl y gallwn ymgymryd ag ef yn f'oriau hamdden, megis cyhoeddi gwersi elfennol i rai'n dysgu Cymraeg, sgrifennu ambell adolygiad neu baratoi gwaith i'w ddarlledu. Byddai bob amser yn barod i roi ei gyngor a'i help. Drwyddo ef cefais i'r cyfle i gymryd rhan, yn achlysurol, mewn dramâu radio, a'r darllediad cofiadwy i mi oedd hwnnw pan gyflwynwyd *Buchedd Garmon* am y tro cyntaf, o stiwdio'r BBC yng Nghaerdydd, 2 Mawrth, 1937.

Yn yr ysbaid o ryw dri mis rhwng y ddau brawf ar ôl y 'Tân yn Llŷn' (pryd yr oedd drysau'r Coleg wedi eu cau yn erbyn S.L.) y lluniwyd y ddrama rymus hon. Adroddwyd hanes y cyfansoddi yn Rhagair yr awdur i'r argraffiad a gyhoeddwyd ym Mawrth 1937. Pan oedd ef ar ganol y gwaith gofynnodd a ofalwn i am gywiro'r proflenni, *etc.*, tra byddai'r llyfr yn y wasg, ac yntau, efallai, wedi ei gaethiwo. Wrth wneud ei gais mewn modd mor ddi-daro dangosodd ei ddewrder mawr; yr un dewrder ag a welwyd ynddo flynyddoedd ynghynt pan heriodd John Reith, y gŵr hwnnw yr ofnid ei gysgod gan y rhai dan ei awdurdod.

Erbyn noson y darllediad, buasai'r 'Tri' yng ngharchar am ryw ddeufis, ac mae'n sicr na fu'r cyfarwyddwr, T. Rowland Hughes, yn fwy difrif-ddwys erioed nag y bu wrth baratoi'r cyflwyniad hwn. Gyda'r un difrifoldeb ymroddiad y deuai Arwel Hughes yntau i'r

stiwdio i arolygu'r trefniadau ynglŷn â'r gerddoriaeth a gyf-
ansoddasai. Braint fawr i mi oedd cael cymryd rhan Paulinus yn
y ddrama ac ymuno â chwmni o actorion profiadol .Dwysawyd y
naws wefreiddiol yn y stiwdio yn ystod y darllediad gan y neges
a gawsom fod y carcharorion yn cael gwrando arno yn ystafell
Gorchwyliwr y carchar.

Pan waharddwyd i S.L. ddarlithio ar ôl y prawf cyntaf, yng
Nghaernarfon, credai'r rhan fwyaf o staff y Coleg mai rhywbeth
dros dro oedd hyn. Ar ôl yr ail brawf yn Llundain (yr ymunodd
llawer o'r staff â'r brotest yn erbyn ei gynnal yno) anfonwyd
cais wedi ei lofnodi gan y rhan fwyaf o'r athrawon a'r darlithwyr
at y Cyngor yn apelio am adfer Mr. Lewis i'w swydd ar ôl ei
ryddhau. Ni thyciodd y cais, ond y gred gyffredinol (na ellid ei
chadarnhau na'i gwadu'n gyhoeddus) oedd bod y Cyngor ymhell
o fod yn unfryd wrth ei ddi-arddel ac mai ar bwynt technegol y
cariwyd y ddadl, sef bod y darlithydd wedi torri amod ei benod-
iad trwy fod yn analluog i ddarlithio yn ystod ei garchariad.
Cynhaliodd y myfyrwyr gyfarfod cyhoeddus yn y dref i brotestio
yn erbyn di-arddel y darlithydd. Dangoswyd cydymdeimlad cryf
ag ef gan nifer helaeth o'r staff mewn dull ymarferol, nid oblegid
cytuno gan bawb, o gryn dipyn, â'i ddelfrydau, ond yn enw cyf-
iawnder. Daethai mwy a mwy erbyn hynny i'w edmygu am wrol-
deb ei safiad, a gwyddai rhai am ei allu i ddarllen arwyddion yr
amserau yn y byd gwleidyddol yn gyffredinol, yng ngweinydd-
iaeth y Brifysgol a'r Coleg ac yn osgo mudiadau yng nghyd-
berthynas pŵerau mawrion y byd. Nid oedd modd cysoni'r drin-
iaeth a gawsai gan awdurdodau'r Coleg â'r parodrwydd a
ddangoswyd i dderbyn 'Val' a 'D.J.' yn ôl i'w swyddi. Yng
nghanol y dyfalu a'r holi, yr unig beth sicr oedd bod y cyfnod o
bedair blynedd ar ddeg o wasanaeth clodwiw Mr. Saunders Lewis
i'r Coleg wedi dod i ben.

Llyfryddiaeth Gwaith Saunders Lewis

BYRFODDAU

A-W.R.	Anglo-Welsh Review.	L.H.S.M.	Liscard High School Magazine.
B.	Barn.	L.P.M.	Liverpool Post and Mercury.
B.A.C.	Baner ac Amserau Cymru.	Ll.	Y Llenor.
B.B.C.	British Broadcasting Corporation.	Llaf.	Llafar.
B.B.C.S.	Bulletin of the Board of Celtic Studies.	Lleu.	Lleufer.
B.C.E.G.	Beirniadaethau a Chyfansoddiadau'r Eisteddfod Genedlaethol.	Ll.Cd.	Llythyr Ceridwen.
		Llwyfan	Y Llwyfan.
		M.	Morgannwg.
Br.	Y Brython.	Obs.	The Observer.
C.	Cymru.	R.C.	Revue Celtique.
C.D.L.	Cambria Daily Leader.	S.G.	Seren Gomer.
Cryn.	Y Crynhoad.	S.W.D.N.	South Wales Daily News.
Cym.	Y Cymro.	T.	Y Traethodydd.
D.	Y Darian.	Tab.	The Tablet.
D.G.	Y Ddraig Goch.	Tal.	Taliesin.
E.	Yr Efrydydd.	T.Dd.	Trafod y Ddraig.
E.A.	Efrydiau Athronyddol.	T.H.S.C.	Transactions of the Honourable Society of Cymmrodorion.
E.C.	Efrydau Catholig.		
E. Celt.	Etudes Celtiques.	T.N.	Tir Newydd.
E.N.	Empire News.	Triv.	Trivium.
Eur.	Yr Eurgrawn.	W.	Wales (Keidrych Rhys).
Ff.	Y Fflam.	Waw.N.	Y Wawr Newydd.
G.G.	Y Genedl Gymreig.	W.M.	Western Mail.
Genh.	Y Genhinen (Llandysul).	W. & Mon.	Wales and Monmouthshire.
Gol.	Y Goleuad.	W.N.	The Welsh Nationalist.
H.	Heddiw.	W.O.	The Welsh Outlook.
Haul.	Yr Haul.	W. Rev.	The Welsh Review.
L.C.	Llên Cymru.	Y.C.	Ysgrifau Catholig.
L.D.P.	Liverpool Daily Post.	Ysg. B.	Ysgrifau Beirniadol.

A. LLYFRAU A LLYFRYNAU RHWNG 1921 A 1968

1921   *The Eve of St. John*. Drama fer. Newtown, tt. 23.

1922   *Gwaed yr Uchelwyr*. Drama Dair Act. The Education Co. Ltd., Caerdydd. Cyfres Dramâu Cymreig No. 52, tt. 60.

1924   *A School of Welsh Augustans*. Hughes a'i Fab, Wrecsam, tt. 181.

1924   *Doctor er ei Waethaf*. Hughes a'i Fab, Wrecsam, tt. 104.

1926   *Egwyddorion Cenedlaetholdeb*. Plaid Genedlaethol Cymru. Caernarfon.

1926   *An Introduction to Contemporary Welsh Literature*, Wrecsam, tt. 16.

1927   *Williams Pantycelyn*. Foyles, Llundain, tt. xii & 242.

1929   *Ceiriog. Yr Artist yn Philistia I*. Aberystwyth, tt. 55.

1930   *Monica*. Nofel Gymreig. Aberystwyth, tt. 120.

1931   *Ieuan Glan Geirionydd. Cyfres y Clasuron I*. Gwasg Prifysgol Cymru, tt. 74.

1931   *The Banned Wireless Talk*. Plaid Genedlaethol Cymru. Caernarfon.

1932   *Braslun o Hanes Llenyddiaeth Gymraeg Hyd 1535 I*. G.P.C., tt. 136.

1933   *The Case for a Welsh National Development Council*. Caernarfon.

1934   *The Local Authorities and Welsh Industries*. W.N.P. Caernarfon.

1935   *Y Frwydr Dros Ryddid*. Caernarfon, tt. 16.

1936   *Daniel Owen. Yr Artist yn Philistia II*. Aberystwyth, tt. viii & 63.

1936   *Chwefror. Paham y Gwrthwynebwn yr Ysgol Fomio*. P.G.C., Caernarfon.

1937   *Buchedd Garmon. Mair Fadlen*. Aberystwyth, tt. x & 64.

1937   *Paham y Llosgasom yr Ysgol Fomio*. Aberystwyth.

1938   *Canlyn Arthur*. Aberystwyth, tt. 148.

1939   *Is There an Anglo-Welsh Literature?* Gwasg Prifysgol Cymru, tt. 14.

1940   *Amlyn ac Amig*. Drama. Aberystwyth, tt. 60.

1941   *Byd a Betws*. Barddoniaeth. Aberystwyth, tt. 27.

1942   *Cymru Wedi'r Rhyfel*. Llyfryn. Aberystwyth.

1942   *Plaid Cymru Gyfan*. Llyfryn. Caernarfon, tt. 16.

1943   *Straeon Glasynys*. Aberystwyth, tt. 100.

1943   *Y Newyn yn Ewrop*. Llyfryn. Gwasg Gee.

1945   *Ysgrifau Dydd Mercher*. Aberystwyth, tt. 112.

1948   *Blodeuwedd*. Drama. Gwasg Gee, tt. 102.

1949   *Crefft y Stori Fer*. (Gol.) Aberystwyth, tt. 77.

1952   *Eisteddfod Bodran. Gan Bwyll*. Gwasg Gee, tt. 158.

1956   *Siwan a Cherddi Eraill*. Llyfrau'r Dryw, tt. 88.

1956   *Gymerwch Chi Sigaret?* Drama. Llyfrau'r Dryw, tt. 78.

1958   *Brad*. Drama. Llyfrau'r Dryw, tt. 87.

1960   *Esther. Serch Yw'r Doctor*. Llyfrau'r Dryw, tt. 101.

1962   *Tynged yr Iaith*. Llyfryn. B.B.C., tt. 30.

1964   *Merch Gwern Hywel*. Nofel. Llyfrau'r Dryw, tt. 84.

1967   *Gramadegau'r Penceirddiaid*. Gwasg Prifysgol Cymru, tt. 17.

1967   *Cymru Fydd*. Llyfrau'r Dryw, tt. 68.

1968   *Problemau Prifysgol*. Drama. Llyfrau'r Dryw, tt. 66.

B. ERTHYGLAU MEWN CYFNODOLION

1908   *Derek's Rescue.* Stori Fer. L.H.S.M. Gorff., tt. 8-9.

1909   *The Sports.* L.H.S.M. Gorff., tt. 6-7.

1910   *The Curse of the Bertrams.* Stori Fer. L.H.S.M. Gorff., tt. 5-7.

1911   *Editorial.* L.H.S.M. Ebrill.

1912   *Ymweliad ag Oriel y Darluniau yn Lerpwl.* Yr Ymwelydd Misol, t. 171.

1914   *Bookshops and Booksellers.* W.O., t. 270.

1918   *Rhamant Addysg Cymru.* Cym. (Dolgellau). Awst 28, t. 4.

1919   *Jac Glanygors.* W.O., t. 238.
          The Present State of Welsh Drama. W.O., t. 302.
          Ymson yn Athen. C. Mehefin, tt. 185-6.
          Three Short Plays. Adolygiad. C.D.L., Hyd. 22.
          A Speech and a Play. Adolygiad. C.D.L. Hyd. 24.
          The Drama Week. A Retrospect. C.D.L. Hyd. 25.
          Anglo-Welsh Theatre. C.D.L. Medi 10.
          Rhufain—Yr Ymweliad Cyntaf. Cym. (Dolgellau) Chwef. 12.
          Profiad Cymro yn y Fyddin. Dwy Erthygl. Cym. (Dolgellau) Gorff. 23 a 30.

1920   *Welsh Drama and Folk Drama.* W.O., t. 167
          The Critical Writings of T. Gwynn Jones. Dwy Erthygl. W.O., t. 265 & t. 288.
          Imagery and Poetic Themes of S. T. Coleridge. Traethawd Gradd. Heb ei gyhoeddi. Llyfrgell Prifysgol Lerpwl.
          Four Plays. Adolygiad. W.O., t. 175.
          Celfyddyd y Ddrama. Tair Erthygl. D. Mai 20, t. 2; Mai 27, t. 1; Meh. 10, t. 7.
          Celfyddyd y Ddrama. D. Tach. 25, t. 3.
          Nodyn ar Ibsen. D. Rhag. 23, t. 8. Llythyr.

1921   *Pwy yw'r Werin?* D. Chwef. 10, t. 3. Llythyr.
          Y Ddrama yn Ffrainc. D. Gorff. 7, t. 3.
          Mary. Adolygiad Byr. W.O., t 71.
          Cwmni Drama Cenedlaethol. Br. Chwef. 23. Llythyr.

Adolygiadau: W.M. Ion. 28, t. 9 (o *Irish Fairy Tales* a *The King of Ireland's Son*).

John Keats. W.M. Chwef. 23, t. 7 (adol. o *John Keats: Secrets of his Genius*).

John Keats Memorial. W.M. Chwef. 25. t. 9 (adol. o *The John Keats Memorial Volume*).

A New Dramatist. W.M. Mawrth 24, t. 9 (adol. o *The Yellow Bittern and Other Plays*).

Two Plays. W.M. Ebrill 1, t. 8 (nodyn adol., *The Challenge* a *Wat Tyler*).

A Viking Saint. W.M. Ebrill 22, t. 8 (adol. o *St. Columba of Iona*).

Japanese Drama. W.M. Mai 20, t. 8 (adol. o *The Noh Plays of Japan*).

The Genius of Iolo Morganwg. W.M. Awst 12, t. 8.

1922   *John Morgan, M.A., 1688-1747*. Ll. Gwanwyn.

Addysg Ddifonedd. Gol. Rhag. 6, t. 9.

Barddoniaeth R. Williams Parry. Ll. Haf.

Safonau Beirniadaeth Lenyddol. Ll Gaeaf.

Recent Anglo-Celtic Drama. W.O., tt. 63-5.

Cwmni Drama Cymrodorion Caerdydd. D. Mawrth 2, t. 2.

A Great Frenchman. W.M. Ion. 13, t 6. Trichanmlwyddiant Molière.

Rural Libraries and Welsh Literature. W.M. Chwef, 21, t. 7.

Welsh Literature. W.M. Mawrth 4, t. 9 (adol. *Llenyddiaeth Cymru 1450-1600*, W. J. Gruffydd).

Welsh Societies and Home Rule. W.M., Mai 4. Llythyr.

1923   *Blodeuwedd*. Ll. Gaeaf.

Barddoniaeth W. J. Gruffydd. Ll. Gwanwyn.

Y Bardd Cwsc. Ll. Hydref.

Katherine Mansfield a Bywyd yr Ysbryd. B.A.C. Meh. 28.

Argymell Drilio. Paragraffau mewn symposiwm. B.A.C. Awst 9.

Welsh Nationality. W.M. Awst 17 Llythyr.

Trosi 'Faust' i'r Gymraeg. B.A.C. Awst 30.

Dogma. B.A.C. Hyd. 4.

Gwaed Ifanc. B.A.C. Tach. 8. Adolygiad.

Goronwy Owen. T.H.S.C. 1922-23. Atodiad, t. 7.

Ynys yr Hud. W.O., t. 73. Adolygiad.

Cymry Ieuainc a'r Orsedd. B.A.C. Ebrill 25.

Gwaed Ifanc. C.D.L. Tach. Adolygiad Saesneg.

Barn ar yr Eisteddfod. W.M. Awst 25, t. 9.

1924 Y *Cynganeddion Cymreig*. Ll. Hydref. Adolygiad.
Maurice Barrès. B.A.C. Ion. 24.
Celfyddyd Miss Kate Roberts. B.A.C. Gorff. 3..
Y *Saeson yng Nghymru*. B.A.C. Tach. 6. Adolygiad.
Beirniadaeth Lenyddol. W.M. Awst 8, t. 7.

1925 *Yr Eisteddfod a Beirniadaeth*. Ll. Gwanwyn.
Blodeuwedd. Ll. Gaeaf.
Dafydd Nanmor. Ll. Hydref.
Pwyll y Pader o Ddull Hu Sant. B.B.C.S. IV, tt. 286-9.
Dr. Puleston Jones fel Llenor. B.A.C. Chwef. 5.
Y *Ddrama yng Nghymru*. B.A.C. Mawrth 26.
Cymreigio Cymru. B.A.C. Ebrill 9.
Cerddi'r Bore. B.A.C. Gorff. 23. Adolygiad.
Weakness in Welsh Life. W.M. Mai 22. Llythyr.

1926 *Iolo Goch ac Eraill*. Ll. Hydref. Adolygiad.
Nodion y Mis. D.G. O hyn hyd Ion. 1937, Mr. Lewis oedd golygydd Y *Ddraig Goch*, cylchgrawn misol Plaid Genedlaethol Cymru.
Llythyr at Gynan. D.G. Hydref.
Gwleidyddiaeth 1925. B.A.C. Ion. 7.
Pasiant neu Sagrafen? B.A.C. Gorff. 8.
Caniadau Gregynog T. Gwynn Jones. B.A.C. Medi 16. Adolygiad.
Tudur Aled. B.A.C. Rhag. 23. Adolygiad.
Yr Arddangosfa Gelfyddyd yn Eisteddfod Abertawe. E. Medi, t. 313.
The Influence of the French Revolution on Welsh Life and Literature. E. Tach., t. 56. Adolygiad.
Cenedletholdeb a Chyfalaf. D.G. Mehefin.
Trasiedi. D.G. Gorff.
Ateb i Feirniad. D.G. Awst.
College Poets. W.M. Awst 19, t. 9. Adolygiad.

1927 *Llythyr Ynghylch Catholigiaeth*. Ll. Haf.
Y *Briodas. Dehongliad*. Ll. Gaeaf.
Caniadau'r Allt. B.A.C. Mawrth 24. Adolygiad.
Lloegr, Ewrob a Rhyfel. D.G. Tachwedd.
Griffith Robert. W.M. Mai 5, t. 9. Adolygiad.
Beirniadaeth yn Eisteddfod Powys. G.G. Chwef. 6, t. 5.

1928 *Llygad y Dydd yn Ebrill*. Ll. Hydref.
Y *Sant*. Ll. Gaeaf. Adolygiad.

Dramâu J. O. Francis. B.A.C. Ion. 10.
Ysgrifau T. H. Parry-Williams B.A.C. Meh. 5. Adolygiad.
Y Cawg Aur. B.A.C. Medi 18. Adolygiad.
Cyfrinach y Môr. Ll. Hydref. Adolygiad.
Five Points of Welsh Nationalist Policy. W.O. Mawrth, t. 79.
Llenorion a Lleygwyr. E. Mawrth, tt. 146-8.
Y Blaid Genedlaethol a Senedd Lloegr. D.G. Mawrth, t. 10.
Y Gyllideb o Safbwynt Cymru. D.G. Mai, t. 12.
Eisiau Priodi Dau Ddiwylliant. D.G. Gorff., t. 2.
Rhai Amheuon. Y Llwyfan.
The Troubled Saint. W.M. Mawrth 1, t. 4 (gyda darlun o S.L.).
Sanity Triumphs. W.M. Tach. 1, t. 6 (adol. o *Orgraff yr Iaith Gymraeg*).

1929   *The Literary Man's Life in Wales.* W.O. 294. Anerchiad a draddodwyd. gerbron y Gyngres Geltaidd yn Glasgow, Medi 1926.
Paentiwr y Pwll Glo. D.G. Ionawr, t. 5.
Awdl 'Y Sant' gan Mr. D. Gwenallt Jones. D.G. Chwef., t. 3 Adolygiad.
A.E. a Chymru. D.G Ebrill, t. 4. Adolygiad.
Drama Eisteddfod Genedlaethol Lerpwl. B.A.C. Mawrth 26; gw. hefyd *Y Genedl,* Mawrth 25.
Y Blaid Genedlaethol a'r Brenin. D.G. Mawrth.
Ein Polisi Seneddol. Dwy Erthygl. D.G. Tach. a Rhag.

1930   *Talhaiarn.* B.A.C. Rhag. 23, t. 4. Adolygiad.
Ein Polisi Seneddol. III Cwestiwn Propaganda D.G. Ionawr.
Kenyon, Cymru a Llanrwst. D.G. Chwefror.
Y Llywodraeth Lafur a Chymru. D.G. Mawrth, t. 1.
Polisi Seneddol y Blaid. IV. D.G. Mawrth, t. 3.
Thomas Masaryk ac Adfywiad Cenedl. D.G. Ebrill, t. 4 a Mai, t. 3.
Cadair Hanes Cymru yn Aberystwyth. D.G. Meh., t. 3.
Cadw Harddwch Cymru. D.G. Meh., t. 5.
Cyffes Fydd Lloyd George. D.G. Gorff., t. 1.
H. R. Jones. D.G. Gorff., t. 3.
Angen Newydd-deb Gweledigaeth yng Ngholeg Harlech. D.G. Awst, t. 1.
Y Blaid Genedlaethol a'r Dyfodol. D.G. Medi, t. 1.
Y Saeson yn Colli Lloegr i Ennill Ymreolaeth. D.G. Hydref, t. 1.
Yr Angen am Ymladd yn y Lecsiwn Nesaf. D.G. Tachwedd, t.1.
Y Llanw yn Codi. D.G. Tachwedd, t 3.
Tueddiadau Gwleidyddol y Dydd. D.G. Ionawr.
Ffrainc a'i Phobl. Ll. Haf. Adolygiad.
Yr Apêl at Hanes. Ll. Haf. Adolygiad.

A Welsh Classic. W.M., Ion. 2 (adol. o *Rhigolau Bywyd,* Kate Roberts).

Choice of National Librarian. W.M. Ion. 11, t. 6.

Tale of Lost Causes. W.M. Mawrth 1, t. 12.

Eisteddfod as a State Function. W.M. Awst 4, t. 9.

The Banned Talk. W.M. Rhag. 9, t. 9 (sgwrs gan S.L. a ataliwyd gan y B.B.C.)

1931   'Cerddi' Dr. Parry-Williams.* B.A.C. Gorff. 7. Adolygiad.

Adroddiad, Nofel a Phapur Newydd. D.G. Ionawr. Adolygiad.

Cymru mewn Argyfwng. D.G. Chwefror.

Y Parch. Aethwy Jones ac India. D.G. Mawrth.

Mr. E. T. John. Coffâd. D.G. Mawrth.

Y Ffeithiau ynglŷn â Chyflwr y De. D.G. Ebrill.

Datblygiad yr Iaith Gymraeg. D.G. Ebrill. Adolygiad.

A ddaw Chwyldro i Brydain? D.G. Mai.

Prifysgol y Diwaith. Esiampl yr Almaen. D.G. Mai.

Yr Etholiad yng Nghwm Ogwr. D.G. Mehefin.

Yr Argyfwng yn Ewrob. D.G. Awst.

Gwrthuni'r Genedl Brydeinig. D.G. Medi.

Economeg Hunan-lywodraeth. D.G. Medi. Adolygiad.

Straeon J. J. Williams. D.G. Medi. Adolygiad.

Beth a welodd y Bancwyr Tramor? D.G. Hydref.

Y Mesur Cynhilo. D.G. Hydref.

Colli'r Safon Aur. D.G. Hydref.

Anerchiad at Etholwyr Prifysgol Cymru. D.G. Tach.

1932   *Pitar Puw a'i Berthynasau. Cerddi Offeiriad.* B.A.C. Tach. 8. Adolygiadau.

Undebau Llafur a'r Blaid Genedlaethol. D.G. Tach.

Yr Ymosod ar Ysgolion Canol. D.G. Rhag.

The New Nationalism in Wales: What it Means. W.N. Ion.

The Foundations of True Education. W.N. Chwef.

Ireland and the Abolition of the Oath. W.N. Ebrill.

Revolutionary Aims of the Welsh Nationalists. W.N. Mai.

The Communists and Welsh Nationalists. W.N. Medi.

The Realist and our Economic Conditions. W.N. Medi.

Eisiau Urddas ym Mywyd Cymru Heddiw. W.M. Awst 2 (ynghŷd â darlun o S.L.).

1933   *Cystadleuaeth Ddisynnwyr.* B.A.C. Gorff. 6.

Y Sefyllfa Economaidd yng Nghymru. D.G. Ion.

A Da'r Banc, Dihareb Yw. D.G. Chwef.

Apêl Dygwyl Dewi. D.G. Mawrth.

Dyletswydd y Blaid. D.G. Ebrill.
Geni Cymru Newydd trwy Dân. D.G. Mai.
Propaganda'r Papurau Saesneg. D.G. Meh.
Y Gynhadledd Fawr. D.G. Gorff.
Un Iaith i Gymru. D.G. Awst.
Chwalwn y Diwydiannau Mawr. D.G. Medi.
Cynhadledd Amwythig a'r Cyngor Datblygu. D.G. Hyd.
Problem Awdurdodau Lleol Cymru. D.G. Tach.
Aelodau'r Blaid yn Gadael yr Urdd. D.G. Rhag.
The Welsh Liberals and Ulster. W.N. Meh.
The First Step Towards Recovery. W.N. Tach.
Some Economical Functions of a Welsh Government. W.N. Medi.
Cywydd gan Thomas Jones, Dinbych. Ll XII, t. 133.

1934   *Gwaith Ymarferol Dyn yw Celfyddyd.* Br. Ebrill 12.
Gramadegau'r Penceirddiaid. Ll. Gaeaf. Adolygiad.
'Gwrthryfel' Y Blaid Genedlaethol. B.A.C. Ebrill 10. Llythyr.
Llythyr at Gorau yn Eisteddfod Castellnedd. B.A.C. Meh. 15.
Memorandwm i'r Pwyllgor Seneddol ar Ddarlledu. B.A.C. Gorff. 16.
Cyfiawnder o'n Plaid. D.G. Ion.
Drygau'r Mesur Diwaith. D.G. Chwef.
Deg Pwynt Polisi'r Blaid. D.G. Mawrth.
Y 'Bath and West' yng Nghymru. D.G. Meh.
Ffasgiaeth a Chymru. D.G. Gorff.
Y Cyfalafwyr Bychain. D.G. Awst.
Cenedlaetholdeb a'r Diwydiannau Trymion. D.G. Medi.
Mis Du i Gymru. D.G. Hyd.
Ymosodiadau Llywodraeth Loegr. D.G. Tach.
Y Blaid Lafur a Fradychodd Gymru. D.G. Rhag.
The Bankers and the Socialists. W.N. Mawrth.
Notes and Comments. W.N. Ebrill.
1536-1936. W.N. Meh.
Responsibility and Democracy. W.N. Gorff.
Towards a National Industrial Council. W.N. Awst.
England and Disarmament—in Four Chapters. W.N. Hyd.
The Truth about the B.B.C. and Wales. W.N. Rhag.
Swyddogaeth Celfyddyd. T. Ebrill, tt. 65-70.
Effect on the Welsh National Show. W.M. Ebrill 27. Llythyr.
Adjudicators. W.M. Mawrth 14. Llythyr.
Gwynn Jones—Poet of Defeat. W.M. Meh. 14 (adol. *Caniadau*
T. Gwynn Jones).
Police and Free Speech. W.M. Hyd. 19. Llythyr.
Nationalist Party Policy. W.M. Rhag. 21. Llythyr.

1935   *Mair Fadlen.* Ll. Haf.
Nodau'r Feirniadaeth Gymraeg Newydd. W.M. Tach. 30 Adolyg-iad.
Y Cofiant Cymraeg. T.H.S.C. 1933-34-35, tt. 157-175.
Y Blaid Genedlaethol yn 1935. B.A.C. Ion. 8.
Ymreolaeth ar Fater y Radio. D.G. Ion.
Ffarwel; Mr. Lloyd George. D.G. Chwef.
Yr Argyfwng yng Nghymru. D.G. Mawrth.
Hunan-lywodraeth a'r Jiwbili. D.G. Ebrill.
Methiant Dirprwyaeth yr Eglwysi. D.G. Mai.
Y Blaid a'r Dyfodol Agos. D.G. Meh.
Gwasanaeth Radio i Gymru. D.G. Gorff.
Y Gwir am Gwmni Richard Thomas. D.G. Awst.
Lloegr a'r Almaen yn Ymgiprys am Abysinia. D.G. Hyd.
Dyblu'r Bleidlais Genedlaethol. D.G. Rhag.
Some Comments on the Portal Reports. W.N. Ion.
The B.B.C. and Wales. W.N. Meh.
The Party and the Next War. W.N. Hyd.
Notes and Comments. W.N. Tach.
Cymru a'r Rhyfel. Br. Hyd. 24, t. 5. Llythyr ar Ryfel Abysinia.
Dafydd ap Gwilym. W.M. Ion. 28, t. 11 (adol. *Dafydd ap Gwilym* W. J. Gruffydd).
Baledi'r Ddeunawfed Ganrif. W.M. Tach. 30 (adol. ar lyfr T. Parry).

1936   *The Economic Policy of the Welsh Nationalist Party.* W. & Mon. I. Rhif 6, t. 35.
Llywydd y Blaid yn Trafod ei Gorffennol a'i Dyfodol. D.G. Ion.
Perygl Gorfodaeth Filwrol. D.G. Ebrill.
Y Golygydd yn Ystyried Pwllheli. D.G. Meh.
'Impasse'. D.G. Gorff.
Caethwasiaeth i Ferched Cymru. D.G. Awst.
Gwaith Mawr ac Ymarferol y Blaid. D.G. Medi.
Ymweliad y Brenin â Chymru. D.G. Tach.
The Need for Welsh Loyalty. W.N. Mai.
A Letter to the Prime Minister. W.N. Mai.
In Ulster Now. A Blackguard Dictatorship. W.N. Gorff.
Mr. T. P. Ellis. W.N Awst
Gleanings W.N. Hydref.
Education for Citizenship. W.N. Rhag.
Sut y mae'r Bardd yn Cyfansoddi. W.M. Chwef. 1 (adol. ar *Elfennau Barddoniaeth* T. H. Parry-Williams).
War Office Scheme for South Wales. W.M. Mai 22. Llythyr.

1937 *Pwy yw'r Brenin?* D.G. Ion.
      A Knave or a Fool. W.N., t. 9. Tach.
      Grocers, W.N., t. 3. Rhag.
      Dal yn Llawen. D.G. Medi. Llythyr.
      Thomas Masaryk. D.G. Hydref.

1938 *Beirniadaeth yr Awdl a'r Drama Hir* B.C.E.G., tt. 11 & 164.
      Where We Stand. W.N., t. 1. Hyd.
      Marcsiaeth a'r Blaid Genedlaethol. Tair Erthygl. D.G. Mawrth,
      Ebrill a Mai.
      Cyfarch W. J. Gruffydd. T.N. Rhif 12, t. 16.
      Neges Awst 1914-1939. Waw. N.
      Canu Aneirin. Br. Meh. 16, t. 5 (adol. *Canu Aneirin,* gol. Syr Ifor
      Williams).
      The News of the Month. W.N. yn fisol gydag eithrio Hydref.
      Borstal Institutions for Wales. W.M. Tach. 5, t. 9. Llythyr.

1939 *Llythyrau J. W. Prichard, Plasybrain, at Robert Roberts, Caer-*
      gybi B.B.C.S. Cyf. IX & X.
      Trafod Rhyddiaith Gain. B.A.C. Ion. 4 a 10. Adolygiadau.
      Ar Ffansi a Sylwadaeth. B.A.C. Ion. 11, t. 10. Adolygiad.
      Busnes Dan Gwmwl. B.A.C. Ion. 18. Adolygiadau.
      Gerallt Gymro. B.A.C. Ion. 25 a Chwef. 1. Adolygiad.
      W. B. Yeats. B.A.C. Chwef. 18.
      Eluned Morgan. B.A.C. Chwef. 15 a 22.
      Rhymni Gynt. B.A.C. Mawrth 1. Adolygiad.
      Emrys ap Iwan. B.A.C. Mawrth 8 a 15. Adolygiad.
      Prifeirdd neu Feirdd? B.A.C. Mawrth 22. Adolygiad.
      Y Digrifwch Cymraeg. B.A.C. Mawrth 29.
      Charles Edwards. B.A.C. Ebrill 5.
      Campwaith Mr. G. J. Williams. B.A.C. Ebrill 12, 19, 26. Adolyg-
      iad.
      Machiavelli. B.A.C. Mai 3 a 10.
      Gorfodaeth Filwrol. B.A.C. Mai 17.
      Cyflwr ein Llenyddiaeth. B.A.C. Mai 24.
      Rhowch Lili â Dwylo Llawn. B.A.C. Mai 31.
      Alfredo Panzini. B.A.C. Mehefin 7.
      W. J. Gruffydd. Mehefin 21. Adolygiad.
      Y Deng Mlynedd Diwethaf yn Ffrainc. B.A.C. Meh. 28 a Gorff.
      5. Adolygiad.
      Awen Aberystwyth. B.A.C. Gorff. 12. Adolygiad.
      Lle Pyncid Cerddi Homer. B.A.C. Gorff. 19. Adolygiad.
      Tri Chan Mlwyddiant yr Annibynwyr. B.A.C. Gorff. 26. Adolygiad.
      Questi Americani. B.A.C. Awst 2.

Trem ar Lenyddiaeth y Dadeni Dysg. B.A.C. Medi 13.
Neges y Wawr Newydd. Rhif I. B.A.C Rhag 20
Llythyr i Ateb I. C. Peate. H. Awst, t. 196.
Beirniadaeth Cystadleuaeth y Ddrama Hir. B.C.E.G. t. 214.
News of the Month. W.N. Ion.
Memorandum on the Wartime Evacuation Policy of the Government. W.N. Chwefror.
St. David's Day Fund. W.N. Ebrill. Llythyr at aelodau Plaid Genedlaethol Cymru.
Manifesto of the W.N. Party Executive. W.N. Mai.

NODIAD:

Yn Ionawr, 1939, dechreuodd Mr. Lewis ei sylwadau wythnosol ar faterion politicaidd y byd yn *Baner ac Amserau Cymru,* dan y teitl *Cwrs y Byd.* Parhaodd y sylwadau hyn hyd Gorffennaf 2, 1951. Ac eithrio pan fo'r sylwadau'n ymwneud yn gyfangwbl ag un testun neu bersonoliaeth, nis mynegeirir yn y llyfryddiaeth yma. Fel rheol, ymwna'r sylwadau â phump neu chwech o faterion gwahanol bob wythnos.
Fe gynnwys y gyfres, i gyd, ryw 560 o erthyglau.

1940   *Y Wisg Sidan.* B.A.C. Ion. 3. Adolygiad.
       Bardd Crefyddol Cristnogol. B.A.C Chwef 7. Adolygiad.
       Llyfr Newydd Mr. Ambrose Bebb. B.A.C. Mawrth 6. Adolygiad.
       Gweriniaeth. B.A.C. Mai 8 Adolygiad.
       Guto'r Glyn. Bardd Daioni Bywyd. B.A.C. Meh. 19. Adolygiad.
       Gwilym Hiraethog. B.A.C. Gorff. 24. Adolygiad.
       Beirdd Gwlad. B.A.C. Medi 25. Adolygiad.
       Gwaith Newydd Mr. Iorwerth Peate. B.A.C. Hyd. 3. Adolygiad.
       Erthyglau Crefyddol Emrys ap Iwan. B.A.C. Rhag. 25. Adolygiad.
       Dylifiad Noddedigion i Gymru. B.A.C. Meh. 5.
       Beirniadaeth. Drama Fer ar Fydr. B.C.E.G., t. 228.

1941   *Mr. Bebb yn Llydaw.* B.A.C. Hyd. 29. Adolygiad.
       Garthewin. Awdl Foliant. B.A.C. Ion. 22.
       Paentiwr y Lapin Agile. H. Cyf. VI. Rhif 8, t. 233.
       I'r Lleidr Da. E. Meh., t. 6.
       Beirniadaeth y Bryddest. B.C.E.G. Hen Golwyn, t. 60.
       Trafod Sarnicol. B.A.C. Ebrill 2. Adolygiad.

1942   *Mawrhau Diwydiannaeth yng Nghymru.* B.A.C. Ion. 28. Adolygiad.
       Fel y Gwelant Hwy Gymru. B.A.C. Mai. 20. Adolygiad.
       John Arthur Price, 1861-1942. B.A.C. Meh. 17.
       Yr Ateb i Mr. Gwilym Davies. B.A.C. Gorff. 15 a 22.

Cyfieithiadau'r Meistri. B.A.C. Rhag. 16. Adolygiad.
Beirniadaeth ar Ddetholiad o Ganeuon Gwreiddiol. B.C.E.G., t. 80.
Facing the New Year. W.N. Ion.
Anesmwyth Hoen. B.A.C. Gorff. 1. Adolygiad.
University Seat. W.M. Rhag. 4. Llythyr.
The University Election. L.D.P. Rhag. 17, t. 17. Llythyr.

1943   Rhyddid. E. Gaeaf, 1943/4, t. 15.
Cymry Patagonia B.A.C. Ion. 13.
Addysg Grefyddol. B.A.C. Ion. 13. Llythyr.
Iau Cymru yn y Senedd B.A.C. Ion. 20.
Gweithiau Gwenallt a W. J. Gruffydd. B.A.C. Chwef. 10. Adolygiadau.
The Government of Wales. B.A.C. Chwef. 17. Adolygiad.
Macbeth yn Gymraeg. B.A.C. Mawrth 24. Adolygiad.
Cyfreithiau Hywel. B.A.C. Ebrill 7. Adolygiad.
Golwg ar Hanes Cymru. B.A.C. Meh. 2. Adolygiad.
Peter Williams a'r Methodistiaid. B.A.C. Meh. 9. Adolygiad.
Nofel Mr. Caradoc Evans. B.A.C. Meh. 30. Adolygiad.
Drama Socrates. B.A.C. Gorff. 14. Adolygiad.
Adfeilion. B.A.C. Medi 15 Adolygiad.
Clasur Newydd i'n Hiaith. B.A.C. Medi 22. Adolygiad.
Mudandod y Môr. B.A.C. Adolygiad a sylwadaeth ar ysgrifennu Ffrengig yn ystod y Rhyfel.

1944   Mair Fadlen. II. E. Hydref.
Y Cymmrodorion. B.A.C. Ion. 3. Adolygiad.
Syniadau a'r Bardd. B.A.C. Chwef 9. Adolygiadau.
Ennill Nerth. B.A.C. Ebrill 26. Adolygiad.
Nofel Gymraeg Newydd. B.A.C. Medi 27. Adolygiad.
Bywyd Cymru Gynt. B.A.C. Hyd. 18. Adolygiad.
Darganfyddiad. B.A.C. Tach. 29. Adolygiad.
Beirniadaeth. Cerdd Vers Libre. B.C.E.G. Llandybie, t. 98.

1945   Etifedd Daniel Owen. B.A.C. Chwef. 7. Adolygiad.
Edward Prosser Rhys. B.A.C. Chwef. 14.
Darlun o'n Hanes. B.A.C. Chwef. 21. Adolygiad.
Nofel a Nofelydd Saesneg. B.A.C. Mai 2. Adolygiadau.
Hen Balas yn Fenis. B.A.C. Rhag. 26. Stori.

1946   'Hanes Llenyddiaeth Gymraeg'. E. Haf, t. 45. Adolygiad.
Awdl Foliant i Archesgob Caerdydd. E.C. Cyf. I.
Tudur Aled. E.C. Cyf. I, t. 32.
Emmaus. Mabon. E. Haf. Barddoniaeth.

Straeon Saesneg. B.A.C. Ion. 23 Adolygiad.
Wythnos y Dioddefaint. B.A.C. Ion. 30. Adolygiad.
'*Modern Welsh Poetry*'. E. Haf, tt. 53-5. Adolygiad.
'*Cinio'r Cythraul*'. Ff. I. i, t. 53. Adolygiad.

1947   *Damcaniaeth Eglwys Brotestannaidd.* E.C. Cyf. II, t. 36.
The Essence of Welsh Literature. W. Rhagfyr, tt. 337-41.
Siwan a Llywelyn. B.A.C. Tach. 26.
Iwerddon a'i Hiaith. B.A.C. Gorff. 9.
Adolygiad o gyf. T. Hudson Williams o nofel Pwshcin. B.A.C.
Meh. 11.
Caer Arianrhod. D.G. Mawrth. Barddoniaeth.
Beirniadaeth. Detholiad o Farddoniaeth Gaeth. B.C.E.G. Ba
Colwyn, t. 184.
'*Y Goeden Eirin*'. D.G. Mehefin. Adolygiad.
Sut i Amddiffyn Cymru Heddiw. D.G. (ex. B.A.C.). Tach.
Marwnad i Syr John Edward Lloyd. E.C. III, t. 3.

1948   *Browns of Chester.* B.A.C. Mai 12.
'*Thomas Edwards Ellis*'. B.A.C. Gorff. 21 a 28. Adolygiad.
Augustus John. B.A.C. Medi 1.
Yr Eisteddfod. B.A.C. Medi 8.
Traddodiad Llenyddol Morgannwg. B.A.C. Hyd. 6. Adolygiad.
Puraf a Thisbe. Cyf. o Ovid Metamorphoses. IV. L. 55-166. B.A.C.
Rhag 22.
Sut Ddyfodol i Gymru? D.G. Mawrth.
Beirniadaeth. Pryddest. B.C.E.G. Pen-y-bont ar Ogwr, t. 39.
Adroddiadau: i Arolygwyr Ysgolion E.M.
Cyf: 11/48 Caerfyrddin, Merched.
        16/48 Y Drenewydd, Merched.
        15/48 Y Drenewydd, Bechgyn.
        19/48 Caerdydd, Coleg St. Illtud.

1949   *Yr Ail Ganrif ar Bymtheg.* (a) *Thomas a Kempis yn Gymraeg.*
(b) *Arddull Charles Edwards.* E.C. IV, tt. 28 a 45.
Llyfrau Lodwig Lewis. B.A.C. Ion. 5.
Henry James B.A.C. Chwef. 9.
1849-1949 Lewis Edwards a'r 'Traethodydd'. B.A.C. Mawrth 2.
Ymweld ag Edinburgh B.A.C. Mawrth 16.
Yr Angen am fod yn Siriol. B.A.C. Mawrth 23.
Alfred Janes. B.A.C. Ebrill 27.
Christopher Williams. B.A.C. Mai 25 (nodyn yn *Cwrs y Byd*).
Stryd y Glep. B.A.C. Meh. 1. Adolygiad.
Soned 'John Sebastian Bach'. B.A.C. Tach. 9..

Pierre Corneille. B.A.C. Rhag. 28.

Rhagair. E.C. IV, t. 3.

Eu Hiaith a Gadwant. Cryn. Hyd. 1949, t. 10 (ex. B.A.C.).

Adroddiadau: i Arolygwyr Ysgolion E.M.

Cyf: 7/49 Abergwaun.
       2/49 Castell-nedd, Bechgyn.
       5/49 Maes-teg.
       23/49 Porthmadog.
       25/49 Arberth.
       10/49 Hendy Gwyn ar Daf.

1950   *Islwyn a'r Bryddest Arwrol.* Darlith Goffa. Amgueddfa Genedl-
         aethol. Mai 19.

         'Y Pêr Ganiedydd'. Ff. Awst, tt. 61-3. Adolygiad.

         Y Cursus yn y Colectau Cymraeg. Ll.C. I. Ion.

         'Efrydiau Athronyddol'. Ll.C. I. Rhif 3,tt. 188-9. Adolygiad.

         Y Wraig Weddw. B.A.C. Mai 10.

         Canrif yn Ôl. Eisteddfod Rhuddlan. B.A.C. Mai 24.

         Dyfodol Llenyddiaeth. B.A.C. Mai 24.

         Difiau Dyrchafael. B.A.C. Mai 24 Barddoniaeth.

         Chwyn. B.A.C. Meh. 21.

         Robert ap Gwilym Ddu. B.A.C. Gorff. 5.

         Rhyfel y Cenhedloedd Unedig. B.A.C. Gorff. 19.

         Giuseppe Ungaretti. B.A.C. Awst 2 a 16.

         Peintwyr Seisnig. B.A.C. Awst 30.

         Cinema. B.A.C. Medi 13.

         Twm o'r Nant B.A.C. Medi 27; Hyd. 11 a 25.

         Jeremi Owen. B.A.C. Tach. 8. Adolygiad

         Y Ffydd Ddiffuant. B.A.C. Rhag. 6.

         Dail Dyddiadur. D.G. Awst.

         Lleuad Mehefin D.G. Awst. Barddoniaeth.

         Beirniadaeth yr Awdl. B.C.E.G. Caerffili.

         Adroddiadau: i Arolygwyr Ysgolion E.M.

         Cyf: 4/50 Wrecsam. Grove Park, Merched.
                 2/50 Yr Wyddgrug.
                 19/50 Llandudno. John Bright.

1951   *Ateb i Olygydd 'Y Goleuad'.* E.C. V.

         Dyddiadur y Gwyliau. B.A.C. Ion. 3.

         Ateb Mr. J. M. Edwards. B.A.C. Ion. 17.

         Thomas Hudson a Chyfieithu. B.A.C. Ion.

         Amryw. B.A.C. Chwef. 28.

         Llywelyn Fawr, &c. B.A.C. Mawrth 14.

         Cefndir yr Ymgyrchau Senedd. B.A.C. Mawrth 28.

Emrys ap Iwan yn 1881. B.A.C. Ebrill 11.
Y Gymraeg yng Nghymru a'r Ysgol. B.A.C. Ebrill 25.
Homiliau Emrys ap Iwan. B.A.C. Mai 9 a 23.
Amryw Bynciau. B.A.C. Meh. 6.
Awdurdodau Lleol a'r Gymraeg. B.A.C. Meh. 20.
Materion Gwleidyddol. B.A.C. Gorff 4 (yr olaf o gyfres erthyglau
S.L. yn *Baner ac Amserau Cymru*).
Cyfarch y 'Ddraig Goch yn 25 oed. D.G. Meh. Pennill.
Y Ffydd Ddiffuant. Llaf., t. 7 (cyh. yn Chwef. 1952).
Efrydiau Athronyddol, 1950. Ll.C. I. Rhif 3, t. 188. Adolygiad.
Adroddiadau: i Arolygwyr Ysgolion E.M.
Cyf: 3/51 Pen-y-bont ar Ogwr.
        4/51 Merthyr Tudful.
       12/51 Llandeilo.
       11/51 Dolgellau.
        1/52 Bangor. Ysgol Bechgyn Friar.

1952   *Adroddiadau*: i Arolygwyr Ysgol E.M.
       Cyf: 12/52 Ysgol Cathay, Caerdydd.

1953   *Beirniadaethau.* Y Fedal Ryddiaith a Drama Wreiddiol a Phrydd-
       est. B.C.E.G. Y Rhyl, tt. 73, 116, 168.
       Adolygiad. 'L'Oeuvre poetique de Gutun Owain'. Ll.C. II Rhif 4,
       t. 184.
       Goscombe John. Addysg a Chrefydd. B.A.C. Ion. 7.
       Dafydd ap Gwilym. Ll.C. II Rhif 4, t. 199. Adolygiad.
       'Cerddi'r Gaeaf'. Lleu. Gwanwyn, t. 27. Adolygiad.
       Y Cymry a'r Coroni. B.A.C. Meh. 17. Llythyr.
       Diffyg Synnwyr Politicaidd. B.A.C. Gorff. 1. Llythyr.
       Gohebiaeth ynghylch Dafydd ap Gwilym. B.A.C. Medi 23.
       Pryddest Kitchener Davies. B.A.C. Hyd. 21. Adolygiad.
       Cerddi Cadwgan. B.A.C. Tach. 18. Adolygiad.
       Barn Saunders Lewis am y Bryddest 'Y Llen'. B.A.C. Rhag. 23.
       Monmouthshire Houses. Ll.C. II. Rhif 4, t. 260. Adolygiad.

1954   *Caneuon Gwilym R. Jones.* B.A.C. Chwef. 10. Adolygiad.
       Egluro Gwaith Peintwyr. B.A.C. Ebrill 28. Adolygiad.
       Gair Cymraeg am 'Drawing'. B.A.C. Mai 12. Llythyr.
       Rhagarweiniad. IV. Yr Argyfwng (W. Ambrose Bebb), tt. 11-13.
       Llyfrau'r Dryw: 1954.
       Diwedd yr Yrfa. E.N. Hyd. 31.
       Busnes a Gwladgarwch. E.N. Tach. 7.
       Radio Bro. E.N. Tach. 14.
       Verdi a Chymru. E.N. Tach. 21.

Syr Winston Churchill. E.N. Tach. 28.
Dwy Iaith neu Un? E.N. Rhag. 5.
Adfent y Bom Atom. E.N. Rhag. 12.
Y Beibl. E.N. Rhag. 19.
Nadolig y Cawr. E.N. Rhag. 26.

1955   *Efrydwyr a'r Offeren.* E.C. Cyf. VII, t. 3.
Morgan Llwyd. E.C. Cyf. VII, t. 21.
Adolygiadau. E.C. Cyf. VII, t. 31.
T. H. Parry-Williams. Gwerthfawrogiad. Llaf. Cyf. V. Rhif 1, tt. 3-14.
D. J. Williams. Gwerthfawrogiad. Llaf. Cyf. V. Rhif 2, tt. 6-17.
Drama Gymreig E.N. Chwef. 6.
Cyfalaf Cymreig. E.N. Chwef. 13.
Cosb Angau. E.N. Chwef. 20.
Y Cyfarfod. E.N. Chwef. 27.
Paul Claudel. E.N. Mawrth 6.
Senedd i Gymru. E.N. Mawrth 13.
Ambrose Bebb. E.N. Mai 15.
Sôn am Ysbwng. E.N. Ion. 2.
Llofruddiaeth. E.N. Ion. 9.
Cymdogion. E.N. Ion. 16.
Tranc yr Iaith. E.N. Ion. 23.
Siop Gymraeg. E.N. Mawrth 20.
Elen o Ddyfed E.N. Ebrill 24.
Moes y Briffordd. E.N. Mai 1.
Lough Derg. E.N. Mai 8.
Ffair Niwbwrch. E.N. Mai 22.
Ffair Abertawe. E.N. Mai 29.
Stori'r Hen Wraig. E.N. Meh. 5.
Mr. a Mrs. Ingram. E.N Meh. 26

1956   Dim (h.y. erthyglau yn y cyfnodolion).

1957   *Serch yw'r Doctor.* Llaf. Cyf. VI Rhif 2, tt. 9-28. Libretto.
Inc ar y Tâl. Ll.C. IV Rhif 3, t. 177.
'*Barddoniaeth yr Uchelwyr*'. Ll.C. IV. Rhif 3, t. 183. Adolygiad.
Thema 'Storm' Islwyn. Ll.C. IV. Rhif 4, t. 185.
Ffair Niwbwrch. (Cyf, gan David Thomas). Lleu. Gaeaf, t. 171.
O. M. Edwards. Triwyr Penllyn. Plaid Cymru. h.dd.

1958   *The Poet.* Ysgrif yn *The Arts, Artists and Thinkers,* gol John M. Todd. Longmans.

1959   *Mother Tongue.* Obs. Mawrth 22. Llythyr.

1960   *Love's the Doctor.* Cyf. anghyhoeddedig gan S.L. o *Serch yw'r Doctor.*

1961   *Hen Wragedd.* Ll.Cd. Rhif 12, tt. 20-1.
         Sgwrs Radio gydag A. Talfan Davies. Tal. Cyf 2.

1962   *Aneurin Bevan.* B. Rhag., t. 35. Adolygiad.
         Troedigaeth Ann Griffiths. S.G. Hyd., t. 69.
         La Corda del Penjat. Versio directa del galles per E. T. Lawrence: Ferran de Pol, Tt: 23. Barcelona. Quaderns de Teatre. A.D.B. Rhif 5.

1963   *Tynged Darlith.* B. Mawrth, t. 143.
         David Tinker. An Introduction. A-W.R. Cyf. 13. Rhif 31, t. 21.
         Griffith John Williams. M. VII, tt. 5-10.
         Bas no Beatha? Cyf. i'r Wyddeleg o *Tynged yr Iaith,* gan Mairtin O Cadhain, t. 46.
         Rhagair i ddrama J. Gwilym Jones, *Y Tad a'r Mab.*

1964   *A Renaissant Colossus.* W.M. Hyd. 10.
         Incurably Involved in Religion. W.M. Tach. 7.
         A Member of the Older Breed. W.M. Rhag. 5.
         Comisiwn y Brifysgol. B. Gorff., t. 243.
         Nodyn ynghylch Diwinyddiaeth. B. Awst, t. 273.
         Efa Pantycelyn. B. Tach., t. 5.
         Coleg Cymraeg. B. Rhag., t. 35.
         Llyfr y Resolution. Y.C. Cyf. III, t. 1.
         'In Parenthesis'. Tab. Ion. 25 Adolygiad.
         Graddau Prifysgol Cymru. B. Ebrill, t. 166.
         'Druid of the Broken Body' (A. T. Davies). W.M. Gorff. 9. Adolygiad.
         'Gweithiau William Williams Pantycelyn I' (gol. gan G. M. Roberts). Ll.C. VIII, t. 102.

1965   *Towards a Scientific Welsh.* W.M. Ion. 16.
         Tafodiaith y Pyllau. W.M. Ion. 10.
         Enriching and Widening Horizons. W.M. Chwef. 13.
         Beirdd a Beirniaid. W.M. Mawrth 6.
         Welsh Literature and Nationalism. W.M. Mawrth 13.
         The Christ of the Andes. W.M. Ebrill 10.
         Most Beloved in Wales. W.M. Mai 8.
         Ceisio Ateb y Galw, W.M. Mai 15.

Beirdd Ddoe a Heddiw. W.M. Meh. 12.
Sôn am Achub. W.M. Gorff. 10.
Enlightenment in Modern Wales? W.M. Awst 14.
The Prose Poet of Patagonia. W.M. Gorff. 10.
Sôn am Amerig. W.M. Gorff. 17.
John Glyn Davies. W.M. Awst 21.
Teithio Byd. W.M. Medi 4.
Dwy Nofel. W.M. Medi 11.
Cylchgronau Cymraeg. W.M. Medi 18.
Apotheosis. W.M. Hyd. 2.
Llyfrau Newydd. W.M. Rhag. 4.
Plaid Cymru. Y Cam Nesaf. B. Mawrth, t. 125.
Yn y Trên. B. Drama, t. 274.
Arf Hunan-lywodraeth. T.Dd. (ex. B.) Awst. Rhif 23.
Y Cywyddwyr Cyntaf. Ll.C. VIII, tt. 191-6.

1966   *'Nationalism as a Social Phenomenon'* (J. Glyn Davies). Lleu. Cyf.
        XXII, t. 34. Adolygiad.
        Ann Griffiths. Arolwg Llenyddol. T.H.S.C. Rhan II, tt. 244-56.
        Sangiad, Tropus a Chywydd. Triv. Cyf. I.
        Llyfrau Newydd. W.M. Ion. 8. Adolygiadau byrion.
        Cylchgronau. W.M. Ion. 22. Adolygiadau byrion.
        Rhyfel 1914-18. W.M. Ion. 29. Adolygiadau byrion.
        Difyrrwch. W.M. Chwef. 5. Adolygiadau byrion.
        Diwinyddiaeth. W.M. Chwef. 10. Adolygiadau byrion.
        Cyfieithwyr. W.W. Chwef. 19. Adolygiadau byrion.
        Llyfrau Newydd Cymraeg. Mawrth 12. Adolygiadau byrion.
        Nofelwyr. W.M. Ebrill 2. Adolygiadau byrion.
        Sir Faesyfed. W.M. Ebrill 16. Adolygiad.
        Prydeindod. W.M. Ebrill 30. Adolygiad.
        Traethodau. W.M. Mai 21. Adolygiadau byrion.
        Atgofion. W.M. Meh. 4. Adolygiadau byrion.
        Artist ym Mharadwys. W.M. Medi 24. Adolygiad.
        Cyfoes Nofelwyr (sic). W.M. Hyd. 8. Adolygiadau byrion.
        Difyrrwch. W.M. Rhag. 3. Adolygiadau byrion.
        Trwm ac Ysgafn. W.M. Rhag 31. Adolygiadau byrion.
        Dadeni, Diwygiad a Diwylliant Cymru. Ll.C. Cyf. IX, tt. 113-18.

1967   *'Gweithiau Wm. Williams Pantycelyn'.* Cyf. 1 (gol. G. M. Roberts).
        Ll.C. Cyf. VIII, tt. 102-7. Adolygiad.
        Epoch and Artist. Rhifyn arbennig David Jones o Agenda, Cyf. 5.
        Rhifau 1-3, t. 112.
        Kywydd a Barnad Ithel ap Rotbert. Ysg.B. II, tt. 11-27.
        Pwyll Penn Annwfn. Ll.C. Cyf. IX, tt. 230-3.

1968   *Hunan-Lywodraeth i Gymru.* B. Hyd., t. 314.
        Treiswyr Sy'n ei Chipio Hi. B. Rhag., tt. i-iii. Sgript sgwrs deledu.
        Gweledigaeth Angeu. Ysg.B., tt. 75-82.
        P. M. Jones. Tal. Rhif 16, tt. 8-12.

1969   *Manawydan Fab Llŷr.* T. Gorff., tt. 137-142.
        Plasau'r Brenin. T. Rhif 531, t. 54.
        '*Englynion y Clywed*'. T.Dd. Chwef.
        With Laurels Crowned. Times. Mawrth 22. Llythyr.

1970   *Branwen.* Ysg.B. V, tt. 30-43.
        D. J. Williams. B. Chwef., t. 90.
        Peth Personol Iawn. B. Ebrill, t. 146.